JN025346

尹龍澤/青木清/大内憲昭/岡克彦/國分典子/中川敏宏/三村光弘=編著

Law and Society of
North Korea/South Korea

コリアの法と社会

日本評論社

は し が き

――――――

自由な研究にもとづいた
コリアの法の姿と歴史

　本書の源流は、コリアの法を研究の対象としている研究者たちで2011年の秋に起ち上げた「『韓・朝鮮半島と法』研究会」（韓・朝鮮半島とは、南では韓半島と称し、北では朝鮮半島と称している地域のことである）にある。この会は、毎年、春と秋の2回の研究会を開催しながら、お互いの研究と親睦を深めてきた。

　この発足に当たって、当時、代表幹事として、次のような挨拶をした。すなわち、「言うまでもなく、韓・朝鮮半島は、日本と最も近い地域であるだけでなく、もっとも深い縁のある地域であります。かつてはさまざまな文化を日本に伝え、近代に至っては、日本がその国土のすべてを完全に植民地にした唯一の地域であります。そして、他の要因も否定できないにしろ、日本による植民地支配が1つの要因となって、未だに南北に分断されている地域でもあります。したがって、本来ならば、日本においてこそ、最も早く、このような研究会ができてしかるべきでありました。しかし、南北の分断にもとづくさまざまな政治的思惑に彩られた日本の社会にあっては、良心的に学問的営為を続けようとすればするほど、個人として研究を続けざるを得ないというジレンマに置かれています。今日、お集まりの先生方は、このジレンマのなかで、それぞれ悩みながらも、多くの学問的成果を上げてこられた方々です。しかし、思えば、それらの研究成果を世に問えたのも、日本社会が自由で平和な社会であったからでもあります。その意味で、この日本の社会で発足する「『韓・朝鮮半島』と法研究会」の存在意義は、どこまでも、個々人の自由な研究を土台とするところにあり、いやしくも、何らかの勢力のプロパガンダに堕すことだけは、絶対に避けなければなりません。それとともに、法律学の学問的営為を通じて、韓・朝鮮半島に平和な社会を構築するためのものでなければならないでしょう。そして、さらには、私たちの学問的な成果が、この日本社会の更なる発展に貢献するものでありたいと願っています。ま

ことに欲張りな願いではありますが、実際の活動においては、研究会の設立に賛同していただいた先生方とよく話し合いながら、細く長く、そしてしなやかに、この研究会を続けることを目標に進めて行きたいと思っています」と。

　この思いのままに、今日まで、研究会の皆で話し合いながら、まさに細々とではあるが、南北のいずれの法の研究者をも包摂する日本で唯一の研究会として活動してきた。この研究会の動きは、我々の親学会ともいうべき「アジア法学会」や「比較法学会」などによる好意的な広報などの甲斐もあって次第にその存在が知られ、北海道や九州からも研究者が参加するようになった。毎回の研究会では、年齢や国籍、社会的な立場の違いを越えて、熱心な質疑応答がなされ、研究会の後の親睦会の席まで、その熱い議論が続くこともしばしばである。しかし、どのように議論が白熱したとしても、南北の政治的立場の代弁者となって、他方を無責任に批判することだけは避けてきた。それは、研究対象である法が現実の政治と不即不離の関係ではあっても、少なくとも規範としての法を通じて政治や社会を研究する者としての矜持であり、また、南北の法について研究する者が一堂に会する機会が、どれほど貴重であるかを皆が熟知しているからである。

　参加者のこのような思いが溢れる研究会は、毎回、楽しく、有意義に回を重ねてきた。しかし、ここ数年、韓・朝鮮半島をめぐる状況は、南北の当事者はもちろん、日米中露という周辺国のさまざまな思惑が交錯して、緊張と弛緩の振れ幅を極度に広げながら、ますます混迷の度を増している。

　いま、この時にあたって、韓・朝鮮半島、すなわち「コリア」の法の姿と歴史を、できるかぎり正しく、法律の専門家だけでなく一般の人々にも知らしめることは、この研究会の責務であると同時に、日本社会への平和貢献の１つでもあると考える。

　なぜならば、第１に、この混迷の要因の１つが日本とコリアの歴史的経緯と地政学的状況にある以上、コリアの問題は日本と無関係に存在するものではないからである。第２に、南北のいずれにシンパシーをもつにしろ、あるいはいずれにもシンパシーをもたないにしろ、まずは南北の実態を知る必要があるが、法規範は、その社会の社会秩序を支えることを目的につくられた規範であるために、その社会のいまある姿と明日のあるべき姿を客観的に反映しているといえるからである。もっとも、法規範は現実と必ずしも一致せず、そこに乖離があることも事実である。法規範の説明にとどまらず、この乖離がどのような意味を有するかまでも考察することが、相互理解を深めて無用な文化の衝突や紛争を回避する比較

法学の本来の理念であるといえよう。この理念にもとづいてコリアの法と社会を考察する作業に適した執筆者こそは、この研究会を中心とする者たちであろうと自負している。

　南北を含めたコリアの法について、ほぼすべてを網羅した本格的な書物の出版は、本書が事実上、本邦初であろう。これほど多くの研究者の執筆による大部の書物であるので、正直、一時は出版が危ぶまれるような時期もあったが、多くの紆余曲折を経ながらも、発刊にまでたどり着けた要因は、2つある。第1の要因は、2014年から専修大学法学部において、多くの専門家によるオムニバス形式の「特殊講義　コリアの法と社会」が開講したことである。コーディネーターの中川敏宏教授の積極的な声かけで、研究会の枠を越えて多数の著名な研究者が講師として登壇し、受講者からも高い評価を得ることができ、そこでの講義をもとに書き下ろしてもらうことで、本書の骨格が出来上がることになったことである。もっとも、さまざまな事情で残念ながら今回の出版には反映できなかったものもあるが、これについては、改訂などの機会を待って対処できればと願っている。第2の、そして最大の要因は、執筆した1人ひとりが、いままさに歴史的な分水嶺に立たされていることを自覚したからである。いわば、コリアの法を研究する者としての使命感に突き動かされたといってよい。事実、出版が暗礁に乗り上げたときも、各自の執筆した原稿をアップデートし続けて、最新の情報を本書に盛り込むべく最大の努力を傾注してくれた。執筆者1人ひとりのコリア法への熱意と学問に対する真摯さに、編者として心からの敬意を表するものである。

　なお、本書のPartおよびChapterの構成については、総論的なものから各論的なものへ、本質的なものから派生的なものへというような、いくつかの原則にもとづいて編成をしたが、編集会議のたびに疑問が出され、幾度も変更することになった。それは、何よりも、1つひとつのChapterで扱われる課題が他の課題と相互に影響しあっているからである。そこで、それぞれのChapterなどを有機的に結び付けるために、関連の強い項目については、本文において参照すべき箇所を指示することで、目次構成と相まってより全体的なコリア法を描き出すことができるように試みた。

　これほど多様な専門領域の、そして多数の執筆者による書物が日の目を見ることができたのは、私たち編者と同じ熱き使命感に立って、幾度もの編集会議を実質的にリードしてくれ、また編者と執筆者との間に入って細かなことまでも丹念に調整してくれた、日本評論社の柴田英輔さんと荻原弘和さんのご尽力があった

からにほかならない。そして、出版事情の厳しい折、このような大部の書物を引き受けることは、出版社にとっても大変に勇気のいることであったことは想像に難くない。この場を借りて、改めてお二人に、そして日本評論社に心からの御礼を申し上げたい。

　韓・朝鮮半島への理解を少しでも深め、ひいては東アジアに平和と友好の時代を築くための小さな一石になることを祈りながら、本書を世に送り出すものである。

編者を代表して

尹龍澤

〈本書の構成と使い方〉

　本書は、韓国法や北朝鮮法の単なるガイドブックではない。今日、問題の在り処すらも不透明なほどに複雑で錯綜した朝鮮半島の情勢にあって、本書は「法学」の視点からこの地域の諸問題の所在、その内実および社会的な背景までも解き明かそうと試みている。具体的には、〈法の変遷〉、〈国のかたち〉、〈経済のしくみ〉、〈国際関係〉、〈分断体制〉、〈現代社会〉といった6つの扉（Part）が朝鮮半島地域の問題群をひも解く、それぞれの鍵となるように構成されている。また、法制度への知識だけにとどまらず、その制度をかたちづくっている地域や社会にまで理解が広がるように、歴史（法制史）、政治、経済および農業などの隣接科学からの内容を読むことができるのも本書の特徴である。

　各々のPartのなかには、Chapterを設け、朝鮮半島の法現象でとくにトピックとなっているテーマを厳選している。とりわけ重要なテーマについては、別の観点からその理解が深められるように、さらにFurther Lessonを設けている。各ChapterとFurther Lessonには、〈参考文献〉を示しており、読者の興味や関心がより発展的に広がるようにした。本書の内容にこれまであまり縁のなかった読者に向けては、コラム〈Column〉を用意した。朝鮮半島における「法の世界」に誘うように工夫した。

　本書は、朝鮮半島の地域およびアジアに関心のある一般の方々に向けて少し専門的に書かれた書物である。専門家の興味にも応じうることを目指した。各大学

の法学部や大学院で開講されている「比較法」、「外国法」、「アジア法」、「アジア法文化論」、「コリアの法と社会」および「韓国法」などの講義や演習でこの本を教科書または参考書としても利用することができる。

　本書の使い方の一例ではあるが、学生のみなさんであれば、各講義だけでなく、課題レポートの作成や試験対策などで本書は大いに参考になるだろう。というのは、各Chapterで扱うテーマは、ほかの関連するChapterやFurther Lessonと有機的に結び付けて構成しているところに本書のもう1つの特徴があるからである。それぞれの内容には関連するChapterやFurther Lessonの該当箇所をカッコ書きで示している。これらを参考にして、本書を縦横無尽に読み解いていくことで、特定のテーマについて立体的で深みのあるレポートが書けたり、定期試験などの答案を作成することができたりする。よくいわれる「多角的」な理解が獲得できるようになるであろう。

　さらに、類似したテーマであっても、各執筆者により観点や見解がそれぞれ異なっていることから、その相違を考察することで朝鮮半島における新たな課題や問題点を発見することができれば、本書はその役割を十分に果たせたことになる。

　本書の特徴からは、必ずしも目次の順序にしたがって読み進める必要がない。各自の関心にしたがって途中から読み始めることも可能であるし、また関連項目だけをピックアップして読み飛ばしてもまったく構わない。まさに自由気ままに読んでいただきたい。

（岡　克彦）

Part 1	《法の変遷》からみる**コリア法**

Part 2	《国のかたち》からみる**コリア法**

Part 6	《現代社会》からみるコリア法

凡　例

[裁判例]
＊韓国の裁判例については、一般の例にならい以下のように略記した。
例：大法院2010年 4 月21日宣告2008도38288判決
　　憲法裁判所2010年 2 月25日宣告2008헌가23決定

[人名表記]
※韓国・朝鮮の人名については、下のように表記した。
・漢字表記のあるもの：漢字に読み仮名のルビをふり、括弧書きでハングル表記
・漢字表記のないもの：カタカナで表記し、括弧書きでハングル表記

[注]
本書は教科書としての使用も想定しているため、読者の読みやすさの観点から脚注や文末注を設けていない。文献等の紹介は、〈参考文献〉のほか、一部は本文中に割注の形で盛り込んでいる。

[参考文献]
各Chapter・Further Lesson の分野への読者の関心を高める目的で、本や論文で読者が書店や図書館やインターネット上で入手可能な文献や参考となる映画などという基準で紹介している。

[相互参照]
本文中に他のChapter・Further Lesson・Column 等に関連する内容がある場合には、かっこ書きで参照を入れた。参照先のChapter 等や見出し（Ⅰ・Ⅱ・Ⅲ…）の冒頭頁数を示してあるので、適宜参照してほしい。

執筆者一覧 <small>（執筆順、※は編者）</small>

※尹龍澤	（いん・りゅうたく）	創価大学法科大学院教授
鈴木敬夫	（すずき・けいふ）	札幌学院大学名誉教授
※大内憲昭	（おおうち・のりあき）	関東学院大学国際文化学部教授
田中俊光	（たなか・としみつ）	亜細亜大学アジア研究所特別研究員
岡崎まゆみ	（おかざき・まゆみ）	立正大学法学部准教授
吉川絢子	（よしかわ・あやこ）	京都大学文学部非常勤講師
※中川敏宏	（なかがわ・としひろ）	専修大学法学部教授
※岡克彦	（おか・かつひこ）	名古屋大学大学院法学研究科教授
安部祥太	（あべ・しょうた）	青山学院大学法学部助教
水島玲央	（みずしま・れお）	名古屋経済大学法学部准教授
趙元済	（チョウ・ウォンジェ）	駒澤大学法科大学院教授
金祥洙	（キム・サンスウ）	韓国西江大学校法学専門大学院院長
牧野力也	（まきの・りきや）	筑波学院大学非常勤講師
※三村光弘	（みむら・みつひろ）	環日本海経済研究所調査研究部主任研究員
長谷川乃理	（はせがわ・のり）	名城大学法学部准教授
中島朋義	（なかじま・ともよし）	環日本海経済研究所調査研究部主任研究員
片桐由喜	（かたぎり・ゆき）	小樽商科大学商学部教授
吉川美華	（よしかわ・みか）	東洋大学アジア文化研究所客員研究員
小場瀬琢磨	（おばせ・たくま）	専修大学法学部准教授
権南希	（クォン・ナミ）	関西大学政策創造学部教授
※青木清	（あおき・きよし）	南山大学法学部教授
木村貴	（きむら・たかし）	福岡女子大学国際文理学部教授
※國分典子	（こくぶん・のりこ）	法政大学法学部教授
田中佑季	（たなか・ゆき）	帝京大学法学部助教
氏家仁	（うじいえ・ひとし）	日本比較法研究所嘱託研究員
韓永學	（ハン・ヨンハク）	北海学園大学法学部教授
崔光日	（CUI Guangri）	尚美学園大学客員教授
高鉄雄	（ゴウ・チョルウン）	韓国大法院裁判研究官
琴泰煥	（クム・テファン）	韓国弁護士、元嶺南大学法学専門大学院院長
髙橋寿一	（たかはし・じゅいち）	専修大学法学部教授
多木誠一郎	（たき・せいいちろう）	小樽商科大学商学部教授

Part 1
《法の変遷》
からみるコリア法

隣国は、どのような国を目指して来たのでしょうか？
いま目指そうとしているのでしょうか？
その国のあり方を知るために、
南北の憲法の変遷をたどろう。
また、近代までの朝鮮法が中国法の影響を
受けながらも、独自の展開をしてきたことを知ろう。
そして、良きにつけ悪しきにつけ、近・現代における
南北の独自の法の発展を歪めた要因の1つが
日本植民統治にあった事実を直視しよう。
これらを認識することが、隣国の法と社会を理解する
ための第一歩です。

Chapter 1
激動の韓国憲法史

尹　龍澤

I ｜ 政府樹立の経緯

　1945年8月15日、日本はポツダム宣言を受諾し、連合国に無条件降伏した。これに伴い日本植民地からの解放を手にしたにもかかわらず、日本軍の武装解除のために、北緯38度線を境に南にはアメリカ軍、北にはソ連軍が進駐して軍政が敷かれた。同年12月、モスクワで開催された米英ソの三国外相会議で、南北の統一独立のための米ソ共同委員会を置くことと、独立するまでの最長5年間、米英ソ中の4か国による信託統治を行うことが議決された。この議決にもとづき、独立の話し合いが米ソの間で2度もたれたが、米ソはともに自らに都合の良い勢力による独立政府を望んでいたために、信託統治に反対する勢力の扱いなどをめぐって意見が対立した（南北分断の経緯については、Chapter16・I〔166頁〕参照）。

　そこでアメリカは、この問題を国連にもち込んだ。ソ連の反対はあったが、国連総会は、国連韓国臨時委員団（UNTCOK）の監視下で南北同時の総選挙を実施することを決議した。しかし、ソ連軍の支配下にあった北側が同委員団の活動を拒否したために、国連小総会では、可能な地域内でのみ総選挙を実施することを決議した。ここに、1948年5月10日、38度線以南の地に限られはしたが、韓国で最初の総選挙が実施されたのである。この総選挙によって構成された国会は韓国で最初の近代的な憲法、すなわち「大韓民国憲法」（後述の兪鎮午〔유진오〕草案では、国号は「朝鮮」であったが、憲法起草委員会での投票の結果、「大韓民国」17票、「高麗共和国」7票、「朝鮮共和国」2票、「韓国」1票であった）を制定し、48年7月17日に公布、即日施行した。この憲法を韓国では、「制憲憲法」あるいは「建国憲法」と呼んでおり、この憲法のもとでの憲政を第一共和国と称している。

Ⅱ │ 憲法の制定とその後の変遷

　韓国の憲法は、その後の内外の激動の渦に巻き込まれて、実に 9 次に及ぶ改正を経ることになる。

1　第一共和国憲法（制憲憲法）の制定

　制憲国会では、憲法起草委員会委員であった兪鎮午が制定した案を中心に草案作成作業が進められた。彼の案は、統治機構については、イギリス的な議院内閣制を骨子とするものであった。しかし、制定の途中で、当時、国会議長であり、政府樹立後の中心者となることが確実視されていた李承晩（이승만）の反対にあい、大統領制に変更された。

　このような経緯を反映して、制憲憲法は、政府形態として、大統領を政府首班でありかつ国家元首とする大統領制を採用しながらも、大統領と副大統領を国会で選出するという議院内閣制的な要素も併存させることになった。国会は 4 年任期の一院制であり、大法院は命令・規則・処分の違憲・違法の審査権を有したが、違憲法律審査権は、副大統領を委員長とし、大法官 5 人と国会議員 5 人で構成される憲法委員会に与えた。もっとも、当時の社会的風潮と兪鎮午の志向性を反映して、私企業の利益に対する労働者の均等な分配を受ける権利（18条項）をはじめ、天然資源の原則国有化、公共性を帯びた企業の国公営化など、社会国家を強く志向するものであった。

2　第一次改憲

　第一次改憲は、1952年 7 月 7 日に公布・施行された。50年 5 月の国会議員選挙で野党が多数を占めたことにより、国会議員による再選に危惧を抱いた李承晩は、朝鮮戦争によって臨時首都となった釜山で、51年11月30日に大統領直接選挙制を中心とする改憲案を提案した。この改憲案は翌52年 1 月18日に大差で否決された。これに勢いを得た野党が 4 月19日に議院内閣制を骨子とする改憲案を提案した。しかし、与党側は、 5 月14日に前回否決されたものとほとんど同じ内容の改憲案を再度提案するとともに、 5 月25日には釜山市を含めた周辺に非常戒厳令を布告し、 7 月 4 日の夜間、国会の本会議で、政府案の直接選挙制・両院制に、国会案

の国務院不信任制を加味（抜粋）した改憲案を事前の公告もないまま可決した。この改憲は「抜粋改憲」と称されている。これ以降、韓国の憲法史においては、その大きな転換点ごとに戒厳が宣布されるという悲劇が繰り返されることになる。

3　第二次改憲

　1954年の国会議員選挙で与党が絶対多数を占めるや、同年9月8日に政府は李大統領の3選を可能とするために、初代大統領に限って3選禁止条項は適用されないことなどを内容とする改憲案を提出した。11月27日、国会在籍203名中、賛成135名で、改憲に必要な在籍議員の3分の2には1票不足であるとして否決が宣言されたが、翌々日の29日、四捨五入すれば3分の2になるとの強引な理由によって、与党議員のみで可決を宣言し、同日、改正憲法を公布・施行した。「四捨五入改憲」と揶揄されている。

4　第二共和国憲法（第三次改憲）

　1960年3月15日の第4代大統領選挙の不正に抗議して蜂起した「4・19革命」によって李承晩政権は崩壊し、独裁政権に対する反動から、国会で議院内閣制改憲が断行された。また、基本権の保障を強化するとともに、憲法裁判所制度を設置した。60年6月15日に公布・施行された、この改憲は、形式的には部分改正であったが、韓国民主化に向けた多くの画期的な規定を盛り込んだものであることから実質的な新憲法の制定と解されており、韓国では第二共和国憲法と呼ばれている。

5　第四次改憲

　新政府は、大統領選挙の不正に関わった関係者を訴追して公判に付したが、ソウル地方裁判所が、法律的根拠を欠くとの理由でこれらの一部を無罪とした。そこで、かつての民主反逆者の処罰を可能とする遡及立法に憲法的根拠を与えるために、第四次改憲（遡及立法改憲）が行われ、1960年11月29日に公布・施行された。

6 第三共和国憲法（第五次改憲）

　与党であった民主党内の抗争による混乱に乗じて、1961年5月16日、朴 正 熙（박정희）少将（当時）が軍事クーデター（5・16軍事クーデター）を起こして、非常戒厳令を宣言した。6月6日には、国家再建非常措置法を制定公布して、すべての国家権力を国家再建最高会議が掌握した。この非常措置法によって、第二共和国憲法は事実上停止された。最高会議は、憲法審議委員会を設置して、憲法案を起草し、62年12月6日に最高会議の議決を経て、同月17日に国民投票で確定、同月26日に公布、翌年の12月17日に施行した。この憲法は、比較的厳格な三権分立にもとづいた大統領制の採用、違憲法律審査権の法院への付与など、アメリカ憲法の影響を受けたものであった。この改憲は憲法の改正手続によらないで、非常措置法の定めところに従って行われたが、国民投票によって改正された最初の憲法でもある。この憲法は、第三共和国憲法と呼ばれている。

7 第六次改憲

　2期に制限されていた大統領の任期を、「大統領の継続在任は3期に限る」と改めて朴大統領の3選を可能とするための改憲（3選改憲）が、野党と多くの国民の反対のなか、1969年9月14日の夜間、与党だけの賛成で国会を通過し、同年10月17日の国民投票で可決、同月21日に公布・施行された。

8 第四共和国憲法（第七次改憲）

　1972年10月17日、朴大統領は全国に非常戒厳令を敷き、国会を解散して憲政を一時中断する「10月維新」といわれるクーデターの後、秘密裏に作成させていた改憲案を同月27日に公告し、11月21日に国民投票で確定、12月27日に公布・施行した。この憲法は第四共和国憲法または「維新憲法」と称された。その内容は、平和的統一と韓国的民主主義の土着化との名目のもと、平和統一の推進体として設置された統一主体国民会議での大統領間接選挙制、大統領任期は6年で再任は無制限、大統領に巨大な非常大権を付与、国会機能の弱化（大統領に国会解散権、国会議員定数の3分の1の推薦枠、国民投票付議権、大法院長および大法官の任命権などを付与）、懲戒処分による法官（裁判官）の罷免など、大統領を3権の上

に君臨するものとした点が大きな特色であり、「絶対的大統領制」または「領導的大統領制」と呼ばれた。歴代の憲法の中で最も制度的な独裁を具現したものといえる。

9　第五共和国憲法（第八次改憲）

　1979年10月26日に、朴大統領が中央情報部長の手によって暗殺されることで、第四共和国憲法の廃棄と民主化は既定のコースになると思われたが、同年12月12日に保安司令官の全斗煥（전두환）少将が戒厳司令官の鄭昇和（정승화）参謀総長を逮捕するという反乱事件（12・12粛軍クーデター）で軍隊を掌握した後、80年5月17日に非常戒厳令を全国に拡大するとともに、金大中（김대중）などの民主化人士を逮捕連行した。これに反対する学生や市民の蜂起が、「光州事件」の直接的な発端となった（反乱事件および光州事件をめぐる憲法裁判所の判断については、Chapter11・Ⅱ〔110頁〕参照）。同年8月27日に統一主体国民会議によって全斗煥が大統領に選ばれ、この政府のもとで改憲案が作成され、同年9月27日に国民投票に付されて、同年10月27日に公布、施行された。

　朴政権と同様の手段を用いて権力を掌握したために、前政権との断絶を意識的に示して民心を得る必要があった。そのため前文から「5・16革命の理念」の語を削除して自らを「第五民主共和国の出帆」と謳うとともに、幸福追求権や環境権などの新しい人権を新設した。しかし、大統領選挙人団によって大統領が選出される間接選挙制の採用や、国会の解散権を大統領が握っている点など、その基幹部分は第四共和国憲法と同じであった。もっとも、大統領任期の7年単任制を規定し、さらに「大統領の任期延長又は重任変更のための憲法改正は、その憲法改正提案当時の大統領に対しては効力がない」（129条2項、現行憲法128条2項）との規定を新設した点は、当時の執権者たちが任期の終わる7年後をどのように想定していたかはともあれ、結果的には永久執権や軍事クーデターによる政権交代を防いだといえよう。

10　第六共和国憲法（第九次改憲）

　この改憲の動きは、1985年の総選挙で、創党まもない政党が、大統領直接選挙制への改憲のみをスローガンに予想外の躍進をみせ、野党第一党になったことに

始まる。大統領直接選挙制への改憲運動は、87年の全国的な示威運動（6月民主抗争）に発展した。このような状況に直面して、政府与党は、同年6月29日に、大統領直接選挙制への改憲を受け入れるとの声明を発表した。ここに、韓国の歴史上初めて、与野党の対話と妥協という政治的な交渉による改憲が行われることになった。87年9月21日に公告された改憲案は、10月12日に国会で議決、同月27日に国民投票で確定、同月29日に公布、翌88年の2月25日から施行された。これが第6共和国憲法と呼ばれる現行憲法である。

Ⅲ ｜ 現行憲法の特色

1　国家目標

　現行憲法が定める国家目標の特色としては、第1に、前文で、大韓民国臨時政府の法的正当性を初めて明示したこと（3・1運動と大韓民国臨時政府についてはColumn1〔12頁〕参照）、また、度重なる軍事クーデターの反省から、初めて国軍の政治的中立を明示したこと（5条）が挙げられる。

　そして、第2に、激動の韓国憲法史の大きな要因の1つである南北の分断について、制憲憲法から一貫して存在する「大韓民国の領土は、韓半島及びその附属島嶼とする」（3条）との南北統一の形での領土規定に加えて、新たに現行憲法では「大韓民国は、統一を指向し、自由民主的基本秩序に立脚した平和的統一政策を樹立し、これを推進する」（4条）との南北分断の現実を前提とした統一条項を新設したことである（統一条項の背景については、Chapter21・Ⅱ〔215頁〕参照）。この2つの条文の関係について憲法裁判所は、「現段階における北朝鮮（北韓）は、祖国の平和的統一のための対話と協力の同伴者であると同時に、対南赤化路線を固守しながら、我々の自由民主体制の転覆を画策している反国家団体との性格も併せ有していることが厳然とした現実である点に照らして、憲法4条が闡明する自由民主的基本秩序に立脚した平和的統一政策を樹立して、これを推進する一方、国家の安全を危険にさらす反国家活動を規制するための法的装置として、前者のためには、南北交流協力に関する法律等の施行により、これに対処し、後者のためには、国家保安法の施行により、これに対処しているのである」（憲法裁判所1993年7月29日宣告92헌바48決定）と、理解している（北朝鮮の統一政策については、Future Lesson9〔222頁〕参照）。

2 国民の基本権

　日本国憲法と比較するとき、第1に、「新しい人権」といわれる幾つかのものが規定されている点が注目される。すなわち、私生活の秘密と自由（17条）、生涯教育権（31条5項）、環境権（35条2項）、快適な住居生活の権利（同条3項）などである。また、「経済」の章で規定されているものではあるが、中小企業の保護育成・農漁民の利益保護（123条3、4項）や消費者の保護（124条）なども注目される。

　第2の特色としては、日本国憲法以上に、刑事手続に関して詳細な規定を設けている点である。まず、刑事被疑者および被告人に対するものとしては、法官の発した令状に対する再審手続ともいえる拘束（勾留）適否審査制（12条6項）、刑事被告人の無罪推定権（27条4項）、連座制の禁止（13条3項）、刑事補償請求権（28条）などがあり、一方、刑事被害者に対しては刑事被害者の陳述権（27条5項）、犯罪被害者に対しては国家に給付金などの支給を求める国家救助請求権（30条）などが規定されている。これらの多くは、日本においても、立法などによってすでに認められているものであるが、しかし「不起訴処分」の場合にも刑事補償を受けられることを明記した点など、評価すべきものがある。

　そして第3に、憲法で規定しているこれらの基本的人権の保障を実効あるものとする制度的装置として、憲法裁判所制度の採用に伴い、公権力によって憲法上保障された国民の基本権が侵害される場合に、国民が自らの基本権の救済を請求する制度である憲法訴願制度（111条1項5号）を導入した点にも注目すべきであろう（憲法訴願事件の受理数の推移については、Chapter11〔108頁〕参照）。

3 統治構造

　まず、国会に関して日本国憲法との比較において注目される第1点は、国会の機能として、国政調査権のほかに、国政監査権を規定している点である（61条）。前者は、特定事項だけを必要に応じて調査するものであり、日本のそれと同じであるが、後者は、毎年定期的に国政全般について監査するものである。第2に、国務総理の任命においては国会の同意を必要とし、さらに国務総理と国務委員に対して、国会が解任建議権を有していることである（63条）。大統領制に議院内閣制的要素を加味したものであるといえよう。

　つぎに、政府に関しては、大統領の任期が5年の単任制である点が目を引く。いわゆる任期の終盤に呈するレイムダック（lame duck）現象を考えるとき、あまりに短すぎるように思われる。また、行政府の重要な政策を審議する最高審議機関として、大統領、国務総理、国務委員により構成される国務会議を置いている。これは、日本の議院内閣制における議決機関としての内閣とも、アメリカ大統領制における単なる諮問機関としての内閣（大統領顧問団）とも異なる。韓国憲法は、必ず国務会議の議決を通さなければならない重要事項を列挙しているので、日米の中間形態ともいえる審議機関として位置づけられる。

　最後に、司法であるが（Chapter9〔89頁〕参照）、第1に、法官の任命方式である。大法院長（最高裁判所長官）は、国会の同意を得て大統領が任命し、大法官（最高裁判所判事）は、大法院長の推薦にもとづいて大統領が国会の同意を得て任命する。それ以外の一般の法官は、大法院長が大法官会議の同意を得て任命する（104条）。大法院長については国会の同意を必要としていること、大法官については大法院長の推薦としていることなど、規定上では日本の最高裁判所判事の任命方式よりも司法の独立が守られているということもできるが、日本と異なり国民審査の制度はない。また、大法院長の権限は強く、大法官全員を推薦できるだけでなく、大統領が任命する憲法裁判所裁判官についても、3分の1の指名枠をもっている（憲法裁判所裁判官は大統領、国会、大法院長がそれぞれ3名ずつ選出し、大統領が任命するが、憲法裁判所長については国会の同意を得る）。第2に、かつての第二共和国憲法で規定されながらも、実際に構成される前に5・16軍事クーデターによって幻に終わった憲法裁判所を新設した。法院の提起による法律の違憲審査、国会が訴追した高級公職者の弾劾審判、違憲政党であるとして政府が提起した政党の解散の是非、国家機関相互間の権限争議に関する審判、法律で定める憲法訴願に関する審判を管掌している。とくに、公権力の行使または不行使によって基本権が侵害される場合に、国民が直接に救済を求めることができる憲法訴願は活発に利用されている（憲法裁判所についてはChapter9・Ⅸ〔96頁〕およびChapter10〔100頁〕参照）。

Ⅳ │ 数字で振り返る激動の軌跡と明日

　韓国憲法70年（2017年8月31日時点）を数字で振り返ってみれば、12度の改正案の提出、9度の憲法改正、3度の軍事クーデターによる民主憲政の中断、2度

の市民革命の成功、7回の大統領間接選挙制と12回の直接選挙制を通じた12人の大統領の選出、12人の大統領のうち、1人は海外亡命（李承晩）、1人は暗殺（朴正煕）、3人が逮捕、そのうちの2人は無期懲役等の宣告で刑務所に収監（全斗煥、盧泰愚〔노태우〕）され1人が訴訟係属中（朴槿恵〔박근혜〕はその後、収監された。なお、その時点で逮捕されていなかった李明博〔이명박〕も2018年に逮捕・起訴・収監された）、1人は自殺（盧武鉉〔노무현〕）、1人は弾劾により失職（朴槿恵）、2度の弾劾訴追（憲法裁判所で1回は棄却〔盧武鉉〕、1回は罷免〔朴槿恵〕）、3度の国会の解散、1度の両院制国会の構成、2度の政党解散（1958年の文化公報部長官の職権による進歩党の登録取消しと2014年の憲法裁判所の決定による統合民主党の解散）、13回の戒厳令の布告と延べ1825日（5年188日）間の戒厳令の施行、そして、違憲法律決定が第1共和国で2件、第3共和国で1件、そして現行憲法下で351件（憲法不合致、限定違憲を含む）あった。

　このような激動の韓国憲法史を反映して、現行憲法制定までの韓国憲法の平均寿命はわずか4年4カ月であったが、現行憲法は既に30年を超えた。現行憲法の長寿の主たる秘訣は、第1に、韓国の国民のなかに、自らが1987年6月の闘争を通じて手にした長期独裁執権の防止と平和的政権交代の定着への強き願望があったことである。そして、第2は、新たに設置された憲法裁判所の多くの判決を通じて憲法が最高規範として現実に機能していることを国民が肌で感じてきたことである。

　しかし、長期執権の防止は民主主義の内実化の必要条件ではあっても、その十分条件ではない。その典型的な事例が、いわゆる崔順実（최순실）ゲート事件（事件の概略についてはChapter6・Ⅰ〔56頁〕参照）を機として朴槿恵大統領に対する弾劾にまで発展した「ろうそく革命」である。たしかに現行憲法は、それ以前に比べて大統領の権限を縮小したとはいえ、大統領の権力に対する効果的な統制は弾劾だけであることを示した。

　かくて、強すぎる大統領権限（韓国の大統制については、Chapter6〔56頁〕参照）の縮小とその統制のための方途として、憲法の改正が幾度も主張されてきた。

　そのようななか、文在寅（문재인）大統領は、2018年3月26日に、大統領権限の縮小と大統領任期を4年2期とする統治機構の変革とともに、現行の憲法前文の「我が大韓民国は3・1運動により建立された大韓民国臨時政府の法統と不義に抗拒した4・19（革命）」との文言に続けて新たに「釜馬民主抗争（1979年10月に起きた釜山・馬山での維新体制に反対する抗争）と5・18民主化運動（1980年

５月の光州事件）、６・10抗争」を明示するなど、現政権に親和的な内容を盛り込んだ改正案を国会に発議したが、５月24日、野党の欠席により議決定足数である国会在籍議員の３分の２に達することができずに否決された。この憲法改正の発議は、1987年の現行憲法制定以来30年ぶりの改憲の発議であり、大統領の改憲発議としては、李承晩、朴正熙、全斗煥大統領に続く38年ぶり、４人目となった。続く2020年３月６日には国会議員の過半数によって、憲法改正の発議権を現行の国会議員の過半数または大統領だけでなく、国会議員選挙権者100万人以上にも与えることを内容とする改憲案（国民発議制は第二次改憲から第六次改憲まで存続していた）が発議された。もっとも、これについても５月８日に野党の欠席による議決定足数未達で廃棄された。改憲案の廃棄は、韓国の憲政史上、この２つが初めてである。これが激動の再来の胎動なのか、それとも、更なる安定と繁栄への成長痛なのかは、後世の検証にゆだねたい。

　はたして、第十次改憲がいつ、どのような内容で行われるかは予断を許さないが、憲法を超える裸の実力によって蹂躙され続けた激動の韓国憲法史を振り返るとき、あの「ろうそく革命」さえも憲法の枠の中で収束させることができたことは、現行憲法が、かつてのように政治権力のために存在する憲法ではなく、政治権力をコントロールする憲法として韓国の大地にしっかりと根付いていることを物語っているといえるであろう。いつの日かなされる新たな改憲が、時代と国民の要請を反映した内容で、かつ、合憲的な改正手続を経たものになることを期待したい。

<参考文献>
・金哲洙『韓国憲法の50年──分断の現実と統一への展望』（敬文堂、1998年）
・尹龍澤『大韓民国憲法─概要及び翻訳─衆憲資第18号』（衆議院憲法調査会、2003年）
・장준환監督／韓国映画『1987、ある闘いの真実』（原題：『1987』、2017年公開）

Column 1

憲法前史としての3・1運動

　李朝最後の憲法である『大韓国国制』（光武士3年、1899年8月17日）は、「大皇帝の享有する君憲を侵害する行為」（4条）を禁ずるなど、人民主権や議会の開設という民意をことごとく封ずる君主専制を露にしたものであった。それが災いして、日本が第二次韓日協約（1905年）を強要した際、伊藤博文による「大皇帝個人に対する脅迫」が大韓国の虚構を衝いて、容易に「主権」が剥奪される結果を招いた（尹龍澤「憲法的文書を中心として見た韓国憲法前史（上）」言語文化研究〔創価大学言語文化研究センター、1984年〕163頁以下、170頁）。

　「主権」の剥奪は、早くも「併合以前」の統監府下の諸法律、たとえば「統監府及理事庁官制」（1905年、勅令第767号）、「韓国駐剳憲兵ニ関スル件」（1907年、勅令第323号）等々をもって実行に移された。日本「韓国守備軍」の占領下におかれた韓国各地では、抗日運動が頻発している。儒教思想に支えられた抗日義兵運動や、人間の意識と知識の近代化を礎に都市部で隆起した抗日愛国運動等は、「併合後」の「武断統治」に対する3・1独立運動への布石となった。

　「我われのこの行動は正義と人道と生存と光栄を切望してやまない民族全体の要求であり、ひとえに自由の精神を発揮するもの」とは、『三・一独立宣言書』の一節である。3・1運動は、まぎれもなく「大日本帝国憲法」下の植民地支配から主権を奪回するための全土に及ぶ挙族的抵抗運動であったが、日本は概して一定地域の治安妨害即ち「騒擾」として扱い、これを矮小化した。日本の不義に対する抵抗の精神は、大韓民国臨時政府によって同年4月11日、「大韓民国は、民主共和制とする」と声明され、『大韓民国臨時憲章』（1919年）へと結実した（笹川紀勝他編『日本植民地支配の実態と過去の清算』〔風行社、2010年〕48頁以下〔朴井源論文〕）。その法的性格と政治理念は、いまなお現行憲法に息吹いている。

（鈴木敬夫）

Chapter 2

権力の継承体制からみる
朝鮮憲法史

大内憲昭

　朝鮮民主主義人民共和国（以下、朝鮮）の憲法は、人民民主主義憲法としての1948年憲法に始まり、1972年憲法で「社会主義」憲法として全面的に改正された。1980年代末から1990年代初めに起きたソ連邦の解体、東欧社会主義諸国の体制転換に伴う社会主義陣営の崩壊という情勢の激変のなかで、1992年に憲法を改正する。さらに1992年7月に金日成（김일성）主席が亡くなり、その後継体制を確立するための憲法改正が1998年に行われた。金正日（김정일）体制のもとでは2009年に、「先軍政治」を実施するために憲法改正が行われ、2010年には裁判所名称の変更に関する憲法改正が行われている（本Chapterでは2010年改正は省略した）。さらに2011年12月、金正日国防委員会委員長（朝鮮労働党総書記）の死去に伴い、後継者となった金正恩（김정은）体制のもとで、2012年、2013年、2016年、2019年に憲法改正が行われている。

　以下、3代にわたる権力体制のもとでの朝鮮の憲法史を論じることにする。

I ｜ 金日成体制と憲法

1　1948年朝鮮民主主義人民共和国憲法

（1）　人民民主主義憲法としての1948年朝鮮民主主義人民共和国憲法

　社会主義国家の最初の憲法は1918年の「ロシア社会主義連邦ソビエト共和国憲法」である。その後、1924年に「ソビエト社会主義共和国連邦基本法」、1936年に「ソビエト社会主義共和国連邦憲法」と変遷をたどっている。

　1936年のソ連憲法は、東欧諸国やアジア諸国などの憲法のモデルになっている。

1936年以降、モンゴル憲法（1940年）、ベトナム憲法（1946年）、ブルガリア憲法（1947年）、チェコスロバキア憲法（1948年）が制定され、朝鮮憲法は1948年9月8日である。その後、東欧諸国や中国で憲法が制定され、社会主義、人民民主主義という類型でくくられた国家群、憲法群が存在することになる。

(2)　1948年朝鮮民主主義人民共和国憲法の制定と特徴

　1948年9月9日に朝鮮民主主義人民共和国が創建される。創建に先立ち、1947年11月18日、北朝鮮人民会議第3回会議において「朝鮮臨時憲法制定に関する決議」を採択し、朝鮮臨時憲法制定委員会を設置した。48年2月7日、憲法草案が北朝鮮人民会議第5回会議に提出され、2月10日「朝鮮臨時憲法草案」（全10章102条）が公表され、2月12日から4月28日の2か月あまり全人民の討議にかけられた。

　全人民討議の結果をうけて48年7月10日、北朝鮮人民会議第5回会議で朝鮮民主主義人民共和国憲法を朝鮮北半部で施行することが決定された。

　48年4月28日に行われた北朝鮮人民会議特別会議において憲法制定員会委員長であり北朝鮮人民会議議長であった金枓奉（김두봉）が憲法制定理由を述べている。

　第1に、統一的民主主義朝鮮国家の樹立を促進すること、第2に、北朝鮮において実施された諸般の民主改革を法的に強固に基礎づけること、第3に、唯一の根本原則に規定された民主主義的綱領によって人民武装させること、第4に、統一的民主主義人民共和国の国家、政治、経済構造の形式を規定することである。

　1948年7月9日の北朝鮮人民会議第5回会議において、金日成北朝鮮人民委員会委員長（当時）は「朝鮮民主主義人民共和国憲法の施行について」と題する報告のなかで、1948年憲法に関して「われわれが歩んでいるのはブルジョア民主主義の道ではなく、人民民主主義の道であります。」と述べている。

　1948年憲法は上述のように「人民民主主義」の憲法であり、「反帝反封建民主主義革命」という課題を有していた。

2　1972年朝鮮民主主義人民共和国社会主義憲法

(1)　制定過程

　1948年憲法は若干の改正は行われたが、本質的には変更がなく、本格的な新憲

法草案作成事業が開始されたのは労働党第5回大会（1970年11月）以後のことである。

　1971年初めの党中央委員会政治委員会において、新憲法を短期間に作成することが決定された。1972年10月23日、党中央委員会第5期第5回総会が開かれ、「朝鮮民主主義人民共和国社会主義憲法草案」が討議された。そこで賛同された草案は、12月15日に開催された祖国統一民主主義戦線中央委員会第57回会議の審議に付され、全面的に支持される。労働党と統一戦線組織の支持を得た草案は、12月22日の最高人民会議第5期第1回会議予備会議で審議され、同時に党中央委員会第5期第6回総会において再び討議された。12月25日、最高人民会議第5期第1回会議に「朝鮮民主主義人民共和国社会主義憲法草案」が提出され、12月27日、憲法草案は原案通り全員一致で採択された。

(2)　特徴

　1948年憲法は「反帝反封建民主主義革命」の成果を規定した、社会主義への過渡期へ移行する段階の憲法であったが、1972年憲法は「社会主義の完全な勝利」をめざす憲法である（5条）。このことは憲法の名称自体に「社会主義」を冠したことからも明らかである。また朝鮮民主主義人民共和国の階級的性格を「プロレタリア独裁」国家と規定した。

　72年憲法の最大の特徴は、朝鮮の独自の指導者論としての「領袖制」を憲法制度として確立したことであろう。朝鮮式社会主義の独自性の1つとして、領袖・労働党・人民大衆の一心団結した社会主義建設が強調され、その中心に領袖が位置している。72年憲法は、その「領袖制」を国家機構の中に確立するために「国家主席」制度を新設し、48年憲法下の国家機構を大幅に改編した。主席は、任期4年で最高人民会議において選出されるが（憲法76条・90条）、召還（解任）規定がないため、極めて強固な地位が憲法上も保障されることになる。

　国家の指導思想と指導政党についても、憲法上明確に規定した。4条は、「朝鮮民主主義人民共和国は、マルクス・レーニン主義をわが国の現実に創造的に適用した朝鮮労働党のチュチェ思想をその活動の指導思想とする」と規定している。

　1972年社会主義憲法の制定によって、金日成体制が憲法上においても確立されたのである。

3　1992年改正憲法

（1）　改正の理由と背景

　1992年4月9日、最高人民会議第9期第3回会議において朝鮮民主主義人民共和国社会主義憲法の一部が改正された。

　改正に関しては楊亨燮（양형섭）最高人民会議議長が報告している。新聞報道（「労働新聞」）では明確な改正理由が明らかではないが、朝鮮の内外の諸条件から、次の点は推測できると思う。

　第1に、ソ連邦をはじめとする社会主義諸国の解体・崩壊を挙げることができる。これまでの国際社会は、米ソを基軸として2つの相異なる体制が対立しながらも共存するというかたちで維持されてきた。しかし、一方の社会主義体制が崩壊したとなれば、朝鮮にとっても「マルクス・レーニン主義とプロレタリア国際主義の原則に基づいた社会主義諸国との団結」（72年憲法16条）をいかに再構築していくべきかが問われる。第2に、冷戦構造が崩壊した後の国際社会が米国を基軸にして変化していくときに、地政学的にも、政治力学的にも、ソ連・中国といった二大社会主義国家を背景に、対米・対資本主義諸国との関係、あるいは南北統一問題を考えてきた朝鮮にとって、国際社会における自国の位置づけと南北統一戦略を再検討する必要性が生じたのではないか。第3に、国内的には、権力の後継問題を憲法上確認しておくことである。労働党内部では後継者問題は解決しているといえるが、それを国家レベルで、つまり後継者である金正日書記の地位を国家権力機関内に確認することである。第4に、従来の自立的民族経済政策を「対外経済開放」政策へ転換させることを憲法上確認し、その政策を積極的に展開することである。

（2）　特徴〜マルクス・レーニン主義原則の削除〜

　朝鮮の指導思想と指導政党について72年憲法4条を92年改正憲法では、3条で「朝鮮民主主義人民共和国は、人間中心の世界観であり、人民大衆の自主性を実現するための革命思想であるチュチェ思想をその活動の指導指針とする」とし、11条で「朝鮮民主主義人民共和国は、朝鮮労働党の指導のもとに、すべての活動を行う」と規定し、労働党の指導的位置を憲法上いっそう明確にした。また、8条にはチュチェ思想の哲学的原理が規範化された。その一方で、マルクス・レーニン主義規定は92年改正憲法においてはすべて削除された。

　またマルクス・レーニン主義の国家概念としての「プロレタリア独裁」は削除され、改正憲法12条において「人民民主主義独裁」に変更された。

　対外政策においても、72年憲法の対外活動の原則は「マルクス・レーニン主義とプロレタリア国際主義に基づく社会主義諸国との団結」および「帝国主義に反対するすべての国の人民との団結」（16条）であったが、改正憲法では「自主・平和・親善」を対外政策の基本理念、対外活動原則（17条）とし、72年憲法の16条に規定された原則は一切削除され、「自主性を擁護する世界人民との団結」および「あらゆる形態の侵略と内政干渉への反対」（17条）へと改正された。「プロレタリア国際主義」と「帝国主義」規定の削除は、ソ連・東欧の社会主義諸国が崩壊したことによって、マルクス・レーニン主義とプロレタリア国際主義にもとづいて団結すべき対象である社会主義国家・社会主義体制そのものが存在しなくなったという認識が朝鮮の対外政策に生じたことを意味する。

Ⅱ　金正日体制と憲法

1　1998年改正憲法

　1994年7月に金日成が死去したが、その長男である金正日が後継者となり、1997年10月に朝鮮労働党総書記に就任した。金正日が朝鮮労働党の総書記に就任することにより党における地位を確立したが、依然として国家主席は「空席」となっていた。

　1998年9月5日、最高人民会議第10期第1回会議が招集され、憲法の改正、国防委員会委員長の「推戴」等が議案として審議された。

　会議の焦点は、金日成死去後の新体制の確立である。すなわち金正日体制の確立である。社会主義朝鮮の憲法史上、初めて憲法に序文が付され、金日成を「共和国の永遠の主席」と規定した。そのために、「主席」という職位は金日成を象徴するものとなり、国家機構のなかで「永久欠番」となった。それに伴い、国家機構の大幅な改編を実施し、金正日体制のもとで、国家主席制度を廃止し、1992年改正憲法で新設した「国防委員会」を「国家主権の最高軍事指導機関」であると同時に「全般的国防管理機関」である規定した（100条）。

2　2009年改正憲法

(1)　改正の背景

　2009年4月9日、最高人民会議第12期第1回会議が招集され、憲法の改正が行われた。改正の中心は金正日の政治方式である「先軍政治」を憲法に明記し、国家統治機構を「先軍政治」に対応するように改編することにあった。

　元来、朝鮮革命は日本による植民地統治時代に武装闘争路線による反日民族解放闘争に始まり、解放後は朝鮮戦争を戦い、今日に至るまで、朝鮮半島は休戦協定のもと、北緯38度線を挟んで米国・韓国と軍事的に対峙している分断国家という現実がある。さらに近年では、朝鮮による人工衛星打ち上げ（米国などはミサイル発射実験）、核実験に対する国連安保理による制裁決議が採択されている。

　このような状況のもとで、朝鮮の反日民族解放闘争以来の歴史を踏まえて、国家の自主権を擁護するためには「軍事を第一の国事とし、人民軍の革命的気質と戦闘力に依拠して祖国と革命、社会主義を防衛し、社会主義建設全般を強力に推し進めていく政治方式」である先軍政治が必要とされた、というのが朝鮮側の認識である。

(2)　「先軍」と国防委員会

　2009年憲法は、「先軍」を改正の主要な点としている。

　第1に、「先軍」の憲法における明文化である。

　憲法3条は国家の指導思想がチュチェ思想であることを規定しているが、「朝鮮民主主義人民共和国は……人民大衆の自主性を実現するための思想であるチュチェ思想、先軍思想を自己の活動の指導的指針とする。」とし、チュチェ思想と先軍思想が併記された。

　第2に、朝鮮の武装力の使命が「先軍革命路線」の貫徹であることを規定した（59条）。

　第3に、憲法の「第6章　国家機構」の中に、「朝鮮民主主義人民共和国国防委員会委員長」（第6章第2節）を新設し、「国防委員会委員長は、朝鮮民主主義人民共和国の最高指導者である」（100条）と規定した。

Ⅲ 金正恩体制と憲法

1 労働党における金正恩体制の確立〜労働党第4回代表者会〜

　2011年12月に金正日が死去したことにより、12月30日、労働党政治局会議は、金正日の3男である金正恩を朝鮮人民軍最高司令官に決定した。

　2012年4月、「金日成生誕100周年」（4月15日）を迎えるなかで、朝鮮労働党第4回代表者会（4月11日）が開催され、4つの議題が審議された。第1議題は金正日を朝鮮労働党の「永遠の総書記」とすること、第2議題は労働党の規約改正、第3議題は労働党第1書記の新設、第4議題は党の組織問題であった。

　代表者会では、金日成＝主席と同等に、「総書記」を「永久欠番」とし、金正日＝総書記とした。これに伴い「労働党第1書記」の職制を新設し、金正恩は「労働党第1書記」に就任した。

2 2012年改正憲法と国防委員会第1委員長

　2012年4月13日、最高人民会議第12期第5回会議が開催され、2009年憲法が改正された。

　第1に、憲法の序文において、金正日の「国家建設業績を法律化」した。

　憲法は序文で、金日成を「共和国の永遠の主席」としていたように、金正日を「永遠の国防委員会委員長」と規定した。また2009年憲法を「金日成憲法」（序文）としていたが、「金日成・金正日憲法」に改めた。

　第2に、序文の改正により「国防委員会委員長」は「永久欠番」となり、国防委員会第1委員長の職制を新設した。憲法第6章「国家機構」第2節「朝鮮民主主義人民共和国国防委員会委員長」を「朝鮮民主主義人民共和国国防委員会第1委員長」に、関連条文の「国防委員会委員長」を「国防委員会第1委員長」に改正した。

　国防委員会第1委員長に金正恩が就任することにより、前述の労働党第4回代表者会において労働党での金正恩体制を確立したと同様に、国家権力機関においても金正恩体制を確立することになった。

　第3に、序文に朝鮮が「核保有国」であると明記した。

3　2013年改正憲法

　2013年4月1日、最高人民会議第12期第7回会議が開催され、2012年憲法が改正された。改正点は、以下の通りである。

　第1に、金日成が安置されている「錦繍山記念宮殿」に金正日を同じように安置することにより、そのことを憲法序文に補充し、「錦繍山太陽宮殿法」（全5章40条）を制定し、名称を「錦繍山記念宮殿」から「錦繍山太陽宮殿」に改称した。

　第2に、2012年9月25日に最高人民会議第12期第6回会議が開催され、「全般的12年制義務教育を実施することについて」が決定されたが、それに伴い憲法45条の「全般的11年制義務教育」を「全般的12年制義務教育」に改正した。

　朝鮮ではすでに1972年憲法において「全般的11年制義務教育制度」を規定し実施してきた。今回の「全般的12年制義務教育制」により、1年間の就学前教育（5歳）と5年制小学校（6歳〜10歳）、3年制初級中学校（11歳〜13歳）と3年制高級中学校（14歳〜16歳）に編成替えをした。

4　2016年改正憲法

（1）　労働党第7回大会

　2016年5月6日から5月9日、朝鮮労働党第7回大会が開催された。これは、1980年10月に第6回党大会が開催されて以来36年ぶりの党大会であった。

　第7回党大会において従来の「労働党第1書記」が「労働党委員長」に改称され、金正恩が就任した。また党大会では、党中央委員会の政治局常務委員会、政治局、政務局、党中央軍事委員会、検閲委員会などが選出された。

（2）　2016年改正憲法

　2016年6月29日、最高人民会議第13期第4回会議が開催された。会議での主たる議題は、第7回党大会で「労働党委員長」が新設されたことに伴う国家機構の改編である。

　「国防委員会」が「国務委員会」に改編され、「国防委員会第1委員長」が「国務委員会委員長」に改称された。そのため「第6章第2節　朝鮮民主主義人民共和国国防委員会第1委員長」を「朝鮮民主主義人民共和国国務委員会委員長」、「第6章第3節　国防委員会」を「国務委員会」とし、関連条文に規定されてい

る名称を改正した。とくに「国防委員会」の「任務と権限」（109条）の「1号 先軍革命路線を貫徹するための国家の重要な政策をたてる。」「2号　国家の全般的武力と国防建設事業を指導する。」「5号　国防部門の中央機関を設置または廃止する。」「6号　軍事称号を制定し、将領以上の軍事称号を授与する。」が「国務委員会」から削除されている。

　また2010年に検察所・裁判所が「最高検察所」「最高裁判所」に改称されたが、それぞれ「中央検察所」「中央裁判所」に戻された。

5　2019年改正憲法

　2016年憲法は、2019年に2度改正されている。1度目は2019年4月11日の最高人民会議第14期第1回会議、2度目は4か月後の8月29日の最高人民会議第14期第2回会議である。

(1)　2019年4月11日の憲法改正

　主要な改正は次の2点である。

　第1に、金正日時代を象徴する「先軍思想」を削除し（序文）、また「チュチェ思想、先軍思想」を削除し「金日成・金正日主義」に改正した（3条）。

　朝鮮式社会主義を特徴づけてきた大衆的路線の活動精神、活動方法であった「チョンサンリ（青山里）精神・チョンサンリ（青山里）方法」（13条）、社会主義社会における「三大差異」の解消規定である「勤労者の困難な労働からの解放」と「肉体労働と精神労働の差異の縮小」（27条）、また朝鮮社会主義の経済管理形態である「テアン（大安）の事業体系」と農村経営方法としての「企業的方法による農業指導体系」（33条）が削除された。

　第2に、国務委員会委員長の地位と権限に関して、国務委員会委員長を「国家を代表する」朝鮮民主主義人民共和国の最高指導者と改正した（100条）。

(2)　2019年8月29日の憲法改正

　主要な改正点は、国務委員会委員長の地位と権限に関してである。

　第1に、101条を新設して「国務委員会委員長は、最高人民会議代議員として選出しない」こととした。

　国務委員会委員長は最高人民会議で選出・召還されるが、従来から憲法上、最

資料　朝鮮民主主義人民共和国憲法の構成体系

1948年(10章104条)	1972年(11章149条)	1992年(7章171条)	1998年(序文、7章166条)
第1章　根本原則 第2章　公民の基本的権利及び義務 第3章　最高主権機関 　第1節　最高人民会議 　第2節　最高人民会議常任委員会 第4章　国家中央執行機関 　第1節　内閣 　第2節　省 第5章　地方主権機関 第6章　裁判所及び検察所 第7章　国家予算 第8章　民族保衛 第9章　国章、国旗及び首府 第10章　憲法修正手続	第1章　政治 第2章　経済 第3章　文化 第4章　公民の基本権利及び義務 第5章　最高人民会議 第6章　朝鮮民主主義人民共和国主席 第7章　中央人民委員会 第8章　政務院 第9章　地方人民会議、人民委員会及び行政委員会 第10章　裁判所及び検察所 第11章　国章、国旗及び首都	第1章　政治 第2章　経済 第3章　文化 第4章　国防 第5章　公民の基本権利及び義務 第6章　国家機構 　第1節　最高人民会議 　第2節　朝鮮民主主義人民共和国主席 　第3節　朝鮮民主主義人民共和国国防委員会 　第4節　中央人民委員会 　第5節　政務院 　第6節　地方人民会議及び人民委員会 　第7節　地方行政経済委員会 　第8節　裁判所及び検察所 第7章　国章、国旗、国歌、首都	序文 第1章　政治 第2章　経済 第3章　文化 第4章　国防 第5章　公民の基本権利及び義務 第6章　国家機構 　第1節　最高人民会議 　第2節　国防委員会 　第3節　最高人民会議常任委員会 　第4節　内閣 　第5節　地方人民会議 　第6節　地方人民委員会 　第7節　検察所及び裁判所 第7章　国章、国旗、国歌、首都

高人民会議代議員であるという規定はなく、慣例として金日成も金正日も最高人民会議代議員であった。朝鮮民主主義人民共和国各級人民会議選挙法（2010年）41条によれば、「複数の選挙区から推薦登録された代議員候補者は、どれか1つの選挙区のみ登録することを発表しなければならない。この場合、他の選挙区からの推薦は取り消される。」ことになる。金日成も金正日も複数の選挙区から代議員候補者として推薦されており、規定に従えば、1つの選挙区を選んで登録し、その他の選挙区では新たに代議員候補者を選出しなければならなかった。

　第2に、国務委員会委員長の権限としての最高人民会議法令公布権（104条3号）、外国に駐在する外交代表の任命・召還権（同条5号）が新設された。この権限で前者は1972年憲法においては「主席」の権限であり、後者は「主席」「最高人民会議常任委員会」の権限であった。改正で、国家の「最高指導者」である

2009年・2010年 (序文、7章172条)	2012年・2013年 (序文、7章172条)	2016年・2019年 (序文、7章172条)
序文	序文	序文
第1章　政治	第1章　政治	第1章　政治
第2章　経済	第2章　経済	第2章　経済
第3章　文化	第3章　文化	第3章　文化
第4章　国防	第4章　国防	第4章　国防
第5章　公民の基本権利 　　　　及び義務	第5章　公民の基本権利 　　　　及び義務	第5章　公民の基本権利 　　　　及び義務
第6章　国家機構	第6章　国家機構	第6章　国家機構
第1節　最高人民会議	第1節　最高人民会議	第1節　最高人民会議
第2節　朝鮮民主主義 　　　　人民共和国国 　　　　防委員会委員 　　　　長	第2節　朝鮮民主主義 　　　　人民共和国国 　　　　防委員会第1 　　　　委員長	第2節　朝鮮民主主義 　　　　人民共和国国 　　　　務委員会委員 　　　　長
第3節　国防委員会	第3節　国防委員会	第3節　国務委員会
第4節　最高人民会議 　　　　常任委員会	第4節　最高人民会議 　　　　常任委員会	第4節　最高人民会議 　　　　常任委員会
第5節　内閣	第5節　内閣	第5節　内閣
第6節　地方人民会議	第6節　地方人民会議	第6節　地方人民会議
第7節　地方人民委員 　　　　会	第7節　地方人民委員 　　　　会	第7節　地方人民委員 　　　　会
第8節　検察所及び裁 　　　　判所	第8節　検察所及び裁 　　　　判所	第8節　検察所及び裁 　　　　判所
第7章　国章、国旗、国 　　　　歌、首都	第7章　国章、国旗、国 　　　　歌、首都	第7章　国章、国旗、国 　　　　歌、首都

国務委員会委員長の権限となったことになる。

＜参考文献＞

・大内憲昭「朝鮮民主主義人民共和国憲法」『朝鮮民主主義人民共和国の法制度と社会体制——朝鮮民主主義人民共和国基本法令集付』(明石書店、2016年)15-48頁。

・大内憲昭「朝鮮社会主義憲法改正と指導体制——金正日体制から金正恩体制への移行と憲法改正」清水誠先生追悼論集『日本社会と市民法学』(日本評論社、2013年)715-728頁。

Chapter 3

朝鮮王朝における法の形成
——刑罰法の制定過程と中国法の継受

田中俊光

I 朝鮮王朝の刑罰法

1 朝鮮における法源と法運用のあり方

　朝鮮王朝（1392～1910）は、建国当初から刑事事件の処罰の根拠に明朝の刑法典である明律を採用した。初代王の太祖が即位年（1392）に官吏の処罰・懲戒に明律の規定を適用するよう命じたことに端を発して、配流先の地名や贖刑の制度などを朝鮮の事情に合わせて読み替え、明律の難解な文章を吏読（漢字の借音・借訓による朝鮮語表記）で翻訳したほか、司法実務に携わる官吏のために、当時中国で刊行されていた複数の明律の註釈書をもとに『大明律講解』を独自に編修するなど、明律を自国の刑事一般法として運用した。

　その一方で、朝鮮独自の法も整備されていった。明律を処罰の根拠とした朝鮮の刑事裁判では、明と異なる法感情による刑罰の重さへの違和感や、明律に定めのない朝鮮独自の犯罪をどのように処理すべきか、という問題が相次いだ。これに対して王朝政府は、個別の案件に対する王の指令（教旨）、または各官庁が立案し朝廷で決議された独自の法案に対する王の裁可（判旨）といったかたちで対処した。これらの教旨や判旨が所轄官庁へ伝達され、「受教」として執行された。

　明律とは別の法体系である受教による刑事案件の処理は、本来は一時的な手段であった。しかし、同様の案件に対して朝廷で過去の受教が繰り返し援用され、また、教旨内で「永く恒式と為せ」と王命が下されることで、徐々に特定の受教が定例化していく現象がみられた。過去に伝達された受教が各官庁に蓄積すると、朝廷でこれらを集成して類型化した法規集として整理する作業が行われるように

なった。恒久法を「典」、臨時法を「録」に分類し、補充と改定作業を重ねながら、次第に朝鮮独自の色彩を帯びた法典・法規集として確立させていった。朝鮮独自の法典・法規集は、実際の案件では明律の規定よりも優先して適用された。

　このように朝鮮の刑事法体系は、大きく一般法としての明律と、特別法として定例化した独自法の２系統からなり、これに加えて、新たな事案を個別具体的な受教で補完して処理するといった仕組みであった。

2　独自法典の編纂経緯

　朝鮮の法典・法規集の編纂は、建国当初から進められた。太祖6年（1397）、前王朝である高麗から継承された法と太祖代に下された受教を明律と同様に吏・戸・礼・兵・刑・工の6つの部門に区分した『経済六典』を編纂した。『経済六典』は「祖宗の成憲」として、以降の受教整理の過程でも尊重された。

　15世紀半ばになると、肥大化する法規集と蓄積し続ける受教のうち、永世遵守すべきものを選択し、恒久法である「典」として編纂する動きがみられた。『経国大典』と名付けられたこの法典は、世祖6年（1460）に戸典、同王7年（1461）に刑典が完成するが、不備が多いという指摘から改訂作業が続けられ、成宗15年（1484）に完成版が刊行された。

　『経国大典』完成後も、歴代王が指令する受教は絶えず生じ、各官庁へ蓄積していく。王朝政府は、それまでに定例化した受教の文章を法律条文として抽象化し、臨時法である「録」として編纂刊行した。成宗23年（1492）の『大典続録』、中宗38年（1543）の『大典後続録』、粛宗24年（1698）の『受教輯録』がそれである。粛宗34年（1708）には、『経国大典』とそれ以降に刊行された上記3つの「録」を合纂した『典録通考』が刊行された。また、英祖15年（1739）には『新補受教輯録』が写本として作成された。

　18世紀半ばには、『経国大典』以降の「録」と膨大な受教のうち、現在も法的効力をもつものを集成する作業が行われ、英祖22年（1746）に『続大典』が編纂された。この『続大典』の完成により、朝鮮の法体系は明律、『経国大典』、『続大典』の三本立てとなる。さらに『続大典』刊行後に生じた受教は、正祖10年（1786）に『続大典』に挿入する形式で『大典通編』として刊行され、以降の受教も『大典通編』に更に追補するかたちで高宗2年（1865）に『大典会通』として刊行された（大典会通については、Further Lesson 12・Ⅰ〔265頁〕参照）。

上述の朝鮮の独自法典は、『経済六典』を除いて現存しており、ソウル大学校奎章閣から法典篇として影印本が出版されている。また、朝鮮総督府中枢院から諸本の異同を対校した法典の翻刻本がシリーズで出版されていて、いまだに工具書としての利用価値が高い。

Ⅱ │ 特定の犯罪に対する独自法での刑の加重・減軽事例

1 偽造犯罪

(1) 印章偽造

明律では、諸官庁の印信を偽造した者は斬（首を切る死刑）に処し、犯人を告発・捕獲した者には、官から報賞として銀50両を支給すると規定されている。ただし、偽造物が未完成のまま発覚した場合は、1等軽い刑である杖100流3000里に処した。朝鮮では当初、印信偽造犯に対して、既遂と未遂を区別せずに処罰していたため、世宗15年（1433）正月、明律や唐律の規定にならって未遂犯は減1等して杖100流3000里で処断することが決められた。

ところが、朝鮮で印信偽造犯罪が増加すると、これを抑制するために厳罰化の方針が建てられていく。睿宗元年（1469）7月、王は関係官庁に次のように教旨を下した。

　　近来、印信を偽造する者が頗る多く、このまま野放しにしてはならない。今後は印信の文様が完成していようがいまいが、すべて斬に処し、犯人の妻子は地方の邑の奴婢として永属させよ。

この王命が受教となったことは、成宗3年（1472）10月に関係官庁が「京獄の囚人である軍士の趙敬義は、兵曹の印信を偽造した罪で、受教により斬待時（斬首刑の執行を秋分後まで猶予すること）に該当します」と王に報告していることから明らかである。この受教の内容は、後に『経国大典』へ載録された。『経国大典』には、「印信を偽造した者は、既遂・未遂（印文未成）を問わずに斬に処し、犯人の妻子も縁坐して諸邑の奴婢として永属させる。犯人を告発・捕獲した者には、報賞として犯人の全財産を支給する」と規定されている。印信偽造犯本人を処罰するだけでなく、犯人の妻子も縁坐して身分刑に処す点は、明律にはない朝

鮮独自の制裁といえる。

　その後も、印信偽造という重大犯罪について、明宗2年（1547）に恩赦の対象外とする内容の受教が下されたほか、粛宗29年（1703）には、以下のように印信を刻造した者と篆文を模写した者をともに処罰するよう一層厳罰化を図る方針で受教が下された。

　　平安道に住む車成才と金論先は、印信偽造の嫌疑で捕らえられ、成才は篆文を模画し、論先がそれをもとに印信を刻造したことを自供した。刑曹判書の閔鎮厚は、明律の共犯に関する規定により、本件は首犯と従犯に分けて処罰し、論先を従犯として処罰（首犯の罪に減1等）すべきであるが、論先は偽造の既遂犯であるので、斬にも該当すると上啓した。王は、成才と論先を共に死刑に処して妻子を奴婢にするよう命じ、今回の処断を定式とするよう、臣下に命じた。

　この受教が法規集である『新補受教輯録』に「印信偽造事案において、印信を刻造した者と篆文を模画した者の犯情は酌量する余地はなく、両人ともに死罪で論断せよ」と載録され、さらに受教を整理して恒久法とした『続大典』で「偽造印信を刻造した者と篆文を模画した者は、首犯・従犯の区別なく斬に処す」と定められた。

(2)　通貨偽造

　明律で定める通貨偽造犯には、紙幣である宝鈔の偽造犯と銅銭の偽造犯の2類型があった。まず、宝鈔を偽造した者は斬に処して全財産を没収し、犯人を告発・捕獲した者には、官から報賞として銀250両と犯人の全財産が支給された。一方、銅銭の偽造である私鋳銭は絞（首をしめる死刑）に処し、犯人を告発・捕獲した者には、官から報賞として銀50両が支給された。

　朝鮮では当初、楮紙でできた楮貨が紙幣として試用されたが、弊害が多く、施行と廃止が繰り返された。『経国大典』には、楮貨を偽造した者は絞に処し、犯人を告発・捕獲した者には、官から報賞として正布250匹と犯人の全財産を支給すると規定されている。明律の紙幣偽造に対する刑が斬であるのに対し、朝鮮は同じ死刑でも絞であり、明律よりも刑が軽い。なぜ朝鮮が明律の規定よりも刑を軽くしたのかについて、理由は明らかでないが、朝鮮初期は麻布が実質的な通貨として用いられており、楮貨は流通力が低かったため、明律よりも刑が減軽され

たのではないかと考えられる。

　一方、『経国大典』には、私鋳銭を処罰する規定はないが、17世紀以降になっ
て官銭である常平通宝の鋳造が始まると、朝鮮でも私鋳銭を厳格に取り締まった。
粛宗４年（1678）９月、王が「私鋳銭を禁ぜよ。犯行が官に発覚した場合は死罪
とし、捕獲・告発した者には、強盗を捕獲した場合と同等の賞を与えよ」と命じ
た内容が、受教として『新補受教輯録』に「銭文の私鋳は一切厳禁する。犯人を
捕獲・告発した者には報賞する」と載録された。また、同年に私鋳銭犯に対する
具体的な処罰方法が議論され、犯人を捕獲・告発した者への報賞は、受教により
強盗犯を捕獲・告発した場合と同様にすると定めたことを理由に、犯人の処罰も
強盗と同じく不待時斬（斬首刑の執行を秋分後まで待たずに即時執行すること）と
することが決められた。このように朝鮮の私鋳銭は、明律よりも法定刑が重く設
定されたが、その後さらなる重罰化の措置がとられ、『続大典』には「銅銭を私
鋳した匠人と助役人は、首犯・従犯の区別なく、ともに不待時斬に処す。犯人を
告発・捕獲した者には、強盗の捕獲と同様に論賞（正布50匹）する。また、炉を
設置しただけでも、未遂として減１等の杖100流3000里に処す」と定められた。
明律では、私鋳銭の材料となる地金を溶融するための炉の設置は犯罪構成要件と
していないことから、朝鮮が通貨偽造の準備行為までも包括的に処罰の対象とす
るために独自の規定を設けたものと考えられる。

2　強盗・窃盗犯

(1)　死刑を減軽された強盗犯への刺字

　強盗犯について、明律は、強盗によって他人の財物を強取した者は、首犯・従
犯を問わず斬に処し、強盗に着手したが財物を強取できなかった場合（未遂）は、
杖100流3000里に処し、刺字（入れ墨）は科さないと定めている。また、明律では、
白昼の引ったくり犯に対し、通常の五刑（笞・杖・徒・流・死）とは別に付加刑
として右上腕に「搶奪」、窃盗犯には「窃盗」（後述）、官庁の倉庫から銅銭や糧
穀などを盗んだ者には、その財物によって「盗官粮」、「盗官銭」、「盗官物」のい
ずれかを刺字したが、強盗には刺字を科す定めがない。

　一方、朝鮮では、強盗罪を犯して死刑に該当する罪人が、幼少であることなど
を理由に減刑される場合、腕に「強盗」の刺字を施した。これは、明律の処断で
は、一般予防（見せしめ）の効果や周囲への注意喚起効果が期待できないとして、

刑罰を強化したものである。『経国大典』には、「強盗犯の死刑を軽減するときは、明律で論罪した後、『強盗』と刺字し、犯人の妻子も縁坐して所在地の奴婢として永属させる。再犯した者は、絞に処す」と規定されている。上述の印信偽造犯罪でもみられたように、犯罪者本人を処罰するだけでなく、犯人の妻子も縁坐して身分刑に処す点は、明律にはない朝鮮独自の刑罰である。

(2) 窃盗犯への特則

明律は、窃盗によって他人の財物を窃取した者は、その額に応じて杖60（1貫以下）から杖100流3000里（120貫以上）まで差等を付けて処罰し、さらに付加刑として、初犯は右腕に「窃盗」、再犯は左腕に同じく「窃盗」と刺字し、三犯は絞に処した。窃盗に着手したが財物を窃取できなかった場合（未遂）は、答50に処し、刺字は科さないと定めていた。

15世紀前半の朝鮮では、各地で窃盗犯罪が激増した。その対策として、王朝政府は処罰の強化を図った。端宗2年（1454）に定められた規定では、初犯であっても窃取した総額が10貫以上に及ぶ場合は首犯を絞に処し、再犯のときは窃取した額が初犯と通算して10貫以上に及ぶ場合は絞に処すとした。

しかし、15世紀後半になって窃盗犯罪件数が次第に終息に向かうと、再び明律の規定通りに三犯で絞に処す制度に戻した。ただし、再犯の窃盗犯と、死刑が減軽された盗犯に対しては、付加刑として本人を辺境へと流配し、家族を縁坐する規定が新たに定められた。『大典続録』には、「窃盗の再犯は、（朝鮮北西部の）黄海道と平安道へ一家を分けて強制移住させ、死刑が減軽された盗犯は、妻子とともに黄海道と平安道へ奴婢として定属させる」と規定されている。

その後16世紀前半に入り、再び全土で盗賊がはびこる事態になると、暫定的に窃盗犯への処罰が強化された。『大典後続録』には、「3人以上で1貫から2貫を窃盗した初犯の者、2人で2貫以上を窃盗した初犯の者、および再犯の者は、首犯・従犯を問わず、断筋・黥面を施し、孤島の疲弊した邑へ一家を奴婢として永属させる」と定められている。逃走が困難になるように罪人のくるぶしの腱を切断する断筋や、顔面に入れ墨を施す黥面は、盗犯を抑止する目的で犯人に対して警告する意味で講じられた対策であったが、16世紀半ば以降になるとほとんど執行されないまま、18世紀半ばに廃止された。

3　尊卑秩序違反

(1)　尊長の罪を告言

　明律では、儒教道徳に根差した長幼尊卑の別を設けるため、子や孫が祖父母・父母を、妻や妾が夫・夫の祖父母・父母を、奴婢が家長・家長の總麻以上の親族を告訴することを禁止し、これに違反した場合は杖100徒３年（労役刑）に処し、告訴が虚偽のときは絞に処した。總麻とは、親族の範囲で、その人が亡くなったときに３カ月の喪に服す関係の親族をいい、曾祖父の兄弟、祖父の従兄弟、父の再従兄弟、自分の三従兄弟、母方のおじ・おばの子などがこれに該当する。

　儒教思想を政治の根本理念として標榜していた朝鮮（当時の親族法制については、Further Lesson 12〔265頁〕参照）では、尊長に対する告訴を明律よりも重罰化する方針を固め、その根拠法として、７世紀後半から８世紀前半の唐の律に定められていた「祖父母・父母を告訴する者は絞に処す」という規定を援用するよう命じる受教を下した。『経国大典』には、「謀叛や逆反の告訴を除き、子孫・妻妾・奴婢が父母・家長を告訴したときは、絞に処す」と定められているが、これは明律よりも刑を４等も加重したことになる。また、「奴の妻や婢の夫が奴婢の家長を告訴したときは、杖100流3000里に処す」という条文も置かれたが、これも朝鮮独自の規定である。

(2)　壻が義母と姦通

　明律は、總麻以内の近親と姦通した者は、杖100徒３年に処すと規定している。自分と妻の母との親族関係は總麻に該当するため、義理の母との姦通は杖100徒３年で処罰される。しかし、朝鮮半島では、高麗王朝時代（918～1392）から義母が死亡した際に喪に服す期間は１年で、中国よりも近親として扱われていたため、明律の処罰規定と親族感覚が合わず、刑が軽すぎた。そのため、刑罰を重くするために、その根拠として明律の雇工人姦家長妻条の「奴や雇工人が家長の妻や女と姦通したときは、斬に処す」という規定を類推適用させて論罪することにした。この規定は、『大典続録』に「妻の母と姦通した者は、斬に処す」という内容で法典に条文化された。

　以上、明律という中国法で定める刑罰規定に対して、朝鮮の独自法が整備されていく事例をいくつか紹介したが、これらはほんの一例にすぎない。朝鮮では、

単純に明律の条文をそのまま継受するのではなく、朝鮮の政策・国内事情や法感情に合わせて法定刑を調整し（明律より重罰化の傾向が見える）、犯罪類型によっては明律で定める構成要件を拡張して運用していたことがわかる。つまり、朝鮮にとって明律は、必ずしも羈束されるべき法ではなく、朝鮮社会で生じた独特な事案に対する朝廷の議論において独自の法を創造する際の尺度であって、歴代王の受教とその編纂物である法典こそが、王が遵守すべき成憲であったのである。

　最後に、朝鮮王朝の刑事法史に関して参考となる文献を下に紹介する。現状では、日本語で書かれたものはあまり多くないものの、法典編纂の沿革については、やや古いが、『李朝法典考』が網羅的にまとめられている。一方、朝鮮の刑罰・官吏懲戒制度や裁判手続の実態について体系的に描写した研究として、『朝鮮朝刑罰制度の研究』が有益である。また、最近の韓国の成果も踏まえた刑罰法・手続法研究史の整理としては、拙稿「朝鮮時代刑事法史の現在」を挙げておきたい。

＜参考文献＞
・中枢院調査課『李朝法典考』（朝鮮総督府中枢院、1936年）
・矢木毅『朝鮮朝刑罰制度の研究』（朋友書店、2019年）
・田中俊光「朝鮮時代刑事法史の現在」法制史研究65号（成文堂、2016年）

Chapter 4

植民地法制の展開
——日本人がみた「門中」を手がかりに

岡崎まゆみ

伝統と現代のあいだに

　大学生の頃（研究者を志すかなり前のこと）、旅行で韓国を訪れた際に、街中の立派なビルの入口に「〇〇〇氏宗親会」（〇〇〇は本貫＋姓が入る）などと掲げられた看板をみかけることがあった。日本語が達者な韓国の友人に尋ねると、「あれは、日本でいうと大きな親戚の集団が所有しているビルだよ」と教えてくれた。しかし、親戚の集団がビルを所有するとは一体どういうことなのか、平凡な日本の家庭で生まれ育った筆者には、正直なところあまりピンとくる話ではなかった。

　かつて日本は韓国併合（1910年）を行い、36年ものあいだ朝鮮半島を植民地支配した。それゆえこの時期の朝鮮半島は、否応なく日本の法システムの影響を受けることとなった。もっとも1945年の光復後も、（とくに大韓民国では）すでに前時代となった日本統治下の法システムを理念的には否定しながら、現実に社会で機能し続ける統治期以来の法システムを、完全に無視することはできなかった。このことは、現代コリア法の成立やその後の運用・展開を理解するうえで、実際問題として、統治期の法システムが完全な「過去」にはなり得ないことを意味している。

　このChapterでは、朝鮮王朝の伝統と現代コリアのあいだに位置する日本統治期の法を扱う。ただし、統治期に実施された広汎な法をここでは網羅できないので、「当時の朝鮮社会を日本人がどのように理解し、現代にどのような影響を残しているか」という視点から、とくに民事法と裁判について考えてみよう。その一例として、読者のみなさんには冒頭の私の思い出話にしばらくお付き合いいただいて、「大きな親戚の集団」、すなわち朝鮮の伝統的な親族組織である「門中

（宗中）」を取り上げる。

I ｜ 門中をめぐる慣習調査

1　門中とはなにか

　厳格な父系血統にもとづいて直系長男子による祭祀継承を絶やさない、墓祭を維持するための強固な親族（血縁）組織、そしてそれを可視化する「族譜」の存在——今日一般に「伝統的」といわれるこのような韓国の家族制度のイメージは、18世紀末頃までに確立した、独特の儒教的祖先祭祀システムに由来する。親族組織のうち、時亨祭と呼ばれる、5世代以上前の祖先祭祀を直接の目的とする血縁組織を門中という（嶋陸奥彦『韓国社会の歴史人類学』〔風響社、2010年〕）。門中は、宗家を中心に他のいくつかの子孫家から構成される。宗家では、祭祀の責務を果たすために直系男子（宗孫）を絶やすことができず、その家に嫡男子が誕生しなければ、門中の他家の男子を養子にとることもあった。日本と異なり、祭祀継承において血縁は絶対条件だったのである。こうした家族システムを前提として、伝統的な家族法規範（とくに養子縁組や相続のあり方）が形成されていた。

2　慣習調査による親族理解

　1905年、第二次日韓協約（乙巳条約）の締結により統監府が設置され、韓国（大韓帝国）では外交はもとより、内政に関しても日本の直接的な影響を受け始めた。1906年からは梅謙次郎が中心となって慣習調査が開始された。当初、朝鮮半島における不動産の権利関係を整備する立法を目的として、不動産法調査会という組織がつくられたが、1907年には法典調査局に改編され、朝鮮独自の民法・刑法・民刑事訴訟法等の立法を目的とする、より包括的な調査に発展した。親族組織や家族制度をめぐる慣習調査が始まったのも、ちょうどこの頃である。法典調査局による成果は、1910年12月に『慣習調査報告書』（以下、『報告書』という）としてまとめられた（1912年に補訂版刊行）。

　ところで、この『報告書』には、朝鮮の親族組織について次のような説明がある。

朝鮮に於ては男系の血族……の範囲は血統の連続せる範囲にして同本同姓は皆
一族に属し……而して一族に関する重要なる事項……は広く一族の戸主を招集
して之を議し、之を宗会と称す。<u>又一門の墳墓地、養子の選定、後見人の選任
其他一門に関する事項を決するため、門中の戸主を会して協議することあり。
之を門会と称す。共に親族会と視るべきものにして</u>……決議に不服あるときは
稀に訴訟を提起することなきに非ざるも、大抵は宗長又は門長の意見に従ふ
……。

※註：カタカナはひらがなに改め、句読点を付した。また、本章と関係が深い
　　　箇所には下線を付した。

　ここでは、一族に関する重要事項の協議組織を「宗会（そう）」、門中の墳墓地や養子
選定・後見人の選任等に関する協議組織を「門会」と称し、これらは（明治民法
でいう）「親族会」に相当する、そして大抵の場合は宗長や門長の意見に従うた
め、決議に対する不服から訴訟が提起されることは稀だ、と説明されている。朝
鮮の親族組織をめぐるこの理解の枠組みは、『報告書』の刊行以降、朝鮮総督府
で継続された慣習調査や各種の決議類でも、基本的に引き継がれた。ただし、い
ま私たちがこの資料を読むにあたって注意しなければならないことを、ここでは
2点指摘しておきたい。1点目は、実際には身分階層や地域によって朝鮮の慣習
は一様でなかったこと、2点目は、慣習調査は当時の日本法の概念を前提にして
進められたことから、日本法の概念に当てはまらない朝鮮在来の慣習は、調査報
告から脱漏した可能性がある、ということである。したがって、『報告書』は当
時の朝鮮社会を知るための重要な手がかりではあるものの、その内容は安易に普
遍化できないし、また朝鮮社会をそのまま反映した内容ともいい難いものなので
ある。

Ⅱ｜植民地法における門中の扱い
——植民地法と日本法の関係

1　民事に関する基本法令

　植民地期における民事法は、朝鮮民事令（1912年）にもとづき、日本法の依用
が原則とされた（民事令1条）。ただし、一部の事項については、例外的に朝鮮

在来の「慣習」が適用されることになった（民事令10—12条）。とりわけ家族法的な規範については、ドラスティックに改変すると社会の混乱を招きかねないとして「慣習」適用が採用されたが（民事令11条）、その後3度の改正（1921、1922、1939年）を経て、段階的に日本法の依用範囲が拡大し、家族法的な規範のうち親族会については、全面的に日本法に依拠することになった（1921、1922年改正）。

2　植民地という「法域」

　財産法の分野では、ほとんどの場面で日本法が依用された。それゆえ統治期の民事法は、事実上ほぼ日本法で運用されていたといってよい。とはいえ、朝鮮には日本の帝国議会で制定された「法律」が当然に適用されず、形式的には朝鮮独自の法体系（法域）が形成されていた（したがって、朝鮮で施行された法文にあえて「（内地の）〇〇法に依る」（依用）と記されたのは、別法域の規定を用いるために、形式的に必要な手続だったのである）。

　そこで統治期の多くの法令は、民事令を含め、制令（天皇の勅裁を経て法律の効力を有する総督の命令）によって定められた。ただし、朝鮮総督に制令制定権を認めることは、朝鮮における憲法施行問題とともに、明治憲法5条「天皇ハ帝国議会ノ協賛ヲ以テ立法権ヲ行フ」とする規定に抵触するのではないか、という議論があったことも注意しておきたい。

　このChapterは主として民事法を取り上げているが、参考までに刑事法にも若干触れておこう。朝鮮民事令と並んで施行された朝鮮刑事令（1912年）もまた、日本法の原則依用を定めた。ただし、統治初期には、併合以前の刑法大全（1905年）の影響を受け、日本法には規定がない、朝鮮の伝統的刑罰である笞刑（朝鮮笞刑令）が適用されることもあった。1920年代以降、植民地法（朝鮮）と日本法の法規の差異は、徐々に統一に向かったが、「法域」が異なることから、同一の法規を用いても解釈・適用に違いが生じることもあった（たとえば、ある同一の行為が、法解釈の違いから内地では無罪となり朝鮮では有罪となった）。こうした混乱は、刑事法にかぎらず民事法の適用場面でも生じ、とくに法実務で問題視されていた。

3　裁判官による「慣習」判断

　さて、朝鮮独自の規範である民事令上の「慣習」は、どうやって把握されていたか。「慣習」をめぐる統一的な理解は、裁判官の間で必ずしも共有されていなかったため、審議中に疑義が生じれば、（当初は）事案ごとに対応していたようである。「慣習」判断の情報源として、前出の『報告書』をはじめ、当局の訓示や通牒、回答書、司法関係者による委員会決議等が参照されたらしい。しかし最終的には、他の法規範との調整や裁判官自身の研究に依るところが大きく、それゆえ裁判上の「慣習」判断には、裁判官の法創造的性格が強く現れていた。

　総督府裁判所の裁判官たちは、門中をめぐる研究にも熱心に取り組んだ。とりわけ、日本法の親族会規定が依用されることになった2度の民事令改正をきっかけに、朝鮮在来の門中（門会）をやみくもに日本法的な親族会へ置き換えることに懐疑的な意見が、裁判官たちから相次いだ。統治初期の慣習調査の成果と、1920年代以降の裁判官による「慣習」理解との間に、なぜこのような齟齬が生じたのだろうか。

Ⅲ｜門中をめぐる裁判実態

1　植民地司法としての特殊性

　日本とは異法域である朝鮮の裁判所は、やはり日本の裁判所体系とは別だった。1912年の朝鮮総督府裁判所令改正で、総督府裁判所は高等法院を最上級とし、下級審として覆審・地方法院（のち支庁が設置）を置く、三審三階級制が採用された。裁判官の任用も、朝鮮総督府が独自に行った。主として特定の大学で法学を修めて高等文官試験を通過した者、あるいは裁判所での実務経験がある者のうち、朝鮮人・日本人双方から採用されたが、統治期を通じて、常に日本人が朝鮮人の約3〜4倍在籍する状態だった。

　もっとも、総督府裁判所の裁判官は、総督が必要と認めれば休職を命じられるなど、その身分保障は内地よりも脆弱なものだった（この規定はのちに削除）。もとより、朝鮮総督が（総督府の）行政のトップであるのみならず、事実上の立法権（制令制定権）も握っているという統治の構造では、それらに対する司法の独立性は著しく不安定なものにならざるを得なかった。

　このような統治構造上の問題から、総督府裁判所は朝鮮総督府と常に一枚岩であり、総督府の政策方針に沿うように、司法判断を下していたと考えられることが多い。しかし近年、司法の独立性は非常に不安定な状況にありながらも、総督府の政策方針とは一定の距離を置いて、裁判所が独自に司法判断を行っていた例が少なからずあることがわかってきた。こうした側面は、これまであまり顧みられてこなかったが、今後の日本の植民地司法研究の大きな課題となるだろう。

2　門中をめぐる裁判

　上述のような司法をとりまく環境・条件を念頭に置きながら、門中の話に戻ろう。朝鮮で刊行された『朝鮮高等法院民事判決録』(以下、『民事判決録』)を読むと、門中をめぐる裁判が数多く登場する。前述した『報告書』には、「門中の決議に疑義が生じて訴訟に至ることは稀」という記述があったが、少なくとも統治期の『民事判決録』上の訴訟状況とは合致しない。

　『民事判決録』に登場する、門中が争点となった民事裁判の内容は、(1)家族関係(2)所有財産(門中財産)関係に大別できる。それぞれもう少し詳しくみてみよう。(1)は、主として(宗孫をめぐる)養子縁組に対する門中の決定権(同意権)、ないし親族中の未成年者に対する保護機関としての門中の権能を争う内容で、とくに前者は養子選定および相続時における門中の同意決議の要否を問うものが多い。このことは、少なくとも統治期においては、一族内に生じた各種の揉め事を処理する門中の裁定機能は揺るぎつつあり、他方で〈正当性の拠り所〉が、門中決議から裁判所の判断へと変わってきていることをうかがわせる。この点、総督府裁判所は総じて、門中の機能を積極的に認めることはしなかった。

　判例上、門中をめぐる理解に大きな転機をもたらしたのが、朝鮮の門中(判決文では「門会」)が日本法の親族会と事実上の同義であることを明示した、朝高1928年4月13日判決である(日本法の親族会規定が完全に依用されたのは1922年であり、規定の施行と運用が一致するまでにはタイムラグがあった)。本判決以降、家族関係の裁判では、門中をはじめ伝統的な親族組織を指す言葉は使われなくなり、「親族会」に統一されてゆく。さらに、その親族会が養子選定や相続に関わる事案もみられなくなり、代わって、いわゆる「核家族」を家族システムの前提にした、未成年者の保護機関として親族会の機能を認める判決が増加した。本来、伝統的な家族システムの中心に位置した門中は、日本法の親族会規定への置き換えを経由して、別の家族システムの補助機関へと、性格を変えていったのである。

　他方、(2)のように、門中には財産の権利者という側面もある。門中財産とは、一族祭祀のために用いられる土地や山林等、門中所有の財産である。ところが朝鮮不動産登記令(1918年)では、門中自体を権利者として登記することができず、代表者の単独名義あるいは門中員の共有として登記せざるを得なかった。その結果、名義を悪用した不当な処分行為が横行し、あるいは一部の名義人が持分を主張して門中財産を勝手に処分する等して訴訟が頻発した。こうした状況に対して、裁判官による活発な門中(財産)研究も重ねられ、いよいよ朝高1927年9月23日判決で、門中財産について「共有と異なり、所有権が単一不可分のものとして……目的物に対する各人各個の持分なるもの存在せず……之を任意に処分すること」ができないとし、門中による「合有」を認めた(これを受けて1930年に朝鮮不動産登記令が改正された)。

　伝統的な朝鮮の家族システムでは、祖先祭祀を永続させることが最重要とされ、そのために門中が組織された。したがって、その目的のかぎりで門中は家族問題に全面的に関与したし、門中財産の権利者にもなった。ところが統治期において、門中が日本法の親族会という概念に置き換えられることで、一方では家族問題における役割は限定され、他方では門中財産の確固たる権利者として法的主体性が確立されてゆく。統治期を通じて、門中は法的効果において機能分化しながら、そのカタチを変えていったのである(拙著『植民地朝鮮の裁判所』〔晃洋書房、2020年〕)。

3　現代における門中の位置づけ

　統治期に総督府当局や裁判所によって、門中(あるいは宗中)をめぐる法規範としての「慣習」が形成されていった。それは、必ずしも朝鮮在来の、ありのままの門中実態とは一致しなかったかもしれないし、実際にそのように指摘する研究も少なくない。

　一方、現実的な問題として、統治期に形成された上記のような門中をめぐる「慣習」の考え方が、解放後の大韓民国民法典に引き継がれていることや、近年まで、門中財産をめぐる裁判で統治期の判例が参照されてきたことは看過できない。もっとも、それまで排除されてきた女性や未成年者に宗中の構成員としての資格を認めた2005年7月21日大法院判決によって、門中の社会的(法的)意義をめぐる新しい流れが生まれようとしている。本判決は、社会的圧力のもとでの

「判例による革命」ともいわれ、韓国社会で大きな関心を集めた（大村敦志ほか『日韓比較民法序説』〔有斐閣、2010年〕）が、このことは、女性の法的地位の向上という観点からだけでなく、統治期に（裁判上で）規範化された門中の「慣習」を改めたという意味でも、同年の戸主制廃止決定とともに、画期的な意味があったと考えられる。

IV ｜ 法の歴史といま

　異なる社会や文化を理解しようとするとき、身近なものに例えて説明することはないだろうか。未知なものも、自分の知っている何かと似ていると感じるとき、私たちは何となく、それを理解できたような気になる。しかし、外観が似ているから中身も同じだと早計に判断すれば、多くの場合、本質を見誤ってしまうだろう。私の友人がかつて、門中は「日本でいう、大きな親戚だ」と説明してくれたことは、たしかに間違っていないし、わかりやすかった。しかし韓国人にとっての門中には、日本語の「親戚」という語感では表現しきれない、歴史的・社会的な奥深さと重み、そして深刻さがある。その意味では、「親戚」という“身近な”置き換えは、かえって本質をみえにくくさせてしまう。

　このChapterでは、36年の植民統治のなかで、門中は、一方で日本法の親族会に置き換えられ、他方では財産の権利者として認められ、法的効果において機能分化した、と説明したが、こうした概念の置き換えによって、朝鮮在来の慣習が変容し規範化された例は、実は門中だけではない。そのような例が、解放後にも韓国社会に影響を及ぼしていることをみるとき、法の歴史は「過去」にとどまらないこともある、ということに思い至ってもらえればと思う。

<参考文献>
・宮嶋博史『両班　李朝社会の特権階層』（中公新書、1995年）
・嶋陸奥彦『韓国社会の歴史人類学』（風響社、2010年）
・岡崎まゆみ『植民地朝鮮の裁判所　慣習と同化の交錯・法の「実験」』（晃洋書房、2020年）

Further Lesson 1

植民地期および1945年8月以後、朝鮮における日本法の「依用」

吉川絢子

　1910年8月、韓国併合に関する条約を通じて、韓国は日本に統治権を完全かつ永久に「譲与」した。しかし、政治的、経済的、文化的、社会的条件が日本と朝鮮とでは異なる（清宮・後掲書27頁）、1890年の大日本帝国憲法施行当時、朝鮮は日本の領土でなかった（佐藤丑次郎『帝国憲法講義』〔有斐閣、1931年〕327頁）、などの理由により、韓国併合後も朝鮮では原則的に日本とは異なる法令が施行された。たとえば、帝国議会の協賛を経て制定される法律についてみると、規定上朝鮮にも当然に施行される法律（法例、共通法、恩給法など）、朝鮮に施行する目的で制定された法律（朝鮮に施行すべき法令に関する法律など）、勅令によって全部または一部を朝鮮に施行することが認められた法律（会計法、関税法など）を除いては、朝鮮には法律は施行されなかった。そのため、朝鮮では朝鮮総督が発する命令（制令）を通して、法律によって定めるべき事項について規定していた。

　制令は、規定内容にしたがって大きく2つに分けることができる（拓務大臣官房文書課『昭和16年9月1日現在　内外地法令対照表』〔1941年〕207頁）。1つは、朝鮮の事情を反映してつくられた制令である。このような制令としては、朝鮮の地方行政制度について規定した道制、府制、邑面制などを挙げることができる。もう1つは、法律の依用について定めた制令である。このような制令としては朝鮮民事令、朝鮮刑事令などを挙げることができる。朝鮮民事令1条では、民事に関する事項は、同令またはその他の法令に特別の規定がある場合を除いて、民法、商法、民事訴訟法、人事訴訟手続法などの法律によることを規定していた。このように法律の依用とは、ある事項につき現に施行されている法律の全部または一部によることを意味する。朝鮮では、朝鮮民事令により民法が依用された結果、朝鮮における民事関係については原則として民法が適用されるようになった（清宮・後掲書106頁）。ただし、1912年4月の施行当初、朝鮮民事令では民法のうち能力、親族、相続に関する規定は朝鮮人には適用せず、慣習によると定めていた。

しかし、その後3度にわたる改正を通じて、能力に関する規定はもとより、親族および相続に関する規定の一部についても適用されることになった。

　1945年8月、日本のポツダム宣言受諾後、朝鮮半島は北緯38度線を境に、南側はアメリカ軍の、北側はソ連軍の占領下に置かれた。まず、アメリカ軍政下の地域についてみる。1945年11月2日、在朝鮮米陸軍司令部軍政庁は法令第21号を発し、1945年8月9日の時点で法的効力を有していた法律、規則、命令、告示、その他文書については、すでに廃止されたもの（たとえば治安維持法など）を除き、継続して法的効力をもつとした。また、1948年7月17日から施行された大韓民国憲法100条でも、憲法に抵触しないかぎりにおいて現行法令の効力を認めた。つまり、日本の植民地支配が終わり、さらには大韓民国政府が樹立された後も、韓国では植民期に朝鮮で施行された各種法令の多くが効力を有していた、というわけである。このような状況は、1950年代半ば以降、韓国において各種法典が制定され施行されるまで続いた。たとえば、1960年1月11日から施行された民法では附則27条において「朝鮮民事令第1条の規定により依用された民法、民事訴訟法、年齢計算に関する法律」および「朝鮮民事令および同令第1条により依用された法令のうち、本法の規定に抵触する法条」の廃止を宣言した。

　つぎに、ソ連軍占領下の地域についてみる（大内憲昭『法律からみた北朝鮮の社会　朝鮮民主主義人民共和国基本法令集付』〔明石書店、1995年〕140-141頁）。1945年11月16日、北朝鮮五道行政局の司法局は「北朝鮮において施行すべき法令に関する件」（布告第2号）を公布した。この布告では、植民地期に朝鮮で施行されていた法令のうち、「朝鮮新国家建設および朝鮮固有の民情および条理に符合しない法令および条項」を除く、残りの「法令は新法令が発布される時まで効力を有する」と規定していた。つまり、ソ連軍占領下の地域においても、植民地期に施行された各種法令をすぐには全廃できなかったのである。なお、この地域において「日本帝国主義の支配当時に行使され、またはその影響を受けている一切の法律と裁判機関を廃止」することが宣言されたのは、1946年3月23日のことであった。もっとも、このような宣言がなされた後も、植民地期に出された法令の一部は、朝鮮戦争が終わる1950年代初めまで使用され続けたようである（崔達坤「北韓民法의 構造와 內容」北韓法律行政論集5巻16頁〔1982年〕）。

<参考文献>
・清宮四郎『公法叢書(3)　外地法序説』（有斐閣、1944年）

Column 2

韓国の「分かりやすい法令整備」事業

　「大韓民国の公用文書は、ハングルで書く。ただし、当面の間、必要なときには、漢字を併用することができる。」

　これは、大韓民国の樹立後まもない1948年10月9日に公布・施行された「ハングル専用に関する法律」の条文（1箇条）である。この規定は、2005年に制定された「国語基本法」の第14条に引き継がれ、同条は、「公共機関の公文書は、語文規範に沿い、ハングルで作成されなければならない。ただし、大統領令で定める場合には、括弧内に漢字又は他の外国文字を使用することができる。」と定め、ハングル正書法（한글 맞춤법　1988年制定）に従う旨と、ハングル使用の原則が打ち立てられている。例外的に、括弧内での漢字併記が認められるのは、①意味を正確に伝達するため必要な場合と②難解な若しくは見慣れない専門語又は新造語を使用する場合に限られる（国語基本法施行令11条）。このようなハングル・固有語（우리말：ウリマル）の尊重と国語純化（국어순화）は、韓国の中心的な国策の1つである（文化体育観光部に属する国立国語院が国語発展のためのさまざまな事業を行っている）。世論も政治も教育も、ハングル専用か漢字混用かで常に揺れ動き、大きな論争を巻き起こすが、法律も、言語政策と無関係ではない。とくに、日本の近代化の過程で西欧語の翻訳としてつくり出された漢字語の法律用語や日本語風の文章表現の残存は、ハングル化・国語純化の政策と相容れない。また、日本の残滓は排除されなければならないという排日的な思想も、漢字語排斥を後押しする。

　そのような要請に対処するため、法制処（法律案等の審査を管掌する中央行政機関）は、2006年から、漢字語で表記された法律をハングルに転換し、さまざまな法律用語と日本式表現を固有語へと整備する「分かりやすい法令整備（알기 쉬운 법령 만들기）」事業を開始し、法令整備の方針・基準（알기 쉬운 법령 정비 기준）を示してきた。そのような基準に則して、今日まで、数多くの法令の全面的な改正が進められてきている。とりわけ、日本語風の漢字語が数多く含まれている民法の全面的改正は、骨の折れる作業である。所管の法務部は、「分かりやすい民法改正委員会」を設置し、2015年に改正法案をつくり上げた。同法案は、

民法の1118条までの条文のうち1053箇条もの条文を整備するという内容であり、日本語風の漢字語や文章表現がいかに多いかがよくわかる。改正法案が公になった後もその内容の当否につきさまざまな意見が示され、一度は審議未了で廃案となったが、法務部は、2019年5月に総則編、8月に物権編、9月に債権編のそれぞれの改正法案をあらためて国会に提出した後、11月には、親族編・相続編の改正法案を提出した。

（中川敏宏）

Chapter 5

韓国における法治主義の展開
——「法治」という名の為政者の政治

鈴木敬夫

　代表民主制においては、国民の中から多数決で選出された者ないし政党が政治権力を担って行使する。だが、歴史が物語るように、その政治権力は「多数」にあぐらをかいて独り歩きし、ついには国民の自由や人権を抑圧する横暴な国家権力へと陥りやすいという宿命をもっている。ともすれば権力者には、選挙で勝った……自分の考え方が民意だとする傲慢さがある。ここに、国家権力であっても法に従った政治をしなければならないという「法治主義」が登場する。

　「正義の追求がいささかもなされない場合、すなわち、正義の核心をなす平等が制定法の規定にさいして、意識的に否認されるような場合には、そうした法律は、おそらく悪法であるにとどまらず、法としての本質を欠いている。」

　これは、ドイツの法哲学者ラートブルフ（G. Radbruch）が「ナチスの法律」の効力を否定した一節である。権力保持者が議会の多数をかさにかけて法的安定性を掲げ、意見の異なる者ないし少数者を異端視する政治は、法治主義のもっとも忌避する不寛容な政治である。

　以下に、Ⅰ｜「法治」を偽装した日本の植民地支配、Ⅱ｜国家保安法の「法治」の実相、Ⅲ｜日本の法治——「改正組織的犯罪処罰法」について素描する。

Ⅰ｜「法治」を偽装した植民地支配

　植民地時代を顧みて、「併合」に至る経緯から植民地統治の「合法性」が問われて久しい。発掘された史実と蓄積された内外の学術研究の多くは、これを否定している（金昌禄「韓国における日帝独占期の法体系の性質」北海道大学法学論集52巻2号〔2001年〕211頁以下）。だが日本は、両国が「大日本帝国憲法」（1889年）と「大韓国国制」（1899年）のもとで締結した「併合条約」を根拠に、「朝鮮

ニ施行スヘキ法令ニ関する件」（1919年、緊急勅令第324号）を以て、朝鮮総督府
（1910年）に多大な統治権を付与し、数々の植民地統治法を制定して実効支配を
重ねた。それは一見、天皇による立憲君主制下による法治の装いをしていたが、
実は被支配者の民意を無視した朝鮮総督府による独裁政治以外のなにものでもな
かった。

　もし、その地に政治的営みを実践しようとするならば、それが朝鮮総督府の権
力行使であろうと、すべて法を根拠として行われなければならない。この法治が
実現される制度保障には、法が議会によって可決され、その法律に準拠して司法
および行政が必要とされる。しかし植民地においては、立法、司法、行政のすべ
てが総督府に掌握され、真の主権者はごく限られた事例を除き三権に一切関与で
きず、朝鮮民族の自由や人権は保障されていなかった。植民地の法治は、政治に
対する法の優位が否定された「偽装された法治」であったといえよう。

　法治の装いをして「法的安定性」を支えた法律に「治安維持法中改正法律」
（1928年緊急勅令第129号）がある。日本はこの政治刑法を駆使して「朝鮮語学
会」事件（1942年10月）を裁いた。官憲によって漠然と開かれた犯罪構成要件、
「目的遂行ノ為ニスル行為」条項が濫用され、「国体ノ変革」に関わったかどで多
くの言語学者が逮捕された。

　朝鮮語学会事件判決は、「朝鮮語学会」が「表面ハ文化活動ノ仮面ノ下ニ朝鮮
独立ノ為ノ実力養成団体トシテ本件検挙マデ十年余ノ長キニ亘リ朝鮮民族ニ対シ
朝鮮語運動ヲ展開シテ来タリシモノ」であり、それが「国体ヲ変革スルコトヲ目
的トシテ結社ヲ組織シタル」に該当するとされた。ここには「国体ノ変革」と民
族の「辞書編纂」を結びつけ、処罰しようとする執拗な政治的意図がみられる。
判決文からは、植民地の「偽装された法治」を受容し、これを真正な法治とみて
判決した、時勢に迎合した裁判官の実像をみることができる（植民地時代の裁判
官については、Chapter 4・III〔36頁〕参照）。

　大日本帝国憲法に裏打ちされた植民地統治法は、そもそも正義を実現する機能
を有していない。したがって、不法な植民地支配に抵抗する民族独立運動が継続
して起きたのは、至極当然であったといえよう（鈴木敬夫『朝鮮植民地統治法の
研究』〔北海道大学図書刊行会、1989年〕268頁）。

II ｜ 国家保安法による「法治」の実相

　韓国憲法はすでに9次にわたって改正を重ね、民主的法治国家の基本法として

成長している（韓国憲法の歴史については、Chapter 1〔2頁〕参照）。併せて、憲法と同時期に制定され政治刑法とも呼ばれる「国家保安法」（1948年制定）もまた、10次の改正（1997年12月13日）を経て現在に至っている。分断国家の厳しい現実的要請から、韓国「刑法」（1953年制定）に先立ってできた国家保安法は、「反共法」の廃止に伴い、その重要な内容を吸収・統合するなどして年ごとに厳格化し、国家の保安を脅かす反国家的活動を規制して、国家の安全と国民の生存・自由を確保することを目的とする刑事特別法の要として大成している。その足跡には、ドイツ憲法にもみられる「自由民主的基本秩序」（憲法前文、4条）を掲げる一方、他方では国民の自由や人権よりも、むしろ「国家の安全」を優先させるという国家主義的な憲政観がかい間見られる。

　代表民主制下の政権与党、「多数」で選出された大統領の政治権力に要請されるのは「少数」に対する寛容である。民主政治の落とし穴は、多数による法的安定性の営みが専制支配を招くことである。韓国では「文民の政府」（金泳三（김영삼）政権）、「国民の政府」（金大中（김대중）政権）、「参与政府」（盧武鉉（노무현）政権）など歴代の大統領下から今日まで、「国家保安法」に対する廃止の訴えが途切れることなく継続している。訴えの主眼は、国家主義的な政治の専制であり、為政者の恣意的な国家保安法の運用であって、その抽象的で曖昧な犯罪構成要件の濫用に対する市民の批判であったといえよう（「韓国の国家保安法廃止論考──任雄、梁建、金日秀の所説」（Ⅰ）、同「南宮鎬卿、鞠淳玉、康錦實の所説」（Ⅱ）鈴木敬夫訳　札幌学院法学17巻2号〔2001年〕125頁以下、同18巻1号〔2001年〕81頁以下）。

　国家保安法の歴史を顧みて、政権保持者がその時代、その時期の緊迫した政治問題の解決に、「不明確かつ広範な概念」によって構成されている国家保安法を縦横に駆使して、体制維持を図ってきた経緯がみられる。ひとつ光州事件（1980）をみても、政治権力と司法の営みは、特定の政治家（たとえば金大中・元大統領）に死刑判決を下し、また無罪判決を下している。ここに政治化された刑事司法の実態、歪んだ「法治」が指摘されてよい。

　いま、「反国家団体」を規定した国家保安法の一条項をみてみよう。

　「この法律において“反国家団体”とは、政府を僭称し、又は国家を変乱することを目的とする国内外の結社又は集団であって、指揮統率体制を備えた団体をいう」（2条）

　この条項には、為政者の解釈によってはどのようにも適用できる曖昧模糊とし

た法概念がある。まさに「反国家団体」がそれである。いつ南北で戦火が開かれるかもしれない緊迫した今日、敵対すべきは北朝鮮であり、それがまぎれもなく「反国家団体」であることは誰しも疑わない。しかし、平時ではどうか。これが唯一「北朝鮮」を対象に限定した法概念ではなくなってしまう。この法の概念曖昧さは、為政者の判断によって国家を批判する団体に向けられ、ひろく政治的反対勢力を抑圧する手段として繰り返し濫用されてきたことは、過去の判例が如実に物語っている。そうしてみると、この条項には「国家の安全」を担う崇高な目的と、国民の多様な法目的観、民主主義を尊重する価値観を排除する国家主義的欲求が混在している。

　それでは、国家保安法ははたして合憲か否か。以下に「合憲限定解釈」を下した憲法裁判所の代表的な判決をみよう。いわく、「南北が対峙する状況においては、同法を廃止することによって得られる利益よりも、失われる利益が大きい」「ある法律概念が多義的で多様な解釈が可能である場合には、憲法を最高規範とする統一的な法秩序の形成のために憲法に合致する解釈、すなわち合憲的解釈をするべきで」あり、「このような解釈によって違憲的となる解釈が排除され、合憲的で肯定的な部分を生かすことが可能であるというのが憲法の一般法理である」と説く。それゆえ、第7条1項および5項の行為のなかで、「国家の存立・安全又は自由民主的基本秩序に無害な行為は処罰から排除し、実質的害悪を与える明白な危険がある場合にのみ処罰すると縮小限定解釈するのが憲法前文、第4条、第8条4項、第37条2項に合致する解釈である」と判示した。（憲法裁判所1990年4月2日宣告89헌가113決定）この判決に対する批判は、数多蓄積されている（関炳老「韓国の国家保安法──保安と治安のボーダーレスとその克服」法律時報75巻7号〔2003年〕70頁）。

　思うに、憲法裁判所の国家保安法に対する合憲限定解釈には、正義に対する法的安定性の優位を求める国家主義的思想がみられる。歴代の為政者が「国家の安全」を譲ることのできない最重要な命題にしてき以上、縮小限定解釈の「実質的な害悪を与える明白な危険がある場合」という基準は、詰まるところ為政者の意思いかんによる。もし、為政者が法的安定性を過剰に重視し、自由や人権という正義を蹂躙するような場合には、その手に掌握されている制定法は、悪法以外のなにものでもなく、まさに憲法に反する法律であろう。そのような法的安定性は正義に道を譲らなければならない（鈴木敬夫『法哲学の基礎──ラートブルフの法哲学』〔成文堂、2002年〕142頁、180頁）。なぜなら、その法律は政治を制約す

る法としての本質を失っているからである。韓国では、これまで憲法に定められ
ている人権規定と、現実に起きている国家保安法の適用実態とが大きく乖離して
いることが指摘されてきた。これをどう克服するか、韓国における法治、すなわ
ち人権憲政の課題であろう（国家保安法と人権条約違反については、Chapter 18・
Ⅲ 2 (2)〔193頁〕参照）。

Ⅲ｜日本の法治——「改正組織的犯罪処罰法」

韓国の刑事司法史には、国家保安法の解釈が政権保持者によって政治的に用い
られた史実がみられた。今年、民主的な法治国を標榜する日本で、「組織的な犯
罪の処罰及犯罪収益の規制等に関する法律」が施行された（2017年 7 月11日）。
はたして、このいわゆる「組織的犯罪処罰法」が法治国家の面目を顕すものかど
うか、以下に新法がもっている開かれた犯罪成立要件など、その問題点を素描す
る。国会における法案審議の過程では、しばしば政府原案が変更され、為政者が
法案を牛耳っている姿勢が垣間見られた。もし、立法の営みが政治的権力者の恣
意に流され、主権者の自由と人権が蔑ろにされるようであれば、とうてい民主的
法治国家の立法行為とはいえない。

対象犯罪についてみよう。当初の原案は676にも及ぶ犯罪類型を掲げていたが、
その根拠を批判されて一挙に277の類型に縮減した。だが、その選別基準は判然
としない。ついで原案に規定されていた「団体」概念が、改正案では「組織的犯
罪集団」と変更された。だが、国会審議のなかで、政府は「環境保護、人権保護
を標榜している団体であってもそれが隠れ蓑に過ぎず、実態として構成員の結合
関係の基礎が一定の重大な犯罪を実行することにある場合には組織的犯罪集団に
当たりうる」と答弁した。こうした経緯からすれば、新法の適用には「組織的犯
罪集団」を限定する要件が有効に機能する保障はないといえよう。

さらに組織的な犯罪の主体について。原案はこれを「組織により行われるもの
の遂行を共謀した者は、当該各号に定める刑に処する」（ 6 条の 2 ）と規定して
いた。これは、まさに複数人の間で「共謀」が存在したという事実、それが現実
の「行為」に移されていない場合であっても、それをもって犯罪とすることを許
す条項である。そこには、近代刑法の原則、すなわち「犯罪は行為である」とい
う原則が軽く扱われ、内心も処罰される危惧がある。行為なき合意の処罰は、法
の道徳への限りなき拡散（行為原理の否定）を意味する（浅田和茂「共謀罪が犯
罪論に及ぼす影響」法律時報78巻10号〔2006年〕55頁）。この点で原案は、客観的

な「行為」ではなく主観的な「合意」の状態を広く処罰する「組織的な犯罪の共謀罪」の犯罪類型を創設しようと図ったが、その意図は新法に継承されている。

　他方、新法は「組織により行われるものの遂行を二人以上で計画した者」（6条2）と改めた。如上の「組織により行われるものの遂行を共謀した者」を「二人以上で計画した者」と変更した。「計画」は「陰謀」などと同様に、未完成犯罪へ向けた刑罰拡張原因の1つでもあろう。だが、それは事前捜査を許容するという危険性をもっている。

　刑事訴訟法189条2項は、捜査の開始について、「犯罪があると思料するときは、犯人及び証拠を捜査することができる」と規定する。これは未発生の犯罪についての捜査は想定していない。だが新法で捜査の対象となる「計画」とは何か。国会審議の過程において、計画は「組織的犯罪集団が関与することについて具体的かつ現実的に合意すること」と答弁された。（法務大臣）「計画」は「二人以上」の者によるコミュニケーション及びそこにおける合意（の存在）を意味するものであるから、人と人が合意する状況（面談、電話、メール等）からみて、いわゆる具体的かつ現実的な「計画」に当たるのではないか、つまりそこに犯罪発生の高い蓋然性が認められれば、犯罪発生前であっても捜査が許されることになろう。「計画」関与者間から収集された諸情報は、決定的な証拠となるに違いない。如上の事前捜査を許容する立場に対しては、捜査権限の恣意的発動と早期化の危険性を招くものとして、厳しい批判がある（川﨑英明「共謀罪と刑事手続の変容」『共謀罪批判』法学セミナー編集部編〔日本評論社、2017年〕41頁以下）。

　新法は日常的な市民監視を不可欠とする。この法律で何よりも国民の精神的自由が脅かされる。いま日本が法治国家である以上、その人権遵守という憲政理念に照らして、再度その改廃が審議されるべきであろう

＜参考文献＞
・白取裕司他著『盗聴立法批判』（日本評論社、1997年）
・法学セミナー編集部編『共謀罪批判』（新・総合特集シリーズ9〔別冊法学セミナー〕、日本評論社、2017年）

Further Lesson 2

韓国における「反日問題」と法

岡　克彦

　韓国における反日問題の主な要因は、何といっても日本による朝鮮半島の植民地支配（1910-1945）である。法学の分野に限ってみても、日本による支配（韓国併合条約）が法的に合法だったのか否かについては、戦後、日韓基本条約（1965年12月発効）の締結を主要な目的とした「日韓交渉」（1952-1965）の場で重要な争点となった（太田修『新装新版・日韓交渉』〔クレイン、2015年〕）。この条約2条（旧条約等の効力）の策定やその後の解釈をめぐって、韓国併合条約などは違法で不当なものだったとする韓国側の立場に対して、日本側は当時の国際法に則った合法的な条約だったとの立場で両者の溝はいまだに埋められていない（Chapter 19〔196頁〕参照）。いまなお懸案である従軍慰安婦（Chapter 20〔206頁〕参照）や日本に強制徴用された徴用工の問題（Chapter 19〔196頁〕参照）などは、植民地支配の合法性がその議論の大前提になっている。

　韓国の独立以降、自国を形成していくうえでの課題は、こうした違法で不当な植民地統治による負の遺産や植民地法体制の残滓をいかに清算するのかという点にあった。いわゆる、「過去事清算」の問題である（Further Lesson 3〔53頁〕参照）。48年憲法（制憲憲法）では、日本帝国に抗した3・1独立運動以降、この独立精神を受け継いで「大韓民国」が樹立したことをその前文で唱えるとともに、植民地時代の反民族行為（主に日本の植民地統治に与した親日派の行為）については、過去にさかのぼって刑事処罰を可能にする特別法の制定権限を国会に付与する条項を設けた（刑罰不遡及の原則の例外規定、48年憲法附則101条）。このことは、植民地統治の遺制を清算しようとする国家理念の1つの現れであった。

　ところが、建国当初から過去事清算の作業は容易ではなかった。1948年以降も植民地期の近代法システムがほぼそのまま韓国の法制として承継された結果、憲法の理念と現実の国家法体系とが乖離していたからである。理念としては、大韓帝国、大韓民国臨時政府そして大韓民国へと国家の存在は間断なく永続している

ものと法的にみなすことで日本による植民地支配の不当性を大韓民国憲法の規範的な前提としている。それにもかかわらず、現実の法体制では、建国前の米軍政下（1945-1948）で旧法令たる植民地法制を存続させ、かつ、建国以降も韓国社会が無秩序化するおそれのある法的な空白状態を避けるために、旧法令を再利用するかたちで基本法制を構築していった（48年憲法附則100条）。いわゆる、「旧法令の依用問題」である（Further Lesson 1〔40頁〕参照）。この国の樹立では、植民地法制を白紙の状態に廃棄して、まったく新たな法体制で新国家が発足したわけでなかった。建国後13年が過ぎた1961年に朴正熙政権下で「旧法令整理に関する特別措置法」（法律第659号、1961年7月15日）が制定されることにより、植民地法制の清算問題は一応の終止符が打たれた。

とはいえ、その間、朝鮮戦争（1950-1953）などの影響で民法、刑法および民・刑事訴訟法など、基本法令の編纂作業が遅延したこともあり、日々の市民生活のなかで国民の膨大な権利・義務関係（契約、家族関係および犯罪に対する処罰など）の多くは旧法令に依拠して形成された。同特別措置法で旧法令が清算されるとはいっても、建国以降につくられた国民の法律関係をすべて無効に帰することはできない。人々の法的安定性を考えると、建国時にさかのぼって旧法令の効力を失わせることはできず、ある程度、温存させるほかになかった（同特別措置法3条）。韓国法において植民地遺制の清算には、このように一定の限界があるとともに、旧法令の存続との関係ではある種のディレンマを伴っていた。

したがって、植民地支配の清算問題は、旧法令の整理などの制度的な改革よりも、むしろ当時に問題となった事件の真相究明、加害者の処罰や被害者の救済など、各事件の個別的な解決にその重点が置かれた。建国直後に「反民族行為処罰法」（法律第3号、1948年9月22日）が国会で制定されたのもこの動きの1つであった。けれども、この時、政権側の人物や国会議員のなかに親日派と疑われる者がいたこともあり、同法律は施行されたものの、事件の調査および関係者の処罰は十分に行われないまま、1951年2月に廃止された。同じく親日派と目された朴正熙（박정희）による軍事クーデター（1961年5月）で軍事政権が発足してから、権威主義体制が長期にわたって続いたことにより、過去事清算の事業は長く頓挫していた。転機を迎えるのは1987年の民主化以降である。市民運動の高まりとともに、韓国社会で自由な政治的雰囲気が醸成された2000年頃から旧体制への批判と同時に日本の植民地支配に対する清算事業の必要性の声が国民の側から上がった。国会では、同清算事業の各種特別法の制定を契機にようやくにして植民地支

配の清算が本格化した。

　日本側からすると、戦後70年以上も経過しているにもかかわらず、なぜ、最近になって過去の清算が韓国で強く叫ばれるのかの疑念が出てくる。その答えの1つとしては、この問題を長く封印にしておかざるを得なかった韓国国内の事情に求められるであろう。とはいっても、韓国の「反日問題」は、時間の経過にしたがって事件当事者の高齢化や死亡とともに事実の真相を究明することがますます困難になり、複雑化の様相を呈している。

＜参考文献＞

・김승대『한반도 헌법국사의 주요문제』(법문사, 2017).
・김한균「국가범죄와 과거사 청산완결의 과제」형사정책연구 28권 1호 (한국형사정책연구원, 2017).

Further Lesson 3

〈過去事清算〉とは何か

安部祥太

Ⅰ ｜ 過去事清算とは何か

　民主化後の韓国における重要課題として位置づけられてきたのが、過去事清算である。過去事清算とは、権威主義政権下で制定された法律の改廃や制度改革による民主化・権力抑制、民主化運動弾圧等による人権侵害の救済・名誉回復、各種弾圧事件の真相解明等を行う一連の動きの総称である。

　過去事清算は、権威主義政権の影響の払拭のみを意味するものではない。韓国の法制度は、日本による植民地統治の影響を色濃く残すものであった。そのため、民主化以前の法律・制度を改廃することは、日本による植民地統治の影響を除去することでもある。過去事清算には、権威主義政権期を省みると同時に、日本による植民地統治の残滓を清算し、真に民主化を追求し、韓国という国家のアイデンティティを確立する重要な意味がある。公的制度・構造の改革は、とくに保守層の反対を受けることがある。過去事清算をめぐる視点は、韓国の歴代政権の政治姿勢や政策内容、さらには日韓関係を理解するうえでも重要である。

Ⅱ ｜ 立法・司法による過去事清算

　過去事清算の嚆矢は、1995年に金泳三（김영삼）政権下で制定された「5.18民主化運動等に関する特別法」である（補償については、1990年特別法が存在する。この法律の合憲性に対する憲法裁判所の見解については、Chapter 11・Ⅱ〔110頁〕参照）。5.18民主化運動（光州事件）では、多くの市民が民主化を求めて蜂起した。これに対し、韓国軍は武力で弾圧し、多くの者が死傷したり刑事訴追された。5.18特別法は、「5.18民主化運動と関連する行為（等）を阻止したり反対する行為で有罪の確定判決を言い渡された者は……刑事訴訟法……に関わらず、再審を請求することができる。」と規定した（4条）。これにより、約400名が再審無罪判

決を受けた。ほかにも、各事件に対応した特別法が複数存在する。

Ⅲ 行政等による過去事清算

　行政等による過去事清算の代表例は、2000年に金大中（김대중）政権下で設置された「拷問死真相究明委員会」である。この委員会は、大統領直轄組織として2004年12月31日までの期限つきで設置され、民主化運動で「謎の死」を遂げた者の死因調査などを行った。その結果、司法殺人として知られる「人民革命党再建委員会事件」（Chapter 26・Ⅲ1〔269頁〕参照）などの再審無罪判決へ繋がったり、過去の拷問の実態を明らかにする等の成果を挙げた。

　2005年に盧武鉉（노무현）政権下で設置された「真実・和解のための過去事整理委員会」も、過去事清算のための重要な組織である。真実和解委は、独立機関として2010年末までに11,175件を審査し、8,450件の調査開始を決めた。しかし、真実和解法は、5.18特別法と異なり特別再審を認めていなかった。そのため、その役割は疑問視され、李明博（이명박）政権下の2010年12月末に活動を終えた（その後、特別再審を認める立法と共に、第2次真実和解委設置法案が複数回発議されている）。近時も、2017年に文在寅（문재인）が法務部内に検察過去事委員会を設置するなど、行政による過去事清算が積極的に行われている。

Ⅳ 過去事清算と未来志向

　Chapter 26（267頁）で指摘した国際化・憲法化の動きも、過去事清算の一側面がある。韓国社会の上昇志向は、「過去の猛省・清算」と不可分一体のものである。

　2017年には、国防部（日本の防衛省に相当する）が、文在寅の指示のもと、光州事件におけるヘリコプター掃射や性的拷問などに関する特別調査を行うことを決めた。光州事件を描いた映画「タクシー運転手」が同時期に上映されたこともあり、大きな注目を集めた。2018年には、「5.18民主化運動真相究明のための特別法」が制定された。2019年に話題となった検察改革も、権威主義政権下で検察権限が濫用されたことを省み、民主化直後から議論されてきた過去事清算の論点の1つである。韓国では、現在もなお、過去事は「単なる歴史」ではなく、「現在も省みるべき連続性ある過去」として認識されているのである。

＜参考文献＞
・映画「1987、ある闘いの真実」（2017年、監督・張俊煥〔장준환〕）

Part 2
《国のかたち》
からみるコリア法

隣国の統治構造を
私たちはどのくらい知っているでしょう。
韓国の大統領制はアメリカと同じでしょうか？
北朝鮮のトップは、中国のような国家主席
なのでしょうか？
韓国の裁判システムは日本と似ているのでしょうか？
南北それぞれの統治のしくみとその特徴や問題点を
考えてみましょう。

Chapter 6

──────

韓国大統領制の特徴と問題点
──大統領が弾劾される国

水島玲央

I ｜「崔順實ゲート」による大統領罷免のインパクト

　2016年10月、韓国では朴槿惠（박근혜）大統領（当時）が友人である崔順實（최순실）に機密の情報を渡して相談を受けていたという疑惑が生じ、韓国社会を震撼させた。その後も次々に現れた「崔順實ゲート」と呼ばれる、崔順實による国政への介入疑惑は韓国国民の反感を呼び、ソウルの光化門広場の前では連日にわたり大規模な大統領の退陣デモが繰り広げられた。こうしたなかで2016年12月に国会は朴槿惠大統領の弾劾訴追を行った。これを受け2017年3月10日に憲法裁判所は、崔順實の国政介入について大統領としての権限濫用があり、憲法や国家公務員法に違反するとして、全員一致で朴槿惠大統領に対して弾劾罷免の決定を下した（本事件については、Chapter 1・IV〔10頁〕、Chapter 10・II 1 (3)〔104頁〕、Chapter 11〔108頁〕も参照）。

　民主化以降、国民の直接選挙によって選出された現職の大統領の罷免は初めてのことであり、日本でも韓国の大統領制についてかつてないほど注目されるようになったといえるだろう。そこで本稿では、韓国の大統領制についてその権限と特徴を紹介するとともに、現在の韓国の大統領制が抱える問題についてみていきたい。

Ⅱ｜大統領制採用の背景

1　歴史的経緯

　韓国では1948年の建国以降、唯一の議院内閣制だった第二共和国時代を除いて、大統領制が採用されてきた。韓国で大統領制が採用された背景として、第二次世界大戦以降の朝鮮半島を取り巻く特殊な事情が挙げられる。

　第二次世界大戦後、アメリカとソ連が北緯38度線を境に軍政を行うようになり、東西冷戦の激化とともに朝鮮半島分断の動きが高まると、1948年5月には38度線以南の地域においてのみ国会の総選挙が行われ、李承晩（이승만）が国会議長に選出された。大韓民国建国にあたり憲法制定の準備が進められた際、憲法起草委員会は当初は議院内閣制での草案を作成していたが、李承晩の要求により大統領制が採用されることになったという。

　また李承晩が退陣後の第二共和国時代には議院内閣制が採用されたが、当時の与党が分裂して政権が不安定であったことから、国民は強力で安定した政府を望んでいたといわれており、実際に朴正煕（박정희）によるクーデター後、大統領制への改憲案が国民投票で賛成されている。こうした時代的背景により、韓国では大統領制が採択されたのであった。

2　民主化以前の大統領制

　民主化以前の韓国の大統領制は、時の統治者が自身にとって都合の良いように、選出方法や任期について、目まぐるしく変更されてきた。李承晩政権時代の第一共和国時代には、大統領は当初、国会で選出されたが、やがて国会で野党の勢力が大きくなると自身の再選が難しくなったため、1952年の憲法改正により国民の直接選挙へと変更された。さらに1954年の憲法改正では永久的な政権を目指し、改正当時の大統領については重任規定の例外とした。だがその後の選挙において不正があったとして国民の怒りを呼び、李承晩政権は退陣することになった。第二共和国時代は李承晩政権への反省から議院内閣制を採用しており、大統領は形式的な地位であったといわれている。このときの大統領は国会の両院合同会議で選出された。

　朴正煕による軍事クーデターの後に幕を開けた第三共和国時代は、大統領は

1962年憲法当初、国民の直接選挙で選出され、任期4年で1回のみ重任が可能であったが、1969年の憲法改正により3期まで重任が可能とされた。1971年の大統領選挙で野党の金大中（김대중）が大健闘すると、朴正煕は1972年に憲法を大幅に改正し（第四共和国へ）、自身が確実に再選されるため、統一主体国民会議なる機関が大統領を選出するように変更された。第四共和国時代には大統領の任期は6年と長期化され、重任の制限がなくなった。朴正煕暗殺後、全斗煥（전두환）ら新軍部のクーデターによって成立した第五共和国時代には、大統領は間接選挙によって選出され、任期は7年の単任制へと改められた。その後、民主化が行われた第六共和国では現在の制度（後述）へと変更されている（以上の歴史的経緯については、Chapter 1〔2頁〕参照）。

Ⅲ │ 現在の大統領制

1 選出方法・任期

1948年の建国以降、韓国の大統領制はめまぐるしく制度が変更されてきたが、民主化以降の現在の韓国の大統領制は、国民の直接選挙により選出されている（憲法67条1項）。大統領になるには、国会議員の被選挙権を有し、選挙日現在40歳でなければならない（同条4項）。大統領の任期は5年の単任制となっており、重任は認められていない（70条）。

また現在の韓国憲法のもとでは、副大統領（韓国では「副統領」という）は存在せず国務総理を置いており、大統領が国会の同意を得て国務総理を任命する（86条）。大統領が欠けた場合は、国務総理、法律で定められた国務委員の順に権限を代行する（71条）。民主化以降、国務総理が大統領の権限を代行した事例は2回あり、2004年に盧武鉉（노무현）大統領が弾劾訴追された際に高建（고건）国務総理が、そして2016年に朴槿恵大統領が弾劾訴追された際に黄教安（황교안）国務総理がそれぞれ権限を代行した。韓国では国民に選出された副大統領を置いていないため、国民によって選出されたわけではない国務総理が大統領の権限を代行することは、民主的正当性があるのだろうかという指摘もみられる（鄭宗燮『憲法研究4』〔博英社、2003年〕148頁）。

また、大統領が職務遂行において憲法または法律に違背した場合、弾劾制度がある。まず弾劾訴追をするには国会在籍議員の過半数が発議し、3分の2以上の

賛成を要する（65条2項）。弾劾訴追が可決されると大統領の権限は停止するため、前述のように国務総理が権限を代行する。弾劾審判は憲法裁判所が行う（111条2項）。憲法裁判所は、2004年の盧武鉉大統領のときには罷免するほど重大な違法性はないとしたのに対して、2017年の朴槿恵大統領に対しては弾劾罷免の決定を下している。

2　権限

　韓国の大統領の地位についてみると、第1に外国に対して自国のトップであるという国家元首としての地位、第2に国内における政治の最高責任者としての地位、第3に三権分立の1つである行政府の首班としての地位という3つの観点からの地位があるといわれている（鄭宗燮、前掲、144頁以下）。

　対外的な国家元首としての権限をみると、外交や安全保障、南北統一に関する事項が挙げられる。具体的には、条約の締結と批准（73条）、外交使節の信任と接受（同条）、宣戦布告と講和（同条）、統一政策についての権限（66条第2項）などである（同上、114〜115頁参照）。

　国政の最高責任者としての地位については、具体的には憲法裁判所所長および裁判官の任命（111条2・3項）、大法院（最高裁判所）長および大法官の任命（104条1・2項）、選挙管理委員の任命（114条2項）、国会の臨時会集会要求権（47条3項）、栄典授与権（80条）、赦免権（79条）といった国家機関の構成についてのものと、緊急財政経済処分・命令（76条第1項）・緊急処分・命令を発する権限（同条2項）、戒厳宣布権（77条）、外交・国防統一・国家安保に関する重要政策を国民投票に付する権限（72条）、憲法改正の発議（128条1項）など、対外的な国家元首としての権限でもある戦争遂行に関する権限や統一についての権限など、国家の守護に関するものが挙げられる（同上、145頁参照）。

　行政府の首班としての権限をみると、公務員の任免権（78条）、国軍統帥権（74条）、法律案提出権（52条）、行政政策の決定および執行権（66条4項）、大統領令を発する権限（75条）、予算案提出に関する権限（54条2項）、予算の執行（同条3項）などが挙げられる（同上、146頁参照）。

Ⅳ 韓国の大統領制の特徴と問題点

1 権限の大きさ

韓国の大統領の第1の特徴として、その権限の大きさが挙げられる。韓国では大統領の権限の大きさから、しばしば「帝王的大統領」と表現されている。アメリカにおいても、権限の大きい自国の大統領について "Imperial Presidency" と呼んだりしているが、韓国のそれはアメリカと比べても非常に大きい。

たとえば、長官の任命の手続についてみると、アメリカでは上院の承認が必要とされているのに対して、韓国では大統領が長官を任命するにあたり国会の承認が不要となっている（憲法87条1項、94条）。韓国では2000年以降、大統領が高位公職者を任命するにあたり国会で人事聴聞会というものが開催されるようになってはいるが、長官の任命については、仮にそこで同意が得られなかったとしても法的な拘束力はないため、大統領は任命の強行が可能である。最近の有名な事例をみると、2017年に文在寅（문재인）政権が発足した際には、外交部長官候補となった康京和に対して、娘を希望の学区の学校に入学させるために偽装転入を行ったことや、同じく娘が二重国籍だったが韓国国籍を放棄したことなどが問題視され、野党は不適格であるとして反対したものの、外交部長官の任命を強行している。また2019年には、それまで文在寅政権において、青瓦台（大統領府）で公職や法務、請願などを統括する民情首席秘書官を務めていた法学者の曺國（조국）が法務部長官候補となった際、国会の人事聴聞会では娘の大学入学が公平に行われたのかどうかが問題視されたが、ここでもやはり法務部長官への任命を強行している。だが娘の大学入学に対する疑念は、朴槿恵政権時代に朴大統領の友人だった崔順實が自身の娘を不公平な手続で大学に入学させたとする事件を彷彿とさせたため、国民の大きな失望と反発を呼び、就任から1カ月ほどで辞任に追い込まれている。

また、大統領制は本来、議院内閣制と比べて行政府と立法府の分離が厳格であるはずだが、韓国の場合、議員が長官を兼職することが可能となっている（国会法29条1項）。大統領の「部下」にあたる長官を国会議員が兼職するという構図は、立法府が行政府よりも「格下」にみられかねないとする指摘もある（鄭宗燮『憲法研究3〔第2版〕』〔博英社、2004年〕197-198頁）。

それから、韓国では政府にも法律案の提出権（憲法52条）や予算案の提出権

（54条2項）が認められている点も、行政府の権限が大きいとみることができるだろう。

　さらには、アメリカでは大統領が軍の最高司令官ではあるものの、戦争の宣言は議会が権限を有しているのに対して、韓国では議会の同意を要するものの（憲法60条2項）、大統領に宣戦布告の権限があるとしている点についても大きく異なっている。なお、韓国の大統領は緊急命令権や戒厳宣布権も有しているため、場合によっては大統領が立法・行政・司法の三権を掌握し、さらには国民の基本権を大きく制限することも可能となる（国立国会図書館及び立法考査局『諸外国の憲法事情3』〔国立国会図書館、2003年〕52-53頁）。

2　大統領選挙の得票率の低さ

　前述のように、韓国の大統領は非常に大きな権限を有しているにもかかわらず、韓国の大統領は、その選出にあたり、得票率が非常に低いという点が、第2の特徴として挙げられる。大韓民国憲法では、大統領候補者が1人しかいない場合は、得票数が選挙権者総数の3分の1以上であることを要しているが（67条3項）、それ以外の規定はない。民主化以降の大統領選挙では、一度に多くの候補者が出馬しているため、有力な候補が3人以上いる場合、票が割れてしまい、ほとんどの当選者が過半数の得票によらずに勝利している。例えば、2017年の第19代大統領選挙では、洪準杓（홍준표）や安哲秀（안철수）といった有力な候補者が出馬していたため票が割れており、文在寅は41.08％の得票率で勝利している（ハンギョレ新聞、2017年5月11日、12面）。ちなみに、民主化以降の大統領のなかで、唯一過半数の得票があったのは、2012年の第18代大統領選挙で当選した朴槿恵（51.55％）のみとなっている（中央選挙管理委員会『第18代大統領選挙総覧』〔中央選挙管理委員会、2013年〕764頁）。

　こうした得票率の低さは、逆にいえば過半数の投票者が当選者のことを支持していないということを意味している。近年では、過半数の得票により当選・就任した大統領である朴槿恵に対してさえも大規模な退陣デモが行われたことから、大統領の民主的正当性をより担保できる選挙制度の構築が必要ではないかと思われる。

3 　悲劇的な末路の多さ

　韓国の大統領制の第3の特徴として、多くの大統領が悲惨な末路を迎えているという点が挙げられる。韓国の大統領制度は、強いリーダーシップをもって国の発展を推し進められるという長所はあるものの、強大な権限を掌握するあまり腐敗に巻き込まれやすいという欠点がある。また新しい政権が自らの正当性を主張するために前の政権の不正を追及する傾向がみられる。たとえば近年では、リベラル派の文在寅政権下において、「積弊清算」の名のもとに、保守派で大統領を務めた李明博（이명박）の逮捕が行われたりしている。そうしたこともあり、歴代大統領の多くが、本人もしくは親族が不正を追及されるなど、退任後に平穏に余生を過ごせた者が少ない。

　たとえば、李承晩大統領は不正選挙により国民の怒りを呼び4.19学生革命によって倒され、朴正熙大統領は側近によって射殺されている。全斗煥・盧泰愚（노태우）大統領は1980年に民主化運動を武力で鎮圧した光州事件の責任を問われ、「5.18光州民主化運動等に関する特別法」という事後法で逮捕された。全斗煥大統領はさらにその後、不正蓄財をめぐる追徴金を支払わせるために、息子たちに譲渡した財産まで事後法で追徴されている。金泳三（김영삼）大統領と金大中大統領はそれぞれ息子たちが収賄で逮捕された。盧武鉉大統領は、実兄が収賄で逮捕され、さらに自身は投身自殺をした。李明博大統領も実兄が収賄で逮捕され、後に自身も収賄で逮捕されている。そして朴槿恵大統領は前述の「崔順實ゲート」により弾劾罷免され、その後逮捕されている。

V ｜ 大統領制のあり方の問い直しへ

　韓国では民主化から30年以上が経過した。建国から民主化までは、大きな権限をもった大統領が力強いリーダーシップを発揮して国の発展を推し進める必要があったかもしれない。だが韓国はその後OECDに加盟し、G20にも加わるようになるなど先進国の仲間入りを果たしており、大統領に巨大な権限が集中している現状はむしろ、腐敗や汚職の原因となるなど弊害になってしまっているようにみえる。朴槿恵前大統領の弾劾罷免事件は、現在の韓国の大統領制が抱える問題点が大きく表面化したものといえよう。

　こうしたなか、韓国の大統領制のあり方について見直す動きが起きているよう

で、2017年の第19代大統領選挙では、各候補が憲法の改正案について言及しており、大統領制を4年重任制とする意見（文在寅）や、半大統領制とする意見（安哲秀）、議院内閣制にする意見（沈相 灯〔심상정〕）などがみられた（韓国経済新聞ウェブサイト、2017年4月12日）。大統領制のあり方を見直すために憲法改正をするのであれば、次の点について再検討してみる価値があるだろう（憲法改正の議論については、Chapter 1・IV〔10頁〕参照）。

第1に、大統領選挙では当選者が過半数の得票が得られるようにすることである。現在の韓国の大統領選挙では当選者の得票率が低いため、大きな権限を有する地位であるにもかかわらず、民主的正当性が十分に担保されているとは言い難い。上位の数名で決戦投票を設けるなどの対策をすることで、有権者は自らの選択に対して、大統領は有権者に対して、責任をもてる選挙制度の構築が必要であろう。

第2に、大統領の権限を弱めるために、長官の任命については国会の同意を得るよう明文で規定を置くことである。そうすることで行政府と立法府の権力の均衡が保たれ、少しでも大統領の権力に歯止めをかけることができるのではないだろうか。

第3に、就任後の大統領に対して国民が直接「審判」を下すことができるよう、現行の単任制から重任制に変更することである。韓国の大統領は一期しか務められないため、その政治責任を追及しようとしても、大統領に対して民主的な方法で退任させる機会が与えられていない。大統領を重任制として中間に選挙を行うことで、より民主的な方法で大統領に対する「審判」を行うことが期待できるだろう。

国家の元首であった大統領が退任後も国民からの敬意を維持することができるよう、巨大な権力を制限し、腐敗や汚職に巻き込まれないようにすることが、韓国の大統領制にとって急務であるといえるだろう。

<参考文献>

・金哲洙『韓国憲法の50年――分断の現実と統一への展望』（敬文堂、1998年）
・国分良成編『現代東アジア』（慶應義塾大学出版会、2009年）
・辺真一『大統領を殺す国 韓国』（角川書店、2014年）

Chapter 7
朝鮮の統治構造

大内憲昭

I | 国家統治機構における最高指導者の変遷

1 国家主席制度

(1) 1972年朝鮮民主主義人民共和国社会主義憲法

　1972年朝鮮社会主義憲法で国家主席制度が新設された。そのため、1948年憲法下の統治構造は大幅に改編された。

　1948年憲法では最高主権機関として「最高人民会議」とその常設機関である「最高人民会議常任委員会」、国家中央執行機関として「内閣」が、地方主権機関として「人民委員会」が、司法機関として「裁判所」と「検察所」がそれぞれ設けられていた。1972年憲法では、最高主権機関としては1948年憲法と同様に「最高人民会議」とその常務機関として「最高人民会議常設会議」が置かれ、国家の首班としての「主席」および国家主権の最高指導機関として「中央人民委員会」が新設された。最高主権機関の行政的執行機関として「政務院」が「内閣」から改称された。「政務院」は「主席」および「中央人民委員会」の指導の下に置かれることになった。また地方主権機関として「道（直轄市）・市・郡人民会議」、その休会中の地方主権機関として「道（直轄市）・市・郡人民委員会」が設けられ、地方主権機関の行政的執行機関として「地方行政委員会」（1992年改正憲法で「地方行政経済委員会」）を新設した。

　「主席」は国家の首班であり、「中央人民委員会」の首班でもあり、国家主権を代表し、最高人民会議で任期４年で選挙される。主席に召還規定はなく、罷免されることはない。「主席」は全般的武装力の最高司令官、国防委員会委員長であ

り、国家の一切の武装力を統率する。また中央人民委員会、政務院を指導し、特赦権を行使し、外交権を行使する。

　「中央人民委員会」は主席、副主席、中央人民委員会書記、委員から構成され、政務院、地方人民会議・地方人民委員会、司法・検察機関の活動を指導し、中央人民委員会に対内政策委員会、対外政策委員会、国防委員会、司法安全委員会などの部門別委員会を置いている。

　1972年憲法は、主席に事故があった場合を想定しておらず、国家副主席が主席に代わることはない。1972憲法体制は、金日成を主席とする、金日成の絶対的体制を確立したといえる。

　1992年に20年ぶりに憲法が改正されたが、最高人民会議の任期が 5 年に延長されたのに伴い、主席の任期も 5 年となり、また召還規定が設けられた。

(2)　1998年改正憲法での国家主席廃止

　1994年に金日成が死去し、1998年の憲法改正で、国家主席・中央人民委員会は廃止され、政務院は1948年憲法の呼称であった「内閣」に改称された。そのことにより、主席・中央人民委員会の権限は改称された「最高人民会議常任委員会」（旧常設会議）、国防委員会委員長に付与された。また地方行政経済委員会が廃止され、その権限は内閣と地方人民委員会に分与された。

2　国防委員会委員長

(1)　2009年改正憲法での国防委員会委員長

　2009年の憲法改正では、金正日の政治方式である「先軍政治」とその思想である「先軍思想」が明記された。そのため、国防委員会委員長の権限について1992年憲法は「113条　朝鮮民主主義人民共和国国防委員会委員長は、一切の武力を指揮統率する。」と規定していたが、1998年憲法では第102条で上記の権限に「国防事業全般を指揮する。」と補充している。

　2009年改正憲法は「第 6 章　国家機構」の第 2 節に「朝鮮民主主義人民共和国国防委員会委員長」（100条～111条）を独立させ、国防委員会委員長は主席が有していた国防に関する権限（国家の全般事業の指導、国防委員会の活動の指導、国防部門の重要幹部の任命と解任、国の非常事態と戦時状態・動員令の宣布）、対外代表権、特赦権などを「朝鮮民主主義人民共和国の最高指導者」（憲法100条）と

して有することになった。そしてその職位にあらためて金正日が就任した。

(2)　国防委員会委員長から国防委員会第1委員長へ

　Chapter2で指摘したように、金正日の死去により、「朝鮮労働党総書記」が「永久欠番」となったために「労働党第1書記」が新設され、また同様に「国防委員会委員長」も「永久欠番」となり、2012年改正憲法で「国防委員会第1委員長」が新設され、それぞれに金正恩が就任した。

　2012年改正憲法では国家機関に変更はなく、2009年改正憲法の「国防委員会委員長」が「国防委員会第1委員長」に改称されたのみで、権限に変更はない。

3　国務委員会委員長

　2016年5月の労働党第7回大会で「労働党第1書記」が「労働党委員長」に改称された。翌6月に開催された最高人民会議第13期第4回会議で憲法が改正され、「国防委員会」が「国務委員会」に、「国防委員会第1委員長」が「国務委員会委員長」にそれぞれ改称された。権限に関しては「国防委員会第1委員長」と「国務委員会委員長」に変更はないが、「国防委員会」と「国務委員会」にはChapter2で指摘したように変更されている（22頁参照）。

II ｜ 国家機構

1　最高人民会議

　2016年改正憲法における国家機構は、第6章に規定されている。国家機構は、「最高人民会議」（第1節）、「朝鮮民主主義人民共和国国務委員会委員長」（第2節）、「国務委員会」（第3節）、「最高人民会議常任委員会」（第4節）、「内閣」（第5節）、「地方人民会議」（第6節）、「地方人民委員会」（第7節）、「検察所と裁判所」（第8節）から構成されている。本論では、中央国家機構と司法制度を論じ、地方機関は割愛する。

(1)　法的地位と任期

　最高人民会議は、国家の最高主権機関である（87条）。

　最高人民会議の任期は 5 年であるが（90条 1 項）、止むを得ない事情で選挙を行えない場合には、選挙が行われるまで任期を延長する（同条 3 項）。

(2)　権限

　最高人民会議は、17の権限が規定されている（91条）。

　立法権は最高人民会議とその休会中は最高人民会議常任委員会が行使する（第88条）。

　立法手続に関しては、1992年憲法では法案提出、法案審議、法令採択（以上は最高人民会議または最高人民会議常設会議）、法令公布（憲法107条 3 号）の 4 つの段階を経ることになっていた。しかし、98年改正憲法では法令公布権を有していた「主席」が廃止されたために、法令公布に関する規定を欠いている。現行憲法では法案提出権は国務委員会委員長・国務委員会・最高人民会議常任委員会・内閣・最高人民会議部門委員会（法制委員会・予算委員会など）と最高人民会議代議員が有している（95条）。

　国務委員会委員長、最高人民会議常任委員会委員長、国務委員会副委員長と委員、常任委員会副委員長以下の構成員、内閣総理を選挙または召還する（91条 5 号〜 9 号）。1972年憲法で国家元首であった主席を召還する規定がなかったが、1992年改正憲法では召還規定が設けられ（91条 5 号）、それ以降の憲法においては国防委員会委員長、国防委員会第 1 委員長についても「選挙または召還」が規定されている。これは、最高人民会議の他の中央機関に対する「人事権」が強化されたといえる。

　中央検察所所長の任命・解任（同条11号）、中央裁判所所長の選挙・召還（同条12号）に関しては最高人民会議が権限を有している。

　国家の人民経済発展計画と国家予算に関する執行状況の報告の審議と承認（同条14号、15号）、内閣と中央機関の活動に関する報告と対策（同条16号）、条約の批准と廃棄の決定（同条17号）の権限を有している。しかし1992年改正憲法に規定されていた「戦争と平和に関する問題」の決定権（91条20号）はすでに98年改正憲法で削除されている。この権限は、「先軍政治」との関連で1998年改正憲法では国防委員会、2009年改正憲法では国防委員会委員長、2012年改正憲法では国防委員会第 1 委員長の権限として「国の戦時状態と動員令を宣布する」と規定されていたが、現行憲法では、その権限が国務委員会委員長に移管されている（103条 6 号）。

(3)　最高人民会議代議員の地位と身分保障

最高人民会議代議員は任期5年で、人口3万人に1名の比率で選出される。

最高人民会議の代議員は議案提出権を有する（95条2項）。また不可侵権を保障され（99条1項）、現行犯の場合を除いては、最高人民会議またはその休会中は最高人民会議常任委員会の承認なしには、逮捕または刑事処罰されない（99条2項）。

2　国務委員会委員長(第6章第2節)と国務委員会(第6章第3節)

(1)　国務委員会委員長

① 　地位

国務委員会委員長は「朝鮮民主主義人民共和国の最高指導者」であり（100条）、任期は5年（101条）、最高人民会議で選挙または召還される（91条5号）。

国務委員会委員長は、国家の全般的武力の最高司令官として国家のいっさいの武力を指揮統率する（102条）。

② 　任務と権限

第103条に国務委員会委員長の任務と権限が以下の通り、6つ規定されている。

国家の全般事業の指導、国務委員会の事業の直接的指導、国家の重要幹部の任免、重要な条約の批准または廃棄、特赦権、国家の非常事態と戦時状態・動員令の宣布である。

条約の批准・廃棄の権限は最高人民会議常任委員会も有しているが（116条14号）、国務委員会委員長の場合には「重要な条約」に限定されている。条約の締結権は内閣に属している（125条11号）。

(2)　国務委員会

国務委員会は国家主権の最高政策的指導機関であり（106条）、委員長、副委員長、委員で構成される（107条）。国防委員会の廃止により国防建設事業をはじめ国家の重要政策を討議決定する（109条1号）。

また国務委員会委員長命令、国務委員会決定、指示に違反する国家機関の決定、指示を廃止する（109条3号）。

3 最高人民会議常任委員会（第6章第4節）

(1) 法的地位と構成

最高人民会議常任委員会は、最高人民会議の休会中の最高主権機関であり（112条）、その活動については最高人民会議に対して責任を負う（122条）。

常任委員会は委員長、副委員長、書記長、委員で構成され（113条）、若干名の名誉副委員長を置くことができる（114条1項）。名誉副委員長は1998年改正憲法で新設されたポストであり、「最高人民会議代議員のなかで長期間、国家建設事業に参加し、特出した寄与をした活動家」（同条2項）がなることができる。

最高人民会議常任委員会の任期は最高人民会議と同じ5年である（115条1項）。

最高人民会議常任委員会委員長は、最高人民会議が選挙または召還し（91条6号）、国家を代表し、外国の使臣の信任状と召喚状を接受する（117条2項）。

(2) 権限

最高主権機関としての立法権、憲法および最高人民会議法令の解釈権、法令遵守の監督権、下位規範（政令、決定、指示）の上位規範（憲法、法令など）に対する適合性の審査、各級代議員選挙、内閣の委員会・省の設置または廃止と副総理以下の構成員の任命と解任、中央裁判所の判事と人民参審員の選挙または召還の権限が属している。

また条約の批准または廃棄、海外駐在の外交代表の任命または召還、勲章とメダル・名誉称号・外交職級の制定と授与、大赦権の行使、対外事業の権限が属している。

4 内閣（第6章第5節）

(1) 法的地位と構成

内閣は、国家主権の行政的執行機関であり、全般的国家管理機関である（123条）

内閣は、総理、副総理、委員長、相その他の成員で構成され、任期は最高人民会議と同じ5年である（124条）。内閣総理は最高人民会議において選挙または召還され（91条9号）、副総理以下の構成員は総理の提議にとって、最高人民会議で任命される（同条10号）。

内閣総理は、「内閣事業を組織指導」し「朝鮮民主主義人民共和国政府を代表する」地位にある（126条）。

(2)　任務と権限

内閣は「行政的執行機関」であると同時に「全般的国家管理機関」と位置づけられている。国家管理に関する権限は、つぎの通りである（以下は、125条に規定されている）。

「国家の政策を執行するための対策を立てる」（1号）、「憲法と部門法にもとづいて、国家管理と関連した規定を制定または改正、補充する」（2号）、「内閣直属機関、重要な行政経済機関、企業所を設置または廃止し、国家管理機構を改善するための対策を立てる」（4号）、「貨幣と銀行制度の対策を立てる」（8号）、「国家管理秩序を確立するための検閲、統制事業を行う」（9号）。また対外的には、条約の締結権を有する（11号）。

5　2019年憲法改正による国務委員会委員長の地位と権限の補充

「Chapter2　権力の継承体制からみる朝鮮憲法史」で論じたように、2019年4月と8月に2回、憲法改正が行われた。本節では、国家機構に関する改正について指摘しておく。

(1)　2019年4月改正

2016年憲法の改正であり、第1に最高人民会議常任委員会の構成員から「名誉副委員長」を削除した。

第2に、最高人民会議の部門別委員会に「外交委員会」を復活させた。復活というのは、1992年憲法（98条）では「外交委員会」が明記されていたが、1998年憲法以後は憲法規定上は削除されていた。

第3に、国務委員会委員長を「国家を代表する」朝鮮民主主義人民共和国の最高指導者（110条）とした。

第4に、国務委員会の任務と権限から「国防建設事業」を削除した。

労働党中央委員会第7期第3回総会（2018年4月20日）で2013年3月の労働党中央委員会総会での経済建設と核武力建設の並進路線を経済建設重視路線に転換した。この路線転換を反映して序文と第3条から「先軍思想」を削除したことは

既に指摘した（Chapter2〔13頁〕参照）。そのため国務委員会の「任務と権限」から「国防建設事業」を削除したと推測される。1号で「国家の重要政策を討議決定する」となっているが、「国家の重要政策」に「国防建設事業」を含まれるとも考えられる。

(2)　2019年8月改正

　2019年4月に憲法改正が行われてわずか4か月で再度、改正が行われた。Chapter2で主要な改正点は指摘したが、国家統治機構に関係する点だけを述べておく。

　第1に、国務委員会委員長の法的地位と権限についてである。101条を新設し、2項で「朝鮮民主主義人民共和国国務委員会委員長は、最高人民会議代議員としては選出しない。」と規定した。従来から憲法上では最高人民会議代議員であるという規定はなく、金日成も金正日も最高人民会議代議員として選出されていたため、事実上は「主席」も「国防委員会委員長」も代議員であり、最高人民会議で選出された。

　しかし、朝鮮民主主義人民共和国各級人民会議代議員選挙法（2010年）によれば、各選挙区が代議員を推薦することになるが、複数の選挙区で代議員候補者に推薦された場合には、1つの選挙区を選択しなければならず、その場合には他の選挙区では改めて代議員候補者を推薦しなければならない（選挙法第41条）。

　第2に、国務委員会委員長の権限（104条）に、「最高人民会議法令公布権」（3号）、「外国駐在外交代表の任命・召還権」（5号）が新設された。

　第3に、国務委員会の構成に第1副委員長が設けられた（108条）。

　第4に、国務委員会の権限に「内閣総理の提議による副総理、委員長、相その他の内閣成員の任命・解任権」（110条4号）が最高人民会議常任委員会の権限から移された。

III｜司法制度

　憲法上の構成で「裁判所」と「検察所」は1948年、1972年、1992年の憲法では「裁判所および検察所」であり、1998年改正憲法で逆転し「検察所および裁判所」となり、現行憲法も同じである。

　この逆転については、朝鮮の法学者は「従来の犯罪者の摘発と処罰に重点を置

くという考え方ではなく、法務生活（遵法生活）の観点、犯罪の予防という観点から遵法性監視に重点を置くという考え方」からであると、説明している。

　また名称であるが、1945年憲法では「最高裁判所」「最高検察所」、1972年憲法で「中央裁判所」「中央検察所」に改称され、2010年改正憲法で「最高裁判所」「最高検察所」、2016年改正憲法で「中央裁判所」「中央検察所」に戻されている。

　これについても朝鮮の法学者は、「最高」という意味は事件の取り扱いと処理の上で占める地位の重要性からであり、「中央」という意味は国家の行政単位が中央と地方に分かれているので（中央−道〔直轄市〕−市〔区域〕−郡）、その行政単位に相応している、と説明している。

1　検察所

（1）　組織体系

　検察所は、中央検察所、道（直轄市）、市（区域）、郡検察所と特別検察所から構成されている。

　中央検察所所長は最高人民会議で任命また解任され（91条11号）、その他の検事は中央検察所で任命または解任する。任期は中央検察所所長の任期は「最高人民会議の任期と同じである。」（154条）と規定されているので5年であるが、それ以外の検事については任期に関する規定がない。しかし裁判所の判事は中央裁判所所長の5年以外は、「当該人民会議の任期と同じである。」（160条2項）とあるので、中央裁判所判事は5年であるが、それ以下の判事については任期4年である。このことから、検事も判事に対応して任期は当該人民会議と同じであろう。

　検察活動は中央検察所が統一的に指導し、すべての検察所は中央検察所と上級検察所に服従する垂直指導である（157条）。

（2）　任務

　検察所は、機関、企業所、団体および公民の法令遵守（156条1号）、国家機関の決定・指示の憲法、国務委員会委員長の命令、最高人民会議の法令・決定、国務委員会の政令・決定・指示、最高人民会議常任委員会の政令・決定・指示、内閣の決定・指示に対する適合性を監視する（同条2号）という「一般監視」の任務を負っている。また犯罪者をはじめとする法違反者の摘発、法的責任の追及を通じて、国家の主権、社会主義制度、国家と社会協同団体の財産、人民の憲法的

権利と生命財産の保護（同条3号）という任務も負っている。

2　裁判所

(1)　組織体系

　裁判所は、中央裁判所、道（直轄市）裁判所、市（区域）、郡人民裁判所から
なる三級二審制であり、特別裁判所が設置されている（159条）。特別裁判所は、
軍事裁判所、鉄道裁判所、軍需裁判所である（2011年裁判所構成法3条2項）。

　中央裁判所所長は最高人民会議（91条12号）、中央裁判所判事は最高人民会議
常任委員会（116条13号、裁判所構成法4条2項）、道（直轄市）裁判所、郡人民
裁判所の判事は当該人民会議（140条5号、裁判所構成法4条2項）において、そ
れぞれ選挙または召還する。特別裁判所の所長と判事は中央裁判所が任命または
解任する（161条1項）。

　判事の任期は、当該人民会議の任期と同じである（160条）。

(2)　裁判の構成

　第1審裁判は、判事である裁判長1名と人民参審員2名で行われるのが原則で
ある（裁判所構成法9条1項）。特別な場合には、第1審裁判所を判事3名で構
成することができる（同条2項）。第2審裁判は、判事3名で構成する（同法14
条）。

3　参審制度

　朝鮮においては、第1審裁判は原則として市民が参加する参審制がとられてい
る。参審制は解放直後の1945年11月、司法局布告第4号「裁判所組織に関する
件」によって導入された。

　人民参審員は中央裁判所の場合には最高人民会議常任委員会、それ以外の場合
には判事と同じく、当該人民会議で選挙され（同法4条）、任期も当該人民会議
と同じである（同法7条）。解任は選挙または任命した機関のみが行うことがで
きる（同法8条）。

　人民参審員は選挙権を有する公民がなることができる（同法6条1項）。

　人民参審員は原則14日間裁判審理に参加することができ（同法12条）、参加期

間の生活費、労働報酬と旅費は所属する機関、企業所、団体から支払われる（同
法13条 1 項）。

＜参考文献＞
・大内憲昭「朝鮮民主主義人民共和国国家機関体系」『朝鮮民主主義人民共和国
　の法制度と社会体制──朝鮮民主主義人民共和国基本法令集付』（明石書店、
　2016年）49-74頁。
・량창일『조선민주주의인민공화국　사회주의헌법학〜법학부용〜』김일성종합
　대학출판사、1985년。

Chapter 8
韓国行政法の現代的展開

趙元済

I │ 法治主義と行政法

　1970・80年代の民主化運動の結果としての1987年の憲法全部改正、憲法裁判所法の制定および地方公共団体長の住民直選などを定める地方自治法の全部改正から始まり、1996年行政手続法（以下「行手法」という）および公共機関の情報公開に関する法律（以下「情報公開法」という）の制定などは、行政過程をより民主的にし、実質的法治主義を普遍的な価値とする行政法（学）の現代的展開を基礎づけるものであろう。

　韓国の行政法分野では、日本と同じく、国税基本法（1974年）、消費者基本法（1980年）および建築基本法（2007年）などの基本法が制定されており、とくに2000年を前後に、行政作用の基本的指針となる多くの基本法が制定されている。この中でも行政規制基本法（1998年）、政府業務評価基本法（2006年）、行政調査基本法（2007年）は、行政機関の行為規範を定めたものであり、実際に行政の法的統制にどのように機能しているかは、比較法的な観点からも興味のあるところである。多くの基本法を含む行政法の制定とその後の頻繁な改正は、5年単任の大統領制と頻繁な政権交代がその一因となっているものの、社会経済の複雑多様化に対応した制度改善のための努力の証左であり、「実質的法治主義」の確立を意味するものである。

　本Chapterでは、以上の状況を念頭に置きつつ、行手法、情報公開法および行政争訟制度の主要な内容を摘示し、比較法的観点からその特色を一瞥し、行政法がどのように展開してきたかについてみてみる。

Ⅱ 行政手続法

1 概要

　行手法は、通則規定、処分手続、届け出手続、行政上の立法予告（パブリック
コメント）、行政指導手続および補則となっており、全体として日本とほぼ同様
である。ただし、①国民の生活に著しい影響を及ぼす事項、②多くの国民の利害
が関わっている事項、③多くの国民に不便や負担を強いる事項などといった政策、
制度および計画を樹立施行したり、変更したりする場合に特別な事情がない限り、
20日以上これらを事前に知らしめるという行政予告（46条）があり、国民参与拡
大のための行政庁の努力義務（52条）とその方法として電子通信網による政策討
論の実施およびパネル構成における公正性・客観性・中立性確保のための努力義
務（53条）が行政機関に課されている。

2 特色

　行政庁は職務遂行の際に信義に従って誠実にしなければならない（4条1項）
し、さらに法令等の解釈または行政庁の慣行が国民に受け入れられているときは、
公益または第三者の利益が著しく害されるおそれのある場合を除いて、新しい解
釈または慣行を遡及適用し、不利に扱ってはならない（2項）とする「信義誠実
及び信頼保護の原則」が謳われている。定着した法令の審査・解釈基準に基づく
申請がされてから、行政庁が基準を変更し、新しい変更基準を理由に同申請を棄
却した場合は、同原則違反の評価を受ける可能性がある。不利益処分の法的構成
要件を定める法令等の処分基準が定着しており、同基準のもとでは不利益処分が
される蓋然性がないにもかかわらず、行政庁が猶予期間を置かず、同基準を変更
し、変更した基準に基づいて不利益処分をした場合も、同原則違反とされる可能
性がある。つぎに、行政作用はその内容が具体的かつ明確でなければならない
（5条1項）とし、行政作用の根拠となる法令等の内容が明確ではないときに、
相手方は行政庁にその解釈を要請することができるし、同要請があった場合に、
当該行政庁は特別な事由がないかぎり、同要請に従わなければならない（2項）
とし、さらに行政庁は相手方に行政作用に関連する情報を充分に提供しなければ
ならない（3項）とする「透明性の原則」も特色である。これらの原則が権益保

護に実際にどのように機能しているかについては、裁判例などを通じて検討が必要であろう。

　申請に関しては、日本のような「法令に基づく申請」ではなく、「処分を求める申請」と規定し、申請の方式として書面主義を原則とし、法令の定める場合と行政庁が他の方法を公示しているときは、このかぎりではない（17条1項）。インターネット上の電子文書による申請の場合に、行政庁のコンピューター等に入力されたときに申請があったとみなされる（2項）。処分方式においても、文書によるのが原則であり、当事者等の同意がある場合に電子文書でも処分が可能である（24条1項）。当該文書には、処分庁と担当者の氏名および連絡先（電話・ファクス番号、メール・アドレス）の記載が義務づけられている（2項）。これらは、申請をしやすくし、国民の便宜を図るものである。ちなみに、行手法は、同法の適用除外（3条）を除いて、国・地方の全行政過程にその適用がある。

3　処分の性質による手続規定

　行手法は、日本のように申請に対する処分と不利益処分という章立てをしていないものの、2つの処分にパラレルしたそれぞれの手続規定と、共通した手続規定を定めている。前者の処分に関しては、申請の際に必要とされる書類、申請の相手となる行政機関、処理期間等に関する閲覧機会の付与等を定める処分の申請手続（17条3項）、標準処理期間の設定・公表（19条）などが定められている。後者の処分に関しては、行政庁は、当事者に不利益処分を行うに当たって、処分の原因となる事実と処分内容および法的根拠、意見提出期間などの一定事項を原則として事前通知しなければならないという事前通知の義務（21条1項）を課されている。同条3項にいう意見提出期間は、2019年改正によって「意見提出に必要な相当な期間を考慮して定める」から、「意見提出に必要な期間を10日以上に考慮して定める」に変わっている。行政庁が聴聞を行うに当たっては、聴聞開始日から10日前までに法21条1項の定める事項を当事者等に通知しなければならない（2項）。

　2つの処分に共通する手続としては、処分に係る基準（審査基準・処分基準）の策定・公表の義務、および公表された基準が明確ではない場合に当該行政庁に解釈または説明を要請する権利（20条）、処分理由の提示（23条）、処分の方式（24条）、処分の訂正（25条）、行政不服申立て・行政訴訟提起の可否等に関する

教示（26条）が定められている。

4　意見聴取のための手続

　不利益処分の際には意見提出機会の付与と聴聞の実施のいずれかが事前通知されることになっている。聴聞が執られるのは、他の法令等がそれを定めているとき、行政庁の裁量または許認可等の取消、身分・資格の剥奪、法人・組合等の設立許可の取消処分の場合に意見提出期限内に当事者等による聴聞の申請があるときである（22条1項）。公聴会は、他の法令等がその開催を定めているとき、行政庁の裁量で開催される（2項）。2019年改正により、「国民生活に大きな影響を及ぼす処分で大統領令の定める処分に関しては大統領令で定める数以上の当事者等が公聴会の開催を要求しているとき」が開催要件として追加されている。不利益処分に当たって、聴聞や公聴会が行われない場合には、当事者等に意見提出の機会が付与される（3項）。意見提出は、処分前に書面もしくは口頭またはインターネットを通じて行うことができる（27条1項）。意見提出に相当な理由があると認められるときは、行政庁は処分をする際にこれを反映しなければならない（27の2）。反映義務に関しては、2019年改正により、「行政庁が当事者等によって提出された意見を反映せずに、処分を行ったときに、当事者等が当該処分をされていることを知った日から90日以内にその理由の説明を要請している場合に、書面でその理由を説明しなければならない。ただし、当事者等の同意があれば、インターネット又はその他の方法で行うことができる。」という2項が新たに追加された。意見提出とその反映・説明義務という手続的権利が実体的権利保護にいかに機能するかについては、注目されるところであろう。

Ⅲ　情報公開法

1　概要

　情報開示実施主体は、公共機関となっており、公共機関には、国家機関および地方自治団体、「自治教育庁」のみならず、公社、公団、研究院などの名称の公益目的で設立された法人・財団などが含まれている（2条3号）。このため、同法が情報公開に係る根拠法となる。地方自治団体は、所管事務に関して法令の範

囲内で条例を制定し、実施することができる（4条2項）。以上を除けば、情報
公開法は、日本と同じく、開示請求権者、非開示情報、情報公開の手続および不
服手続、第三者の保護などを定めており、基本的に日本のそれと同様の構造を有
する。非開示情報も、ほぼ日本と同様のものが定められている。ただし、非開示
情報の1つである個人情報は個人識別型ではなく、氏名・住民登録番号などの個
人情報が開示される場合に私生活の秘密または自由を侵害されるおそれがあると
認められる情報というプライバシー型を採っている（9条1項6号）。

2　特色

　情報公開法は、「知る権利」の保障を明示し（1条）、行政情報について積極的
に公開しなければならないとする情報公開の原則を明らかにし（3条）、情報目
録の作成義務と、同目録のインターネットによる公開を謳っている（8条1項）。
開示実施主体は、開示請求があった日から10日以内に開示の可否を決定しなけれ
ばならない（11条1項）。開示の可否に係って30日以内と定める日本と比較すれば、
迅速な決定を謳っている。
　情報公開審議会と行政情報委員会が設置されているが、前者は、各開示実施主
体に設置され、委員の2分の1を外部の専門家に委嘱するとし、開示可否の決定
について審議し（12条）、または同審議を経てない開示決定等に異議申し立てが
あったとき、必ず審議会開催が義務づけられている（18条）。後者は、行政安全
部長官（総務省大臣）所属下に設置され、情報公開に係る政策および開示基準の
策定、制度改善、情報開示の運営実態・処理結果等を審議する機関として、9人
の委員で構成される（22条）が、そのうち委員長を含め5人は公務員ではない者
に委嘱することになっている（23条）。

Ⅳ｜行政争訟制度

1　概要

　行政争訟とは、日本と同様に、行政審判（法）および行政訴訟（法）を指す。
行政審判とは、処分等に対する不服申立ての手続を定める一般法として1984年に
制定された行政審判法によるものであり、日本の行政不服審査法にいう審査請求

にあたるものである。ただし、行政審判とは、処分等を不服とする私人が処分庁や上級行政庁ではなく、第三者機関たる行政審判委員会にその救済を求める制度をいう。

　もちろん、私人は、行政訴訟法の定めるところにより、法院（裁判所）に処分の取消訴訟等を提起することができる。そのほか、「腐敗防止及び国民権益委員会の設置と運営に関する法律」があり、同法は、国民権益委員会苦情処理局の担当公務員が国民からの苦情申出の当否について調査し、同申出に理由があると判断した場合には、国民権益委員会が関連行政機関にについて是正勧告をし、これによる不合理な行政制度の改善等を目的とする行政上の苦情処理を行うに当たっての根拠法となっている（関連して、Column5〔141頁〕参照）。同苦情処理制度も、非訴訟法上の権利救済制度として行政上の権利救済（行政救済）の1つとして数えられよう。憲法裁判所における憲法訴願審判も、私人が公権力の行使によって侵害された人権の救済保護を目的としており、行政救済の1つとして数えられよう。同訴願審判は、行政作用等が取消訴訟の対象ではないとして法院による救済が得られないときに、私人が同訴願審判による救済を求めることができるという補充的な制度として位置づけられているため、包括的な行政救済の体系を形づくるものである。

2　行政審判制度

(1)　審理裁決機関としての行政審判委員会

　裁決とは、行政審判法上、行政審判請求に対して行政審判委員会が行う判断と定義されており（2条3号）、同委員会が審判請求の審理・裁決機関と位置づけられている（6条）。このため、行政審判は、処分等を不服とする私人が処分庁の上級行政庁ではなく、行政審判委員会に審判を請求し、同委員会が裁決をする裁決機関であるという特徴を有する。

(2)　行政審判員会の種類と委員会の構成

　監査院、国家情報院長、その他大統領所属機関の長、国会事務総長、法院行政処長、憲法裁判所事務処長等といった特定行政庁の処分等に対する行政審判請求を裁決するために、これらの各特定行政庁に置かれる特定機関行政審判員会（6条1項）、中央行政機関の長とその所属の行政庁、広域的地方公共団体の首長等

の処分等に対する行政審判を裁決するために、国民権益委員会に置かれる中央行政審判員会（2項）がある。また、広域的地方公共団体所属の行政庁、基礎的地方公共団体の長と所属行政庁等の処分等に対する行政審判請求を裁決するために、各広域的地方公共団体の長に置かれる市道行政審判委員会（3項）、法務部および大検察庁所属の特別地方行政機関の処分等に対する行政審判請求を裁決するために、当該処分庁の直近上級行政庁に置かれる国家地方行政機関行政審判委員会（4項）がある。

　審判請求を裁決するために招集される行政審判委員会の会議は、公務員ではない者で委嘱される委員を過半数以上とし（7条5項・8条4項など）、審理裁決の公正さを確保しようとしている。また、中央行政審判委員会は、その委員総数を70名以内と規定し、審理裁決の際にはその中から9名の委員を選び、同委員で構成された委員会が審理し、裁決をする。その他の行政審判委員会は委員総数を50名以内として、8名の委員をもって構成された委員会が審理裁決することになっている。これは、審理裁決の専門性を高め、かつ効率性をも確保するための制度上の工夫であろう。

(3)　特色

　処分庁や上級行政庁ではなく、行政審判委員会が審理裁決機関である。裁決の公正さを確保するために、前記のような行政審判委員会の委員構成による第三者性を確保しつつ、委員に対する除斥権等（10条）や口頭審理の申請権等（40条）の司法手続に準ずる当事者の手続的権利も保障されている。また、審理の迅速さの確保のために、60日以内という裁決期間（45条）が定められている。行政訴訟に比すれば、行政審判の特色は、公正さのみならず、迅速性の確保にもあるといえよう。行政審判は、行政審判委員会が処分を義務づける裁決（43条5項）を行うことができるという義務履行審判権、委員会による直接処分権（50条）、義務履行裁決を担保するために遅延期間に応じた賠償金の支払いを命ずる間接強制権（50条の2）も特色となろう。

　旧訴願法に代わる行政審判法は、その制定以降、審理機関として行政審判委員会の方式を採択し、同委員会の構成において外部者を過半数以上とし、民主性および公正さの向上を目的とした1995年の一部改正が行われてから、同委員会を審理・議決から、裁決機関と位置づける2008年改正などの一部改正のほかに、2008年の政府組織再編に伴って行政審判法の改正等に係る所管業務が法制処（内閣法

制局）の行政審判局から国民権益委員会の行政審判総括課への移行に伴う2010年の全部改正、さらに2012・2014・2016・2017年の一部改正といった数次の法改正にみるように、制度改革のための努力が行われ、独自の発展を成し遂げてきたという特徴も垣間見られる。こうした独自の発展は、行政審判法改正などの所管部署が法務部（省）から、1995年にこれまでの行政審判委員会における審判業務を補佐し、法令の審査・解釈を行っている法制処に変わり、さらに2008年に国民権益委員会に変わったことに深く関係しているといえよう。法制処や国民権益委員会は、処分権限を有しないが故に、行政審判を通じた行政の監視機能によって組織の存在意義を高めることに傾注し、これらを正当化する方法として審理・裁決の専門性や公正さを確保し、これによって国民の信頼を得るために、数次の法改正を行ってきたと考えられよう。現在、行政審判法の改正や運営等の所管部署である国民権益委員会は、処分権限等を有せず、公務員の腐敗防止などを所管業務としているため、一般の行政機関と異なる特別の行政機関であり、したがって、同権益委員会に属している中央行政審判委員会は、処分庁から完全に独立しており、裁決機関として第三者性が保障されている。また、同行政審判委員会は、中央行政機関の長とその所属の行政庁や広域的地方公共団体の首長等の処分等に対する審判請求を裁決するため、その管轄において中央集中的パネル方式が採択されており、これは審理裁決の専門性の確保に寄与するという点も特色として挙げられよう。

3　行政訴訟法

(1)　行政訴訟の種類

　1984年全部改正の行政訴訟法（以下「行訴法」という）は、処分等を対象とする抗告訴訟、権利義務の存否確認等の公法上の当事者訴訟と、自己の法律上利益にかかわらず適法性の確保などを目的とする民衆訴訟・機関訴訟を定めている（3条）。抗告訴訟としては、取消訴訟、無効等確認訴訟および不作為違法確認訴訟のみとなっており、義務づけ訴訟や差止め訴訟は未だ採択していない。取消訴訟の原告適格に関しては、法律上の利益を有する者と訴えの客観的利益の消滅のみを定めており（12条）、原告適格の拡大を図る日本の行政訴訟法9条2項に当たるものはない。そのほかに、行訴法は、処分庁を被告とし（13条）、取消訴訟の対象を「処分」とし（19条）、90日の取消訴訟の主観的出訴期間（20条）、執行

不停止の原則（23条1項）および事情判決制度（28条）等を定めている。そして、取消訴訟に関する規定をその他の行政訴訟の類型に準用するという取消訴訟中心主義が採られている。行訴法は、日本の旧行政訴訟法（1962年）に酷似している。

(2)　特色

　特色としては、裁判管轄に係る行訴法9条1項等の改正により、1998年にソウル特別市にソウル行政法院が開設されたことである。同法院は、行政訴訟第1審の受訴裁判所である。ソウル特別市地域以外は、地方法院の合議部が第1審となる。韓国も、日本と同じく、行政訴訟を含む一切の法律上の争訟を司法裁判所の統一的な管轄下に置く英米式の司法国家制度を採択している（裁判所制度については、Chapter9〔89頁〕参照）。したがって、行政法院は、行政権の行使に関する国民との紛争につき、司法裁判所の関与を一切排除する特別の「行政裁判所」ではなく、第1審として行政事件を専門に扱う地方裁判所級の専門法院の1つにすぎない。同法院は、産業化と都市化による現代社会・経済構造の複雑多様化が進むなかで、行政領域のさらなる拡大と行政活動の高度な専門技術性からすれば、裁判審理の専門性のみならず、迅速さをも向上させるために設置されたものであろう。だが、処理能力や審理の専門性や迅速さを高めるためには、専門法院としての行政法院の設置も重要であるものの、何よりも専門法院を構成する専門裁判官を養成することがもっとも重要であろう。

　つぎに、抗告訴訟の訴訟類型として義務づけ訴訟および差止め訴訟が法定化されていない。これは、特色というよりも、むしろ十全な権利救済として包括的権利救済制度の確立という観点からすれば、欠陥にあたるものであろう。ただし、拒否処分を違法とする取消判決の場合には、第1審受訴法院が当事者の申出により決定をもって、相当の期間を定めて行政庁が当該期間内に申請に対する処分を履行しないときには、その遅延に対して賠償を命ずるか、直ちに賠償を命ずることができるという拒否処分取消判決の間接強制制度が明文化されている（34条）。同制度は、義務づけ訴訟の不備という包括的権利救済制度における欠陥を是正しようとして定められたものである。

V ｜ 行政救済ルートの多元化と競争原理

　行政上の権利救済における制度それぞれの相関関係についてみてみると、中央

行政審判員会は、委員の過半数以上を公務員ではない外部の者に委嘱することになっており、また、行政組織上、処分庁から完全に独立している国民権益委員会に所属している。このことは、制度設計上、行政審判員会の審理裁決の公正さを確保するのにその一翼を担うことになろう。そのうえ、同委員会が審判請求に理由があるとして、同処分等の違法や不当性を積極的かつ幅広く認容裁決した場合でも、被請求人（行政庁）は裁決に対する法院への提訴権のみならず、処分庁の行政審判委員会への再議決権をも認められていないため、行政審判請求は、行政審判委員会の審理裁決で終結し、同委員会は法院と同様に、結果として行政作用に対する最終的な法令解釈権を有することになる。言い換えれば、行政審判請求が認容される場合に、同認容裁決が違法性に係る従来の法院の判断と異なるとしても、法院はこれに介入することができない。このため、認容裁決の場合に行政審判委員会は独立して、行政作用の法令解釈に係る最終的管轄権を有することになる。

　他方で、憲法裁判所における憲法訴願審判も、行政争訟で処分性がないとして却下されてきた当該行政作用を憲法訴願審判の対象として、当該行政作用から国民の権利利益を積極的に救済保護している。また、行政上の苦情処理制度も、国民からの行政上の苦情申出があった場合に、一般の行政機関から完全に分離している国民権益委員会の苦情処理局担当公務員が同苦情申出を調査し、同申出に理由があるとし、関連行政機関に是正勧告をし、これによる権益救済を図っているため、非訴訟法上の権利救済制度として位置づけられよう。とくに、憲法裁判所はその設置から今日に至るまでに、違憲法令決定を積極的に行うことのみならず、公権力の行使・不行使によって侵害された「権利」の救済を目的とした憲法訴願審判を通じて権利救済をも広範かつ積極的に行っていると評することができる。憲法訴願審判は、憲法裁判所法68条１項にいう「他の救済手続があるときは、この限りではない。」という補充性の原則が定められているものの、訴願審判の対象が公権力の行使・不行使となっているように、その射程範囲が広いという特徴を有する。憲法裁判所は、違憲法令審査および憲法訴願審判を通じて実質的法治主義の確立に多く寄与しているといってよい（憲法裁判所の権限については、Chapter10・Ⅱ 1 (3)〔104頁〕参照）。

　以上の状況からすれば、行政上の権利救済は、ルートの多元性が確保され、重畳的な救済体系の形が作られているといえよう。こうした制度の特質から、行政訴訟の所管部署である大法院、行政審判および苦情処理の所管部署である国民権

益委員会、憲法訴願審判の所管部署である憲法裁判所という三者は、組織原理としての管轄拡大と、国民の権益救済の拡大を通じて自らの存在意義の確立のために競っているという競争原理のもとに置かれているといえよう。同競争原理は、国民の権益の十全な救済保護に寄与しているかぎりにおいて評価すべきである。

<参考文献>
・趙元済『行政救済——日・韓の制度と現状』(信山社、2003年)

Further Lesson 4

韓国の地方自治──済州と沖縄

尹龍澤

I 済州と沖縄

　韓国の最南端の島である済州は、沖縄と類似点の多い島である。ともに地理的に最南端に位置することはもちろん、歴史的にも、両者は独立の国家であった。すなわち、済州は1105年に高麗によって直轄領とされるまでは耽羅という王国であったし、沖縄は1872年に琉球藩が設置されるまでは琉球王国であった。また、沖縄では、太平洋戦争で激しい地上戦が行われて、10万人が犠牲になったことはよく知られているが、済州島でも、日本からの解放後の1948年４月３日、朝鮮半島南部だけでの単独選挙に反対した人たちが武装蜂起し、米軍政下の軍や警察による鎮圧の過程で、無関係の多くの島民が巻き添えになり、54年までに島民の９人に１人に当たる２万５千〜３万人が殺された事件（済州4.3事件）が起きている。

　また、沖縄ではアメリカ海兵隊の普天間基地の辺野古への移設をめぐって争いが続いているが、済州でも、江汀村の海軍基地の建設をめぐる10年間の住民の反対運動の末に、2016年２月に巨大な海軍基地（軍民共同使用港）が完成した。

II 韓国の地方自治制度

　韓国は、日本と同様、広域自治体（特別市・広域市・特別自治市・道・特別自治道）と基礎自治体（市・郡・自治区）の２階層である。広域自治体としては、１特別市（ソウル）、６広域市（釜山市などの大都市）、１特別自治市（首都圏の過度の集中を解消するために、中央行政機関等を移転して行政機能中心の複合都市として建設された世宗市）、８道（京畿道など）、１特別自治道（済州道）がある。基礎自治体としては、特別市に自治区が、広域市に自治区と郡が、そして、道に市と郡が置かれており、合計で226の市・郡・自治区がある（2018年12月31日現

在)。なお、特別自治市と特別自治道には、基礎自治体は設置されていない。地方自治体の事務としては、1999年の地方分権一括法による改正前の日本と同様に、固有事務、団体委任事務、そして国家の指導・監督を受けて処理する機関委任事務がある。

Ⅲ｜済州特別自治道

　済州道は、60年代から70年代にかけて国際観光地として急速に開発が進められた。しかし、80年代になると、開発地域と非開発地域との間で格差と対立が生じ、さらに90年代には、海外旅行の自由化と農産物の開放によって、農業だけでなく、観光業にも大きな打撃を受けることになった。

　そのようななか、2003年大統領に就任した盧武鉉（노무현）は、就任直前に済州で「済州道が分権または自治権の増大に強い意欲をみせるならば、済州道を分権のモデル道、地方自治のモデル道にする」との強い意志を表明した。これを受けて、中央政府は、済州特別自治道の成功を国政課題の1つと位置づけた。済州道としても、地方自治において最も困難といわれる、基礎的自治体の階層を廃止して単一階層制の広域自治体とする案を、住民投票で可決した（現在の済州市と西帰浦市は、市長は道知事が任命し、議会等もない行政市である）。もちろん、この過程において、基礎自治体の長等の選挙権の喪失は法の下の平等に反するとして、憲法訴願審判（憲法裁判所2006年4月27日宣告2005헌마1190決定）が提起されるなど、住民の間で摩擦もあった。

　このような陣痛を経て、2006年7月1日から「済州特別自治道設置及び国際自由都市造成のための特別法」（同年2月9日制定、2019年12月10日一部改正）が施行された。この法律は、「従前の済州道の地域的・歴史的・人文的特性を活かして、自律と責任、創意性と多様性を基礎として、高度の自治権が保障される済州特別自治道を設置して、実質的な地方分権を保障し、行政規制の幅広い緩和及び国際的基準の適用及び環境資源の管理等を通じて経済と環境が調和する環境親和的な」（1条）、「人、商品及び資本の国際的移動と企業活動の便宜が最大限保障されるよう、規制の緩和及び国際的基準が適用される」（2条）「国際自由都市」の造成を目的としている。それは、外交・国防・司法を除いた中央の権限を済州道に委譲することで、韓国本土とは別に独自に発展できる仕組みを構築しようとするものである。興味深い取組みとしては、自治警察制の実施、外国営利法人の

病院設立、韓国の教育カリキュラムに縛られない英語教育都市の形成、ノービザ入国の許可対象国の拡大、対象地域内で50万ドル以上の休養滞在施設を購入した者などに永住権を付与する不動産投資移民制度の実施などがある。

　この結果、2006年から2016年までに、国家事務の4,537件が移譲され、人口は56万人から66万人に、観光客も531万人から1,585万人へと大きく増加しただけでなく、地域内総生産（GRDP）も8.5兆ウォンから15.4兆ウォンへと大きく増加するという成果を挙げている。もっとも、その呼号とは異なり、現状は高度な自治や国際自由都市とは程遠いとの批判がある一方で、結局は一部の開発資本と地主だけが潤い、環境汚染をもたらしたとか、道知事に権限が集中して地方民主主義が歪曲されているなどの批判もある。

　しかし、国防・外交・統一・貨幣・司法などの根幹になる分野を除くすべてのことを自らが決定できるような高度の自治権を済州の人々に与えようとする動きを目の当たりにするとき、日本における沖縄の扱われ方に違和感を覚えるのである。共通点の多い沖縄と済州であるが、ソウルと済州は約450kmであるのに対して、東京から沖縄は約1500kmも離れている。この距離の違いが、本土の人々の目から沖縄の現状を霞ませる心の距離として作用してはいないか、いま一度、じっくりと考えてみたい。

＜参考文献＞
・沖縄国際大学南島文化研究所編『韓国・済州島と沖縄』（編集工房東洋企画、2009年）
・岡内ゆりか「新しい地方自治体『済州特別自治道』の出帆」CLAIR REPORT 337号（2009年）
・申龍徹「『済州特別自治道』の10年の成果と課題——特別自治の実験から地方分権型憲法改正論議へ」自治総研482号（2018年）

Chapter 9

韓国の裁判制度の特徴と課題

金祥洙

I　裁判所の権限

　裁判所（韓国では、「法院」という）は、憲法と法院組織法（日本の「裁判所法」に相当）にもとづき、原則としてすべての法的紛争を審判する（例外として、憲法裁判所が憲法紛争の中の一部、また国会が国会議員に関する資格審査と懲戒処分、をそれぞれ担当する）。その他、不動産および動産・債権担保登記、家族関係登録（日本の「戸籍」に相当）、供託、執行官および法務士（日本の「司法書士」に相当）に関する事務を管掌・監督する。

II　裁判所の種類

　裁判所には、大法院、高等法院、地方法院、特許法院、家庭法院、行政法院、回生（再生）法院（日本での「民事再生」を韓国では「民事回生」という用語を使っており、いわば倒産裁判所である）などがあり、その中の一般の裁判所である大法院・高等法院・地方法院が基本的な三審として機能する（このような三審制は日本とほぼ同じである）。専門法院の中の特許法院（特許など産業財産権に関する事件を専門的に取り扱い、たとえば国内外での周知・著名性を根拠に日本の商標権の侵害の有無を判断する）は高等法院と、家庭法院・行政法院・回生法院は地方法院と、それぞれ同級の法院である。地方法院または家庭法院の管轄区域の中には、必要に応じて事務の一部を処理するため、支院と家庭支院、市・郡法院および登記所が置かれる。

III 裁判所の担い手

　裁判の審理と判決（軍事裁判を除き）は、もともとすべて裁判官が担当していた。しかし、2008年1月1日から国民参与裁判が施行されることにより、一般の国民も刑事裁判（刑事合議部事件で被告人の申請があるときに限定）に参加できる途が開かれた。国民参与裁判は、陪審制と参審制の両方を韓国の実情に合わせて適切に修正・補完した独自の制度である（同制度については、Chapter27〔275頁〕参照）。陪審員は、裁判官から独立して評決を下すが、有・無罪に関する意見が一致しない場合には、証拠関係などについての裁判官の意見を聞いてからさらに評決し、それにもかかわらず意見が一致しないと多数決で評決すること、陪審員は有・無罪についての評決のほかにも量刑に関する意見を述べること、裁判官は陪審員の評決や量刑意見に拘束されないことなどに特徴がある。このような韓国型陪審制は、国民も積極的に陪審員になることを受け入れており、大きな成果を上げている。

　また、ドイツ法にならった「司法補佐官制度」が2005年から導入された。日本で一定の裁判の職務を担当する裁判所書記官に類似する制度である。司法補佐官は、付随的・公証的業務として主に民事執行手続に関連する業務を担当している。

　なお、韓国での法曹（弁護士・検事・判事）資格を得るためには、ロースクールを卒業（予定も含む）して弁護士試験に合格した後、6ヶ月間の一定の修習を終えることが必要である。日本のように司法試験の予備試験制度は導入されず、ロースクールの認可校やその入学定員（総2000人）も厳しく制限されている。弁護士試験の合格者は1500人程度であり、総受験者は3000人程度である。それまで司法試験を準備していた人たちがロースクールを卒業しないと受験資格を得られないことは問題があるとして司法試験の存続を求めたが、旧司法試験の廃止は憲法裁判所により合憲とされ、予備試験を導入すべきかが争われている（ロースクールについては、Column4〔117頁〕参照）。

IV 裁判手続の概要

　裁判は、単独判事または3人の裁判官で構成される合議体によって行われ、裁判の審理と判決は原則として公開される。国家の安全保障・安寧秩序または善良なる風俗を害するおそれのあるときには審理を公開しないことができるが、この

場合にも判決は公開しなければならない。法廷の中で録画・撮影・中継放送などをするためには、裁判長の許可が必要である（大法院は重要な事件［日本での大法廷事件にあたる］の口頭弁論を生放送する場合もある）。

　1審判決に不服のある当事者は控訴（韓国では、「抗訴」という）することができる。控訴審は高等法院が審理するのが原則であるが、単独判事が審理する事件は地方法院に設けられる控訴部で審理される。ただし、行政単独事件に対する控訴審は高等法院である。控訴審判決に対して不服のある当事者は、最終審たる大法院に上告することができるが、大法院は法律審であるから、民事訴訟法および刑事訴訟法などで定められた上告理由が必要である。

　韓国では、控訴率と上告率が日本と比べ高い水準にある。とくに、上告事件を専担する大法院へは事件の洪水といわれるほど、まともに処理しきれないほどの膨大な数の事件が提起されている。そのためか、大法官は日本よりも10歳は若い年齢である。さらに、上告の抑制のために、一部の上告事件を高等法院に担当させること、大法官の数を大幅に増やすことを目的とする法改正が続けて推進されたが、国会の壁を越えることができなかった。今後、上訴率を下げることが大きな課題である。

Ⅴ │ 民事訴訟手続の概要

1　2001年民事訴訟法改正

　民事訴訟法は2001年に全面的に改正された。その改正の眼目は手続の迅速のためのさまざまな手当てをしたことである。この改正には、当時の日本の新民事訴訟法が大きな影響を与えた。

　訴状の提出があれば、簡単な審査をして形式的な瑕疵がなければ、その副本を直ちに被告に送達し、被告は30日以内に答弁書を提出することが求められる。その段階で送達不能となれば、住所補正命令を出し、結果的に公示送達で処理される事件は公示送達の申請、公示送達の実行および関連証拠申請を期日の前にすべて終えてから、直ちに第1回口頭弁論期日を指定して弁論終結の運びとなる。

　被告に訴状が送達された場合には、答弁書の提出期限が満了した後に裁判長が事件記録を検討して処理方向を決定するが、そのときまでに答弁書が提出されたか否かによって、手続進行は異なる。まず、期限内に答弁書が提出されず、また

は自白趣旨の答弁書が提出された場合には、無弁論判決の対象となる。逆に、被告が期限内に否認する趣旨の答弁書を提出して原告の請求を争う場合には、裁判長は記録を検討した後に事件を分類して審理方向を定める。

　裁判長は、できるだけ最短期間内の第1回弁論期日を指定して双方当事者が裁判官と早期に対面できるようにする。第1回弁論期日を開いて双方当事者の争点が明らかとなれば、それ以降の証拠申請・調べはそこで確認された争点に限定して集中的に行われる。他方、裁判長は、事件分類の段階または第1回弁論期日以降の段階において、当該事件を準備手続に回付することができる。

　当事者は、必要な場合に、弁護士を代理人に選任することができる。単独判事が審理する事件では、裁判所の許可を得て弁護士でない者を代理人に選任することも可能である（日本での「補佐人」はない）。弁護士を選任する資力のない者に対しては、訴訟救助として一定の要件のもとで国家が弁護士費用を救助する。

　控訴審手続は、第1審裁判手続に類似（続審主義）し、新たな主張と証拠の提出も法律上可能である。しかし、第1審裁判手続での充実した争点審理と幅広い証拠調査がますます強調されているため、控訴審で新たな主張と証拠を提出することは今後減少すると予想されている。

2　小額事件審判手続

　訴額が3000万ウォンを超えない金銭その他代替物または有価証券などの支払いを求める少額事件は、地方法院、同支院、市・郡法院の管轄として簡易な手続によって処理されるが、全体民事本案事件の70％以上が少額事件審判手続によって処理されている。少額事件審判手続では争わない事件を選別して迅速に終了する履行勧告決定制度、訴訟代理許可手続の簡易化、証拠調べの簡便化、判決理由の省略と判決の即日言渡し、上告理由の大幅な制限など、事件の迅速な処理のための制度が設けられている。

3　国際民事手続

　国際裁判管轄については、国際私法でかなり抽象的に事件と法廷地との「実質的関連性」があれば管轄があるとし、大法院判例は財産事件と家事事件ともに実質的関連性の有無で国際裁判管轄の有無を判断している。国際財産事件の場合、

韓国が送金先となっており、外国の被告が韓国の訴訟に反訴を提起したことが実質的関連性が認められる根拠となった事例がある。国際離婚事件の場合、判例では被告住所地主義を原則としつつ、双方当事者の国籍や法律上の住所よりも現住所（ないし選択による住所）を理由に実質的関連性が判断されている。専属的国際裁判管轄の合意の効力については、日本の最高裁の判例のように事件と法廷地との合理的関連性の有無がポイントとなっている。もっとも、合理的関連性の具体的な内容ははっきりせず、事件によって異なるため、やや予測可能性がないという問題がある。また、外国判決の承認・執行の取扱いは、日本の法律・判例とほぼ同じである。国際的訴訟競合については、下級審の裁判例で承認予測説をとったものがあるが、大法院判例はなく、今後の動向が注目されている。

4　団体訴訟

　なお、アメリカのクラス・アクションに類似する証券関連集団訴訟制度が2004年に導入された。証券市場における少額投資家を保護するための制度であるが、限られた事件において利用でき、その手続もそれほど単純ではないため、これまでその利用度は多くはない実情にある。その他、消費者紛争にも団体訴訟が導入されている。

VI｜民事調停手続

　民事紛争につき、裁判官または裁判所に設けられた調停委員会が行う民事調停は、裁判所によってその利用が勧められている。その結果、民事調停によって処理される事件数は、毎年増加している状況である。とくに、2009年から導入された常任調停委員制度は、弁護士資格のある者として10年以上の法曹経歴のある者または民事調停委員もしくは家事調停委員として３年以上活動した者の中から委嘱され、その委員は調停担当判事と同一の権限を有する。また、その業務を支援するためにソウルと釜山に調停センターが設置され、現在では全国10か所の調停センターが運用されている。それでもまだまだ日本よりも調停で処理される割合は低く、今後その活性化が大きな課題である。

VII ｜ 民事執行手続

　民事執行手続は、日本と同じくもともと民事訴訟法の中の一部として規定されていたが、2002年に単一法として民事執行法が制定され、民事執行手続の改善のための多くの条項が新たに追加された。ただ、日本と異なり、民事保全法という独立した法はなく、民事執行法の中に関連条項が定められている（その内容は、日本の民事執行法や民事保全法と類似する条項が多い）。

　強制執行手続においては日本よりも早く財産明示（開示）制度を導入し、債務者の財産のありかを調べやすくしようとした。さらに、2002年には大法院規則によって財産照会制度が導入され、債務者の金融機関の預金のありかを容易を調査できるようになっている。

VIII ｜ 刑事訴訟手続

1　捜査・拘束

　刑事事件において捜査を担当するのは、司法警察官と検事である。捜査機関は被疑者を逮捕・拘束せずに捜査するのが原則であり、必要な場合には判事からの令状の発付を受けて逮捕・拘束する。判事は、被疑者が罪を犯したと疑うことができる相当の理由があり、捜査機関からの出頭要求に応じないまたは応じないおそれがあるときには逮捕令状を、被疑者が罪を犯したと疑うことができる相当の理由があり、かつ被疑者の住居がなく逃亡または証拠隠滅のおそれがあるときには拘束令状を発付する。

　逮捕された被疑者に対して捜査機関が拘束令状を請求すると、判事は遅滞なく被疑者を審問しなければならない。この場合、特別の事情がないかぎり、拘束令状が請求された翌日までには審問しなければならない。他方、逮捕されていない被疑者に対して拘束令状が請求された場合、判事は被疑者が罪を犯したと疑うことができる理由があるときには、被疑者を拘引して審問しなければならない。審問は、判事の主宰で行われ、被疑者および弁護人は被疑事実および拘束事由等に関する被疑者の立場を十分に開陳できる機会を有する。判事は、審問結果と捜査機関が提出した捜査記録等を総合して、拘束要件の有無と拘束の当否を審査する。

　捜査段階で逮捕・拘束された被疑者と利害関係人は、逮捕または拘束が法律に

違背し、または拘束の後に重大な事情変更がある場合、公訴が提起されるまでに管轄裁判所に逮捕・拘束の適否審査を請求することができる。逮捕・拘束適否審査の請求のあるときには、裁判所は遅滞なくこれを審理し、理由があると認めるときには逮捕・拘束された被疑者の釈放を命じる。裁判所は、拘束された被告人等の請求または職権にもとづき、誓約書の提出、住居制限、被害者等に対する接近禁止、保証金の納入等を条件に、被告人の釈放を許可することができる（保釈）。

2　弁護士の代理

　被告人は、捜査段階ではもちろん公判段階でも弁護士の助力を受ける権利がある。刑事訴訟法は被告人が拘束されたとき、未成年者であるとき、70歳以上の高齢者または聾唖者もしくは心身障害の疑いのあるとき、死刑・無期懲役または短期3年以上の刑に該当する罪で起訴されたときには、弁護人なしに裁判することができないと規定している。この場合、被告人に弁護人がないときは、裁判所が国選弁護人を選定する。その他、被告人が経済事情や知能・教育程度などを斟酌してその権利保護のために必要であると認める場合にも、国選弁護人を選定する。起訴前の段階でも、拘束令状が申請された場合には被疑者が裁判官の前で令状実質審査または拘束適否審査を受けるが、弁護人がいない場合には国選弁護人が選任される。

3　起訴と公判

　刑事裁判はとくに法律で規定されていないかぎり、原則として検事の公訴提起によって始まる。検事が罰金刑に処すべき事案であると考える場合には裁判所に略式命令を請求し、判事は公判手続を経ることなく略式命令を下し、または略式命令が不適切であると認められる場合には通常の裁判に回付する。被告人は、略式命令の告知を受けた日から7日以内に正式裁判を請求することができる。

　刑事裁判では、被告人の自白だけでは有罪を認定することはできず、自白が真実であると認められる補強証拠がなければならない。第1審判決に対し不服のある被告人や検事は、判決言渡の日から7日以内に控訴することができる。第2審判決に対する上告も同じく7日以内に一定の上告理由があるときに可能である。

　なお、道路交通法違反または軽犯罪処罰法違反等の20万ウォン以下の罰金や勾

留または科料に処すべき犯罪事件に対しては、地方法院または市・郡法院の判事は管轄警察署長の請求にもとづき、即決審判を行う。

Ⅸ 憲法裁判

1 憲法裁判所の権限

1988年に設けられた憲法裁判所（原語でもそのまま憲法「裁判所」であり、「法院」という名称を使わない）は、次のような5つの事件について憲法裁判を行う。①憲法訴願（公権力によって憲法上保障された国民の基本権が侵害された場合に自然人または法人によってなされる基本権救済の請求）、②違憲法律審判（法律が憲法に違反するか否かの審判）、③弾劾審判（刑罰または懲戒手続で処罰するのが困難である高位職または特殊職の公務員の違法行為に対する罷免の審判）、④政党解散審判（政党の目的・組織または活動が民主的でなく憲法の基本秩序を破壊する違憲政党の解散審判）、⑤権限争議審判（国家機関および地方自治団体の相互間の権限の存否または範囲に関する争いの審判）がそれである。

法律の違憲の有無に関する終局的な審査権限は憲法裁判所にあるが、その審査過程において法院と憲法裁判所は役割を分担する。すなわち、法律の違憲の有無が裁判の前提となる場合、該当事件を担当する法院は、法律が違憲であると判断するとき、職権または当事者の申請による決定で、憲法裁判所に違憲の有無の審判を提請する。法院の提請を受けた憲法裁判所は、法律の違憲の有無を審判する（憲法裁判所の権限について、Chapter10・Ⅱ1(3)〔104頁〕参照）。

2 手続

弾劾審判、政党解散審判および権限争議審判は口頭弁論により、違憲法律審判と憲法訴願審判は書面審理を原則としつつ9名の裁判官からなる裁判部が必要であると認める場合には口頭弁論を開くことができる。憲法裁判所の審判手続については、法に特別な規定のある場合を除き、民事訴訟に関する法令が準用され（憲法裁判所法40条）、利害関係人の補助参加などの訴訟参加も認められる。

憲法裁判は、3名の裁判官で構成される指定裁判部においてまず不適法却下をすべきかを全員一致の意見で判断し、却下されない場合には裁判部の審判に回付

する決定をしなければならない（審判請求日から30日以内にしなければ自動的に裁判部の審判に回付されたものとみなす）。引き続き、少なくとも裁判官7人以上が出席して審理を行い、裁判官の過半数の賛成で事件に関する決定をする。しかし、法律の違憲決定、弾劾の決定、政党解散の決定、憲法訴願に関する認容決定をする場合、および従来の憲法裁判所が判示した憲法または法律の解釈、適用に関する意見を変更する場合には、3分の2である6人以上の賛成がなければならない。

3　裁判の効力

憲法裁判所が違憲決定をした法律または法律条項は、原則としてその決定のある日から、例外的に刑罰に関する法律または法律条項は遡及して、その効力を喪失する。しかし、憲法裁判は一般の訴訟とは異なり、国家機関がその裁判の結果に従わないときにこれを強制することができない。たとえば、ある法律条項に対して憲法に合致しないので立法者にその改善立法を促してもこれに従わない場合、強制的に守らせる手段が別途ないという問題がある。

<参考文献>
・金祥洙『韓国民事訴訟法』（信山社、1996年）
・金洪奎『韓国司法制度入門』（信山社、2001年）

Column 3
韓国における電子訴訟の現状

　韓国の電子訴訟は、2010年4月26日から特許訴訟においてはじめて導入された。その後、ITの発展に伴って2011年5月2日からは民事訴訟でも利用できるようになり、2013年には家事・行政事件、2015年には倒産・執行・非訟事件まで順次拡大し、現在は刑事裁判を除くすべての事件で電子訴訟が行われている。裁判の中でも訴訟が中心となるため一般に「電子訴訟」と呼ばれ、裁判所のウェブサイトを利用して訴えを提起し、手続を進める裁判方式を意味する。

　電子訴訟に関する基本法「民事訴訟等における電子文書の利用等に関する法律」は、2010年3月24日に制定（法律第10183号、2010年3月24日施行）された。本法はその後、2006年から施行された「督促手続における電子文書の利用等に関する法律」を廃止・統合するために、2014年に1回だけ改正されている。本法の具体的事件への適用のために、大法院規則として「民事訴訟等における電子文書の利用等に関する規則」があるが、こちらは電子訴訟事件の拡大などのたびに改正されている。

　裁判所は、電子訴訟により国民のための司法サービスの具現を目標としている。その長所として挙げられているのは、①迅速性（電子文書による事件処理と電子的送達による迅速な裁判）、②利便性（裁判所を訪問することなくインターネットによって訴訟書類を提出）、③透明性（訴訟情報をインターネットで共有することによる裁判手続の信頼）、④安全性（個人情報と電子文書の先端技術による保護）、⑤親環境性（紙のない訴訟による社会・経済的な費用の画期的な節減）である。

　電子訴訟は、訴状の提出その他の訴訟書類をインターネットによって提出することであるが、当事者はまず、電子訴訟を運用するサイト（http://ecfs.scourt.go.kr/ecf/index.jsp）に会員として加入し（このとき、韓国で一般に使われている本人証明のための「公認認証書」［電子ファイルとしてUSBなどで保管］が必要）、各種の訴訟書類を提出する。一定の手数料を同時に納付するときは、自分の口座から簡単に引き落とせるシステムである。相手の書類の提出や裁判所からの連絡がある場合、自分の携帯電話にまずSMS（ショートメッセージサービス）による連絡があり、上記サイトにログインして確認する。

電子訴訟は下の表でみるように活況を呈している。

表　2018年度の民事本案事件の電子訴訟による受付事件数と比率

第一審				控訴審（地裁）				控訴審（高裁）			
紙	電子	比率	計	紙	電子	比率	計	紙	電子	比率	計
218,339	740,931	77.2	959,270	11,022	34,944	76.0	45,966	1,282	11,723	90.1	13,005

※出典は、法院行政処『2019司法年鑑』574頁。

　韓国の電子訴訟における、インターネットにログインして誰でも訴状など訴訟書類を容易に提出できること、手数料などの支払いも電子訴訟のサイトでクレジットカードまたは裁判所が指定した口座振込で簡単にできること、その他裁判所の送達や相手の訴訟書類の確認も簡便であることなどは、日本でも参考となると考えられる。

（金祥洙）

Chapter 10

違憲審査制度の日韓比較

牧野力也

I 違憲審査制概説

1 違憲審査制度とは

　免許の付与や税金の徴収、警察の活動といった、私たちの生活にとって身近な行政行為（行政処分）は、法律や命令・規則などの法規範にもとづいて実施される。命令・規則は、法律にもとづいて、行政機関や地方公共団体などが制定するものであり、法律は、議会が憲法にもとづいて制定するものである。したがって、あらゆる国家行為は、最終的に憲法に根拠づけられる。法律が憲法の掲げる理念や趣旨に沿って制定され、法律にもとづいて適正に国家行為が行われるかぎり、通常は、法体系上、法構造上の矛盾が生じることはない。しかし仮に、憲法の趣旨に反するような法律が制定されたり、必要以上に人権を制限する行政処分が行われたりした場合、憲法との矛盾を意味する「憲法問題」が発生することになる。

　憲法問題は、一次的には行政機関による自浄や、国会自身の手による民主的な是正が望まれる。しかしながら、法律を制定した国会や処分を行った行政機関自身が、常に問題を是正するために必要かつ十分な措置をとるとはかぎらない。また、憲法と矛盾する国家行為によって損害を被る人や組織にとっては、迅速な人権（基本権）の救済と保障が急務となる。このように考えると、憲法違反の国家行為を放置しないためにも、裁判所のような特定の国家機関が「憲法の番人」として問題を審査し、憲法との矛盾がある場合はこれを無効としたり、改善を命じたりすることが求められる。すなわち、違憲審査制度には、憲法秩序の保障と人権の救済という2つの大きな目的がある。これらの目的の重要性もあり、違憲審

査制度は、今日ではほとんどの国家で導入されるまでに至った。

2　違憲審査の種類と定義

　「違憲審査」について、あえて一般的・抽象的に定義するならば、憲法問題を裁判手続によって解決するための制度ということができる。そして、制度としての有りようは、(1)アメリカ型司法審査制度と(2)ドイツ型（大陸型）憲法裁判所制度の２つの型に大別することができる。

(1)　アメリカ型司法審査制度

　19世紀初めのアメリカでは、民事や刑事、行政事件などの裁判手続の過程で、事件に適用される法令の合憲性を審査し、違憲と判断される場合には事件への適用を認めない「司法審査制」が発達した。これは、通常の司法裁判所が司法権の行使に付随して法令の違憲審査をすることから、一般に「付随的違憲審査制」とも呼ばれている。司法審査制のもとでは、具体的な事件が発生した後で違憲審査が行われるため、法令の事後審査という側面をもつ。また、前述した違憲審査制度の２つの目的のうち、事件を通じて侵害された人権の救済に力点を置く制度といえる。

　司法審査制は、アメリカのほかに日本やカナダ、オーストラリア、インドなど、英米法の影響の強い国家で採用されている。

(2)　ドイツ型（大陸型）憲法裁判所制度

　一方、第二次世界大戦後のドイツでは、基本法によって憲法裁判所制度が導入された。憲法裁判所は、司法裁判所とは別に設けられた違憲審査機関であり、法令が憲法に違反する疑いがある場合、具体的な事件の審理と分離して「抽象的」に憲法判断を実施することができる。このような型の制度は一般に「抽象的違憲審査制」と呼ばれている。ドイツ連邦憲法裁判所の場合、憲法秩序の保障という観点から、具体的な事件が起きる前の法令の事前審査を可能とする「抽象的規範統制」も認められている。

　憲法裁判所制度は、ドイツのほかにスペインやイタリアなど大陸法系の国家で導入されている。韓国はドイツ型に分類されるが、「抽象的規範統制」は認められていない。また、後述するように、法律とそれ以外の法規範とで違憲審査権を

分割し、前者は憲法裁判所に、後者を司法裁判所に管掌させるという独自の制度設計を行っている。以下では、法律に対する違憲審査権をもつ韓国憲法裁判所制度を、日本の司法審査制度と対比していく。

Ⅱ 日本と韓国の違憲審査制度

1 違憲審査制度の日韓比較

(1) 沿革

　日本における違憲審査制は、現行日本国憲法の成立とともに初めて導入された（1947年）。日本国憲法81条は、最高裁判所に対して明示的に違憲審査権を付与している。また、この権限は、司法権の発動（裁判手続）に付随して行使されるものであり、この点において最高裁判所と下級裁判所は同様の権限をもつものとされている（憲法76条）。当初は、最高裁判所に固有の権限として抽象的規範統制が認められるかどうかが議論されたこともあったが（警察予備隊訴訟）、現行制度上では認められていないと結論された。2020年までに、最高裁判所が法令の全部または一部について違憲を宣告した例は10件あり、法令にもとづく国家行為を違憲と判断した例は12件ある。

　一方、韓国は、日本とほぼ同じ時期に違憲審査制を導入したが（1948年）、国家の動きとともに、現在までにさまざまな形態の違憲審査制度を経験してきた（憲法の沿革について、Chapter1・Ⅱ〔3頁〕参照）。韓国の違憲審査制度の特徴としては、歴史的に法律とそれ以外の法規範の違憲審査権を分掌してきた点が挙げられる。とくに、命令や規則、処分に対する違憲審査を通常の司法裁判所である法院が担ってきたのに対し、法律に対する違憲審査は、一時期を除いて専門の違憲審査機関が担当してきた。

　第一共和国憲法では、国会議員と裁判官を構成員とする憲法委員会が設置された（憲法81条）。日本から独立した直後ということもあり、憲法委員会の活発な活動が期待されていたが、違憲審査権の行使は6件にとどまった（そのうち違憲判断は2件）。

　第二共和国憲法では、「憲法裁判所」として独立した章が設けられ（第8章）、ほかの国家機関から独立した憲法裁判所が構想された。1961年4月17日に憲法裁判所法が制定され、憲法裁判所の設置が間近に迫っていたが、同年5月16日に起

きたクーデターによって、憲法裁判所は一度も活動することなく効力を喪失した。

第三共和国憲法では、一転して法院に違憲審査権が付与された。日本の最高裁判所に当たる大法院は、終審の裁判機関として、法律・命令・規則・処分の合憲性を最終的に審査する権限を与えられた（憲法102条）。しかし、軍事独裁政権に権力が集中し、経済成長と反共産主義を国是とする時代背景のもと、大法院による違憲判決はわずか2件にとどまった。

第四共和国憲法では、改めて独立した違憲審査機関の設置が構想された（憲法109条）。「憲法委員会」と命名されたこの機関は、権限、構成などにおいて、現在の制度に近い構造を採用している。しかしながら、憲法委員会による違憲審査権の行使の可否を実質的に大法院が掌握するかたちになっており、結果として憲法委員会が活動することは一度もなかった。このような状態は、第五共和国憲法下でも維持された。

現行韓国憲法は、第6章において、第二共和国憲法以来となる独立した憲法裁判所を設置した。1988年9月1日に活動を開始した韓国憲法裁判所は、現在（2020年2月）までに、1756件もの違憲判断を行っている。

(2) 違憲審査機関の組織と構成

日本では、違憲審査の主体は最高裁判所と下級裁判所である。高等裁判所以下、3審級4種類の下級裁判所は法律によって設置され、最高裁判所の指名する裁判官によって構成される。一方で、憲法81条によって設置される最高裁判所は、長官を含む15人の最高裁判所裁判官によって構成される（裁判所法5条）。最高裁判所長官の任命は、内閣の指名にもとづいて天皇が行う。最高裁判所裁判官の任命は内閣が行い、天皇が任命を承認する。最高裁判所裁判官は、識見が高く法律の素養がある40歳以上の者から任命される（裁判所法41条）。定年は70歳であり、任期はない（裁判所法50条）。最高裁判所が受理した事件は、通常、3名以上の最高裁判所裁判官が参加する小法廷で審理されるが、憲法問題を含むような重要な事件に関しては、最高裁判所裁判官全員が参加する大法廷で審理される。

韓国の憲法裁判所は、大統領によって任命される9名の憲法裁判所裁判官によって構成される（憲法111条2項）。また、9名の裁判官のうち、3名は国会が指名し、また3名は大法院長が指名する権限をもつことが憲法に規定されている（憲法111条3項）。大統領は、国会と大法院長が指名した6名を含む9名の裁判官を任命し、その中から憲法裁判所長を任命することができる（憲法111条4項）。

憲法裁判所裁判官の資格要件としては、法官資格、つまり、法曹（裁判官や検察官、弁護士）としての資格を有していることが求められている（憲法111条2項）。また、憲法裁判所裁判官の任期は比較的短い6年と規定されているが、再任可能である（憲法113条）。

(3)　違憲審査機関の権限

　日本では、前述したように、すべての裁判所が通常の裁判に付随して違憲審査権を行使することができる。なかでも最高裁判所は、終審の裁判所としてあらゆる法規範に対する最終的な憲法解釈権を有する。

　一方、韓国の憲法裁判所には、法律に対する違憲審査権のほか、高位公職者の弾劾、政党の解散、権限争議、憲法訴願といった権限が付与されている（この点について、Chapter9・IX 1〔96頁〕も参照）。

　法律に対する違憲審査は、法院の申請にもとづいて行われる（憲法111条1項1号）。ある法律の合憲性判断が裁判の前提となった場合、法院は、職権として、あるいは訴訟当事者の申請によって憲法裁判所に違憲法律審査を申し出なければならない（憲法107条）。現在までに、憲法裁判所は991件の申請を受理し、390件の違憲決定（限定違憲や限定合憲などの変形決定を含む）を行っている。

　憲法65条に規定される高位公職者に対する弾劾は、国会による弾劾訴追の議決にもとづいて行われる。憲法裁判所は、弾劾された公職者が憲法違反、法律違反について責任があるかどうかを審査する。現在までに盧武鉉（ノ・ムヒョン）大統領に対する弾劾（2004年）と朴槿惠（박근혜）大統領に対する弾劾（2017年）の2件があり、後者のケースでは大統領の失職に至った（2つの弾劾事件について、Chapter6・III〔58頁〕、朴槿惠事件について、Chapter1・IV〔10頁〕Chapter11〔108頁〕も参照）。

　韓国では政党の結成は自由であるが（憲法8条1項）、政党の目的や活動が民主的基本秩序に反する場合、政府が憲法裁判所に対し、政党の解散を提訴することができる（憲法8条3項）。現在までに、再審を含む2件の政党解散審判があり、2014年には統合進歩党に対する解散請求が認容されている。

　権限争議審判は、国家機関や地方自治団体の間で発生した憲法上もしくは法律上の管轄権の有無や範囲についての争いに対し、憲法裁判所が行う裁判手続である（憲法111条1項2号）。当初は、権力分立原理にもとづいて権限紛争を解決し、政治的平和を確保する制度と目されてきたが、政党国家としての傾向が強まり、

議会の政府統制機能が弱まった今日では、議会の少数派が多数派を牽制する機能をもつようになった。

　憲法訴願は、現行韓国憲法において初めて導入された制度である（憲法111条1項5号）。憲法裁判所法68条1項は、自らの基本権を公権力によって侵害された当事者が、憲法裁判所に対して直接救済を求めることができるとしている。憲法訴願審判は、現在では憲法裁判所の職務の大半を占めるまでに増加している。これまで約38,000件の憲法訴願が提起されており、そのうち約24,000件は事前審査の段階で却下されているものの、1300件を超える事例において違憲判断を引き出している。

(4)　違憲判断の効力

　日本の裁判所がある判決において法令の違憲を宣言した場合、その法令が一般的に効力を喪失するか否かという問題は、現在まで長く論争の的となってきた。学説は、問題となった法令が一般的に効力を喪失するとする一般的効力説と、当該事例においてのみ効力を喪失するとする個別的効力説に大別される。もっとも、法令の効力を無効とすることは一種の立法行為であるため、現行日本国憲法上では国会や裁判所の権限との関係でさまざまな矛盾を生じる。したがって、通説は個別的効力説を採用する。

　一方、韓国憲法裁判所が法律に対する違憲決定を宣言した場合、決定内容はすべての国家機関を拘束し、問題となった法律は、決定のあった日から将来にわたって一般的に効力を喪失する（憲裁法47条1項、2項）。また、違憲とされた法律が刑法規範の場合は、さかのぼって効力を喪失する（憲裁法47条3項）。これは、憲法訴願審判においても同様である（憲法75条）（この点について、Chapter9・IX3〔97頁〕も参照）。

2　違憲審査をめぐる諸問題の日韓比較

(1)　民主的正当性の問題

　民主主義国家において、法律とは国民の多数意思の表れである。これに対して、違憲審査は、それが具体的であれ抽象的であれ、かたちのうえでは少数の裁判官による民意の否定にほかならない。そのため、民主的正当性という点で議会に及ばない違憲審査機関は、法律というかたちで示された議会の意思に対して敬譲す

べきである、という議論がある。もっとも、常に議会の判断に敬譲していては、違憲審査制度の本来の目的を達することができない。したがって、違憲審査機関は、自らの構成に民主的要素を取り入れることで民主的正当化を図ることがある。

　日本の最高裁判所は、最高裁判官の国民審査制度という直接民主的な手段を有している（憲法79条2項）。また、近年では「国民の司法参加」をキーワードとする司法制度改革により、国民の意見を取り入れるかたちで民主的正当性を確保しようとする試みがある。

　一方、韓国では、憲法裁判所の民主的正当性は、国民によって制定された憲法上にその地位と権限が明記されていることにより、制度的に付与されるものと考えられてきた。しかし、2004年に憲法裁判所が盧武鉉大統領の弾劾決議を否決したり、首都機能移転政策に対して違憲決定を宣告したりした頃から、次第に手続的な手段による民主的正当化が要請されるようになった。現在では、ほかの高位公職者と同様に、憲法裁判所裁判官の任命に先立ち国会の人事聴聞会を義務づけることによって、間接的な民主的正当性が与えられている。

(2)　司法と政治の問題

　憲法解釈上の争いは、しばしば政治的対立を生む。そのため、違憲審査が政治問題を解決する場とされることも多い。違憲審査を担当するのが司法機関である場合、「司法の政治化」は司法権の独立を脅かす可能性をもつ。つまり、裁判における法の解釈、適用という司法機関の本来の役割と、政策形成や価値の実現をめぐる政治的対立のはざまで、違憲審査機関をどのように位置づけるかという問題は、違憲審査の性格をも左右するものであるといえる（この点について、Chapter11〔108頁〕参照）。

　日本の最高裁判所は、司法権に内在する憲法上の限界を根拠として、政治問題に対する判断を控える傾向がある。そのため、基本的人権をめぐる判例が豊富である反面、統治規定に対する判例は多くない。また、違憲判決の少なさという点では、しばしば「消極的」とも評価される。

　一方、韓国の憲法裁判所は、自らの立ち位置を「政治的司法機関」と捉える。憲法裁判所には、一般的効力をもつ違憲決定を通じて議会立法を統制する強力な権限が与えられており、積極的に社会的葛藤を解消し、憲法的価値にもとづく社会統合を図ることが期待されている。

(3)　裁判官の構成の問題

　違憲審査は法解釈作用であるため、違憲審査を担当する裁判官には法に対する専門的知識が求められる。また、高度に政治的な法である憲法の解釈に携わる以上、裁判官の構成や選出手続には特別な配慮が必要となる。

　日本の最高裁判所裁判官は、内閣が指名する点で中立性が十分に担保されているとはいえず、また、選出の過程についても透明性が確保されていない。ただし、人的リソースの多様性という側面では、弁護士や裁判官などの法曹出身者のほか、行政官や学者から一定の数の裁判官が選出される慣行がある。

　韓国の憲法裁判所裁判官の選出は、立法（国会）、行政（大統領）、司法（大法院長）がそれぞれ3名ずつ指名するかたちをとっており、憲法裁判所の独立性の確保に寄与している。一方で、人的リソースの面では、法曹資格所有者に限定することで、任命される裁判官の構成に偏りが生じているとの批判もある。

<参考文献>

・李範俊『憲法裁判所——韓国現代史を語る』（日本加除出版、2012年）
・在日コリアン弁護士協会編『韓国憲法裁判所重要判例44——社会を変えた違憲判決・憲法不合致判決』（日本加除出版、2010年）

Chapter 11

韓国における「政治の司法化」現象
——ストリート・デモクラシーによる「市民的正義」と司法の裁判

岡 克彦

本章のポイント——「政治の司法化」とは？

　韓国では、1987年の民主化以降、民主主義が定着し始めたといわれて久しい。ところが、最近、重大な政治・社会問題が本来的にその解決を図る役割を担っているはずの政治過程（国会、行政府など）ではなく、司法府（憲法裁判所、一般法院）でこれらの問題が収拾されることが頻繁に起こっている。これが「政治の司法化」といわれる現象である。その特徴は、NGOなどの市民団体が重要な政治問題について司法での裁判を通してその決着を図ろうとする傾向が極めて強い点である。統計的にも市民による憲法訴訟（憲法訴願事件）が近年、増えている（次頁の表参照）。たとえば、2016年の秋ごろから崔順実（최순실）事件によって朴槿惠（박근혜）大統領の罷免を求める20万人ほどの「ロウソク集会」（촛불집회）がソウルを中心に全国規模で週末ごとに開かれた。その結果、韓国の国会では、この市民の動きに呼応して憲法裁判所に彼女を弾劾訴追して、政治問題の解決を司法過程で図ったことが「政治の司法化現象」の典型である。また、「反日化する司法」（浅羽・後掲文献１頁）と評される慰安婦問題の憲法裁判所違憲決定（2011年８月）や現在のように日韓関係を悪化させる契機となった、2018年10月に下された徴用工に対する大法院の判決などは、こうした「市民による政治の司法化現象」の一環として派生した動きでもあった。韓国では、政治や社会問題の多くがその処理を直接に担当している政治過程ではなく、どうして司法機関にわざわざもち込まれてその問題の解決を図ろうとする傾向が強いのかがここで問題となる。

表　憲法訴願事件の受理件数の推移

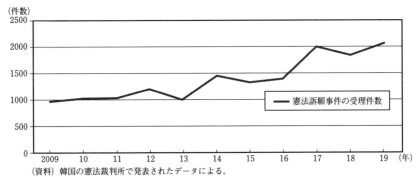

（資料）韓国の憲法裁判所で発表されたデータによる。

　このChapterでは、ストリート・デモクラシーの先駆け（「市民による立法化」）だとされる「5・18民主化運動等に関する特別法」（Further Lesson 3〔53頁〕参照）に対する1996年2月の憲法裁判所の合憲決定を素材として「市民的正義」と「司法的正義」とが結びつくことで起こっている韓国の「政治の司法化現象」の特徴とその問題性を解明することにする。

I │ 一般原則に対する例外規定を頻繁に設けることの問題性

　韓国法の特徴としては、すでに存在する法令の一般原則に対して突然に特別法を制定したり、法改正を通して例外規定を設けたりする事例が多いことである。父系血族内の族内婚を禁止した同姓同本禁婚制（旧民法809条）に対して、婚姻届出の期間を限定して族内婚を法律婚として認める「婚姻に関する特例法」（限時法）が3度にわたって制定された（1987年11月、同95年12月および97年12月）。また、普通養子制度（民法866条以下）の例外として養子特例法が数度にわたってつくられるなどの例がそれである。このねらいは、主に時々の政治問題や社会問題を即効的に解決する手段として特別法や例外規定を便宜的に設けることにより、一般原則の内容を変更させたり、あるいはその原則を事実上、失効させたりするところにある。

　けれども、頻繁に例外規定を定めると、一般原則のみならず既存の法体系全体が本来、有している法的安定性そのものを脅かすおそれがある。その典型的な例が、以下で紹介する「5・18民主化運動等に関する特別法」の制定である。1979

年12月に新軍部による軍事クーデターで政権を掌握した事態および1980年5月に同じ軍部によって民主化を求める全羅南道・光州市の民衆を多数死傷させた光州事件において、事件を首謀した元大統領などの主要人物に対する刑事訴追を強く求める市民運動が民主化後の1995年頃に展開された。同特別法の成立は、こうした「市民による立法化運動」の成果だと評価されている。以下の事例は、この特別法の合憲性をめぐって憲法裁判所で争われた事件であった。

【事件の概要】

　元大統領2名を含めた軍関係者が行った1979年の12・12軍事反乱事件（粛軍クーデター）および1980年の5・18内乱事件（光州事件）については、内乱罪などの各犯罪に関する15年の公訴時効がすでに成立している（刑訴法249条1項1号・改正前）。それにもかかわらず、その後、1995年12月21日に制定した「5・18民主化運動等に関する特別法」（法律5029号、以下「特別法」という）で過去にさかのぼってこの時効の進行を停止させる規定（同法2条1項）を設けることにより、この2つの事件で被疑者らを刑事訴追することができる法律を国会で定めた。その後、この特別法にもとづいて彼らは刑事裁判に起訴された。被告人らは、特別法2条が適正な手続の保障、刑罰法規不遡及禁止の原則などの罪刑法定主義（憲法12条1項、13条1項）に反することを理由に違憲法律審判を憲法裁判所に提起してくれるように、審理中の法院に申請した。担当法院は、彼らの主張に合理性を認め、特別法に対する同違憲審判への提起を憲法裁判所に申し立てた（違憲法律審判の提請）のが本事件である（憲法裁判所1996年2月16日宣告96헌가2決定：以下、「96年決定」という）。

II ｜「5・18光州事件特別法」に対する合憲決定

【憲法裁判所の決定要旨】

（合憲意見4名）

　公訴時効制度の本質からみて、国家の訴追権を行使させることができない法律上または重大な事実上の障害が本事件には認められることから、たとえ法律に同時効の停止に関する明文の規定がなかったとしても、本事件の公訴時効の進行は

すでに停止したものと解釈しなければならない。したがって、審判対象の特別法
2条は、憲法13条で禁じている「事後法」に当たらない。

　一方、つぎのように立論する合憲意見があった。上記の合憲を根拠づける法理
には賛成できない。公訴時効の停止については、憲法の定める適正手続の保障の
観点からやはり時効の停止となる障害事由に関して法律上の明確な規定が必要で
あり、司法の解釈で停止事由を設けることはできないからである。ただし、憲法
13条で罪刑法定主義および刑罰法規不遡及禁止の原則を想定している「法律」と
は、刑罰を直接に定めた刑事実体法を意味するもので、刑事手続法は含まれない。
憲法13条の趣旨は、犯罪成立の基準をあらかじめ法律で明確に定めることで、国
民への行為の予測可能性を保障するところにある。したがって、特別法2条は、
単に刑事訴追を可能にさせる時の流れたる「期間」を定めたものにすぎず、憲法
13条に反しない（96年決定）。

（限定違憲の意見5名）

　憲法13条は、いかなる公益上の理由があろうと国家利益が個人の信頼保護およ
び法的安定性に優先されることはあり得ず、刑事法について例外を認めない絶対
的な遡及効を禁止している。公訴時効が成立する前は別論としても、いったん、
同時効が成立した場合は、事後にさかのぼって時効を停止させてその成立を消滅
させるのは、刑事実体法で遡及処罰をすることと実質的に同一の効果をもたらす
ものである。したがって、公訴時効の成立後に生じた本事件に特別法2条を適用
するのは、憲法13条の精神に反する（96年決定）。

　本決定は、憲法裁判所を構成する9名の裁判官のうち、合憲が4名、限定違憲
（日本の「適用違憲」に類似する）が5名であった。この裁判所の最終的な結論は、
合議制のもとに担当裁判官による多数決で決することになっている。ただし、違
憲決定を下すには6名以上が違憲と判断する必要がある（憲法裁判所法23条2項
1号）。本件は、この要件を満たさなかった結果、結論としては合憲となってし
まった事例である。1名の僅差だったとはいえ、民主化後、韓国社会にとって極
めて重大な事件であったにもかかわらず、多数意見の法理が採用されず、少数意
見が結論になった異例の憲法訴訟であった。この決定に対しては、特別法で被告
人らの刑事裁判を審理した上告審たる大法院判決の反対意見（3名）からも、次
のように憲法裁判所の合憲判断に疑問を提起する見解が現れるほどであった。

「特別法第2条は、刑罰法規不遡及禁止の原則に反し、その正当性が認められない。……憲法裁判所の結論が合憲だったとしても、裁判官の多数が限定違憲の疑いが強いと判断していることから、〔本法院としては——筆者〕この結論に拘束されない」（大法院1997年4月17日宣告96ㄷ3376判決）。

　今回の決定は、憲法裁判所内部で少数意見の論拠が説得的だから合憲の結論となったわけではない。違憲決定で6名以上の違憲判断が必要なのは、民主主義の観点から立法府の政治的決断をできるかぎり尊重するという司法の自己謙抑的な趣旨からである。この趣旨にもとづき、他律的な流れで少数意見に軍配が上がったにすぎない。本決定にある、こうした「据わりの悪さ」はどこに起因しているのだろうか。

Ⅲ｜憲法裁判所の合憲決定に内在する「法的安定性」と「実質的正義」との乖離

　特別法の合憲性をめぐる憲法裁判所での判断は、このように大きく二分した。この核心的な論点は、過去の重大な犯罪を処罰しようとするあまりに、刑罰法規不遡及禁止の原則などの憲法上の原理にもとづいて形成された、いままでの刑事法や刑事手続全体に内在する法的安定性が、特別法により著しく損なわれるおそれである。

　韓国法でも「法的安定性」は主に法治主義の原理から導かれる。とりわけ、民法などの一般法令に比べて人々の人権が最も侵害されやすい国家刑罰権の行使を定めた刑事法については、ほかの法令以上に法的安定性を堅持することが要請される。韓国憲法においても上記の刑罰法規不遡及の禁止や刑事手続などに「適正性」を強く求める根拠はここにある。本事件で何よりもの問題は、公訴時効が成立した後に特別法という「事後法」でその成立前にさかのぼって時効を停止させている点である。というのは、時効が成立してもはや公訴されることがないとの本人の確定的な期待が、行為時には予見できなかった別の条件（特別法の制定）で事後的に反故にされるからである。その結果、人身の自由や生命などが国家刑罰権の発動で侵害される危険性が飛躍的に高まってしまう（96年決定参照）。特別法の制定は、本人のみならず、一般国民の公訴時効制度に対する法的信頼そのものを害している。まさに時効制度に対する法的安定性を覆すおそれがあった（김영환『형사판례연구』5호〔한국형사판례연구회, 1997〕26면）。

　では、憲法裁判所は、特別法の制定が公訴時効制度の法的安定性を損なうおそれのあることを認識しながらも、どうしてこの法律を合憲と判断したのだろうか。その最も大きなねらいは、時効制度の法的安定性が退けられても、余りあるほどに軍事政権下で失われた甚大な公益を何よりも回復させるところにある。軍事政権から文民政権へと交代した民主派の金泳三（김영삼）政権でさえ、1995年当時、光州事件については「歴史での審判に委ねる」との理由から当事者への刑事責任を問わない立場であった。検察当局も「成功した軍事クーデターで新たな憲法秩序が形成された」同事件に対しては公訴権がないとして不起訴処分にした（한인섭『법과 사회』15호〔법과사회이론학회, 1997〕161면）。

　けれども、このような政府の立場に不満を抱いた市民たちは、全国で大規模な抗議運動を展開した。とくに事件の首謀者の１人である元大統領に政治資金の不正問題が発覚すると、事件関係者に対する刑事責任を求める市民の声がさらに高まった。いわゆる、ストリート・デモクラシーによる「市民的正義」の高揚である。政府は、この市民による街頭民主主義に屈するかたちで従来の立場を翻して、一連の５・18特別法を国会で制定させた。

　憲法裁判所も、この市民的正義に法的な正当性を与えて特別法の合憲性を基礎づけた。軍事クーデターや光州事件による軍事政権は、韓国の自由民主主義の基本秩序を長きにわたって蹂躙させ、生命や財産など、国民の基本権をその期間の間、常に抑圧してきた。したがって、被告人の公訴時効に対する信頼の利益よりも、この時効を停止させてまでも彼らを刑事処罰すべきはるかに重大な公益が存在すると判示した（96年決定）。韓国の識者の多くも、特別法の制定は「国民のたゆまない願いである」と述べ、この法律の合憲性が市民的正義によって支持されたと評した（한인섭・앞의 글 등）。

　とはいえ、合憲性の意見は裁判官全体の過半数に満たない。そのほかの５名の裁判官は、被告人の処罰よりもそのことで失われる時効制度に対する国民の法的信頼を最優先させて、憲法上の原則を堅持しようとした。憲法裁判所の判断は、このように本事件に内在する「実質的な正義」と「法的安定性」との相対立する狭間のなかで揺らいでいた。

　この事件は、その後、市民によるストリート・デモクラシーで高まった「市民的正義」が「司法的正義」と結びついて重大な政治・社会問題の多くが政治過程ではなく、まったく畑違いの司法過程でその解決をわざわざ図ろうとする今日的な「政治の司法化現象」の問題を暗示するかのような出来事であった。

Ⅳ ｜ ストリート・デモクラシーによる「市民的正義」の高まりと司法のポピリズム化

　最近の傾向は、単に政治問題の多くが司法過程にもち込まれてその問題の収拾を図ろうとする「政治の司法化」だけではない。さらには、司法判断そのものが法令の基準以外に国民の世論動向や政策的な価値選択などの政治的な要因に強く影響される。いわゆる、裁判自体が政治化する「司法の政治化」現象が生じているところにその特徴がある。その代表的な例が次の事件である。

　首都ソウルの過密化を解消するために地方に首都を移転させることを主な内容とする「新行政首都建設特別措置法」（2004年1月26日制定、法律7062号）が国会で制定された。それにもかかわらず、首都移転に反対する一部の市民団体などが提起した憲法訴訟で、慣習憲法上、首都はソウルに位置するとの理由にもとづく憲法裁判所の違憲決定により同法律は失効した（憲法裁判所2004年10月21日宣告2004헌마554-566병합決定）。成文憲法という前提との関係で同裁判所の解釈が不文憲法にまで広がる懸念とともに、民主主義の過程でいったん、「高度な政治的判断」を下して制定された法律に対して、わずか9名の裁判官でその効力が容易に覆されてしまうおそれがここで問題となった（司法権の限界性）。韓国では、この事件で示されるように、司法機関がどうして国家の政治問題に積極的に関与し、なぜ、政治過程で扱われるべき重要政策の決定を覆すほどの政治的な影響力をもっているのだろうか。

　それは、代議制民主主義の機能低下および制度麻痺が「政治の司法化」のみならず、「司法の政治化」までも誘発しているとされる（함재학『헌법학연구』17권3호〔한국헌법학회, 2011〕302면）。韓国の大統領制は、日本の議院内閣制に比べて大統領と国会議員の選挙がそれぞれ別途に行われることから国会の勢力図が政治システム上、与党側よりも野党側が議席の過半数以上を占める場合がしばしば起こる（与小野大の現象）。その結果、政府の政策運営が野党の反対でしばしば紛糾する事態が生じる。そのうえ、国民生活や国政上、必須で緊急を要する政策に対して与野党間の党利党略で審議が進まず、政策の遂行が停滞するなど、大統領や政党たる当事者たちが政治のトラブルメーカーと化して国民からの政治不信を招くことが頻繁にある（崔順実ゲート事件、朴大統領弾劾訴追事件など）。

　したがって、主権者たる国民の側からすると、今のところ、政治の混乱や社会の葛藤を収拾する能力のある国家機関が司法府をおいてそのほかに存在しないと

いう状況に陥っている。政治過程において国家政策を統禦・推進させる自律的な機能が弱まっていることが、その解決の矛先を司法過程に向けさせてしまう要因になっている。つまり、韓国で起こっている「政治の司法化」および「司法の政治化」という現象は、大統領を中心とした代議制民主主義の機能低下によって司法府に対する役割が相対的に肥大化している現れなのである。

韓国の脆弱な議会制民主主義を再生させる新たな動きとして、これらの現象を評価する研究もある（전정현『공법학연구』12권 1호〔한국비교공법학회, 2011〕292면）。とくに、市民による参加民主主義を活性化させるツールとして司法府が一定の役割を果たしていることに注目される。NGOなど、多くの市民団体は、政治的な争点をめぐってソウルを中心に大規模な「ロウソク集会」をストリート・デモクラシーというかたちで展開している。それと同時に司法機関への裁判闘争を通して彼（女）らの利益や主張を政治的に勝ち取ろうとする。司法府側も、市民の要求に呼応すべく、街頭民主主義で高揚された「市民的正義」を裁判所自らの「司法的正義」へと昇華することにより、政治過程で争点となっている政策の見直しを迫る事例が多くなっている。

けれどもその一方で、市民側に意識し過ぎた最近の司法府の姿勢には、その司法判断において大衆迎合化（ポピリズム化）している傾向があることを示唆する見解がある。「裁判官は、憲法解釈をしつつも、自らの決定が覆されるかもしれない国民の反応に気遣わなければならない」（박은정『법학』51권 1호〔서울대학교, 2010〕17면）。司法の独立にもとづいて政治や民衆の圧力から中立性を強く求められる司法機関でさえ、「国民からの信頼」というスローガンのもとで国民の反応に一定の配慮を示すように要請されるようだ。韓国では、このことを評して市民運動をはじめ、国民側の世論動向にいわば「忖度」する司法府の実態や政治を揶揄して、最高法規たる憲法のさらなる上位に「国民情緒法」たる法なき法が存在していることが指摘される（「헤럴드경제」2014년 5월 28일자）。司法裁判の結果も、要するに民主主義の原理（国民主権）を反映したものでなければならないという考え方がその根底にある。

ただし、これは、あくまでも裁判が開始される間口の段階と判決が下された後の出口の段階での社会的評価の問題にすぎない。裁判の中核にある審理過程や司法判断についてまで「民主主義化」あるいは「政治化」してよいとは必ずしも意味しない。これは裁判で要求される公正性や中立性に最も抵触するからである。とりわけ、司法判断が民主主義の影響でポピリズム化すると、5・18特別法事件

での裁判官たちの反対意見で指摘したように法秩序に内在する法的安定性が害される。より深刻な問題は、そのことにより法治主義や法の支配といった根本原理までもが国家の法システムなかで機能低下を引き起こす危険性があることである。この点はとくに留意する必要があろう。

V 現代国家の統治のあり方とは？
——「民主主義」と「法の支配」との原理的なバランス

韓国における「政治の司法化」および「司法の政治化」の議論は、民主主義の活性化という観点から語られる傾向が非常に強い。しかし、本章で分析したように、司法過程の中核である司法判断にまで「民主主義化」させることには課題も多い。現代国家の統治のあり方としては、政治過程における民主主義を原則としつつも、多数による支配・統治の行き過ぎや弊害を司法府による法の支配（自由主義の原理）から是正することで、両者のバランスを図るところに立憲主義の要諦があるとされる。司法の役割は、民主主義に対抗する法の支配の原理から立法や行政の政策を見直す法的な契機をもたせることにより、各国家機関の自律性を尊重するだけはない。それ以上にマイノリティの人権を含めて個人の人格的自律性を保障しようとするリベラリズムを堅持するところにある。それにもかかわらず、韓国での司法の政治化現象は、司法過程や司法判断に民主主義の原理が過度に浸透することで、かえって法の支配や法治主義が脆弱になっているようにみえる。韓国では、なぜ、いま、司法過程にまで民主主義の原理を貫徹させようとしているのだろうか。その法的な要因や社会・政治的な背景がとても気になるところである。今後、解明すべき課題となろう。

<参照文献>
・浅羽祐樹「『反日』化する韓国司法と日韓条約体制」松原孝俊編『九州大学発韓国学の展望——東アジア共通課題解決にチャレンジする』（花書院、2013年）。
・岡克彦「韓国の裁判制度における『司法の政治化』という現象——『政治化』する司法のメカニズム」専修大学法学研究所所報55号（2017年）。

Column 4
韓国のロースクールと法曹養成

　韓国で、いわゆるロースクール制度が開始したのは、日本より5年遅い2009年のことであるが、実は、ロースクール制度の導入の可否が本格的に議論されたのは、金泳三（김영삼）政権の1995年からである。日本では、2001年の司法制度改革審議会意見書によってロースクールの導入が検討されるや、3年後には早くも創設された。「パッリ、パッリ（早く、早く）」が口癖の韓国にとっても、また、何事につけても根回しに時間がかかる日本にとっても、異例のことである。そのためか、法科大学院制度は、日本においてはいまなお、さまざまな矛盾のなかで翻弄され続けているのに対して、韓国の「法学専門大学院」（以下、大学院）制度は、比較的順調であると評価されている。

　その最大の要因は、日本と異なり、認可の段階で25大学、また、定員についても2000名に厳しく絞ったことである。また、多様な背景を有する法曹を教育によって養成するという理念に忠実であるために、履修年限は一律3年とされ、大学院を設置した大学は法学部を廃止することが義務づけられた。法曹になるためには、例外なく大学院を終了して「弁護士試験」に合格しなければならない。近年、不合格者の滞留によって弁護士試験の合格率は低くなったとはいえ、第1回から2019年の第8回までの平均合格率は59.58％に達する。

　また、法曹三者の養成方法についても、かつては日本と同じであったが（以前の制度については、尹龍澤「韓国の法曹制度」広渡清吾編『法曹の比較法社会学』（東京大学出版会、2003年）、大学院の設置によって、大きく変わった。弁護士については、弁護士試験に合格すれば弁護士資格を有するが、ただし、6ヶ月以上、法律事務所、裁判所、法務部長官の指定する機関、あるいは大韓弁護士協会などで研修を受けなければ事件を受任することができない。

　判事については、かつてはキャリア（職業）裁判官制を原則としていたが、2006年から段階的法曹一元化計画にもとづいて5年以上の法曹経歴を有する者を判事として一部任用し、2011年の法院組織法の改正で、2013年からは全面的に法曹一元化を施行している（2015年に初めて大学院出身者が判事として任用された）。判事の任用に必要とされる法曹経験年数は段階的に引き上げられる。すなわち、

2013年から2017年までは3年以上、その後は、2021年まで5年以上、2025年まで7年以上、そして2026年からは10年以上の経験が必要となっている。しかし、依然として有力な任用ルートは「裁判研究員（Law Clerk）」として3年間勤務した後に任用に必要な残りの経験年数を大型ローファームなどで勤務することであるといわれている。裁判研究員の任用は、ロースクール3年次の秋に書類選考、筆記選考と人物検査を経て選考されるが、翌年1月に実施される弁護士試験に合格することが条件となる。

　検事の場合は、大学院卒業予定者を対象に新規検事任用試験が行われている。翌年の弁護士試験合格を条件に、ロースクール3年次の秋に書類選考、人物選考、実務記録評価、組織能力評価（最終面接）を経て、1年間の検事教育ののち任用される（裁判制度については、Chapter9〔89頁〕参照）。

　もっとも、韓国におけるロースクール制度の導入はドラステックであっただけに、認可されなかった大学はもちろん、認可された大学にとっても入学者定員の割り当ての少なさ、在学生にとっては法学部の廃止による教育・研究の機会の減少、受験生にとっては女子大学院の認可による男女不平等など、実にさまざまな立場から問題が提起され、裁判で争われた事例も多い。

（尹龍澤）

Part 3
《経済のしくみ》
からみるコリア法

経済はグローバルな市場動向や国際社会の傾向に
影響されるだけでなく、
その国の歴史や文化、政治、社会に大きな影響を受けます。
朝鮮半島は南北で政治、経済、社会に関する
制度が大きく異なります。
南側は資本主義経済で、複数政党制の民主主義、軍隊
は国家の軍隊（国軍）です。植民地時代に日本に協力
した人たちが各界の指導者に多く残りました。
北側は社会主義経済で、朝鮮労働党が国家の指導を担
い、軍隊（人民軍）をもっています。植民地時代に
日本に協力した人たちの多くは社会の主流から排除
されました。
これらの違いを踏まえて、南北の経済に関する法制度
について考えていきましょう。

Chapter 12

朝鮮の〈改革開放〉は
あるのか？

三村光弘

I ｜ 東西冷戦の終了と朝鮮

　朝鮮は、1990年代初めの旧ソ連・東欧の社会主義政権崩壊により、それまで所与の前提としてきた政治的、軍事的、経済的な支えを失った。政治的には、旧東側圏が消滅したのに伴い、日米との国交正常化や南北関係の改善を目指したが、米国に相手にされなかった（米朝関係については、Chapter16〔166頁〕参照）。軍事的には、旧ソ連が提供していた「核の傘」を失い、米国との対立を引きずったまま米国単独覇権に立ち向かうことを余儀なくされた。その結果、独力で核抑止力をもつことで、米国からの攻撃を防ぐという現在の核、ミサイル開発の道を選択することになった。経済的には、社会主義国際市場消滅の影響で、1990年代中盤に国家財政規模が約半分になり、多くの餓死者を出す「苦難の行軍」の時期を体験した。1990年代中盤以降、脆弱な国営経済の代わりに非国営部門が発達するようになった（三村・後掲書126-130頁）。1997年の金正日（김정일）総書記就任以降は、従来の政治システムを温存したまま、経済のパフォーマンスを向上させるための改革措置がとられた。改革は前進と後退を繰り返したが、現状の多くが追認され、商品経済が浸透していった。この過程で、富を蓄積した一部の人々が、自らあるいは他人に投資して、もっぱら営利を目的とするビジネスをはじめ、非国営部門が国営の機関、企業や協同団体をも巻き込みつつ、拡大していった。金正日政権後期に大きく引き締めを行ったが、失敗し、「人民生活向上」のスローガンを掲げることで民心を掌握した。金正恩（김정은）政権では、現実を直視し、国民生活の向上を第1の目標として経済改革を進めている。

　ただし、公式なシステムは私的所有を認めない社会主義計画経済のままであり、

制度と現実の乖離が深刻になっている。

　本Chapterでは、朝鮮における公式のシステムをまず押さえたうえで、朝鮮経済の現状について解説する。そのうえで、このような制度と現実の乖離が朝鮮社会に与えている影響とともに、今後の朝鮮の経済政策がどのようになるのかについて、展望を試みる。

Ⅱ│朝鮮における経済の基本

　朝鮮民主主義人民共和国における経済の基本は、「社会主義的生産関係及び自立的民族経済の土台に基づく」（憲法19条）とされており、生産手段に対する社会的所有が基本である。また、「朝鮮民主主義人民共和国は朝鮮労働党の指導の下にすべての活動を進行する」（憲法10条）との条項も重要である。経済管理の現場（経済管理については、Further Lesson 5〔128頁〕参照）では、政府（内閣）を通じた管理の重要性が強調されているが、企業の中にある朝鮮労働党委員会における意思決定や大衆動員も重要な要素となっている。

1　所有制度

　所有については、1948年の「朝鮮民主主義人民共和国憲法」では国家所有のほか、生産手段の個人所有を許容していた。朝鮮戦争後の経済の急速な社会主義化により、実際には1960年代には個人所有にもとづく生産関係はほぼなくなった。生産手段の社会的所有にもとづく経済を主とすることについての規定は、1972年の「朝鮮民主主義人民共和国社会主義憲法」から規定されており、その枠組みが現在も大きく変更されることなく維持されている。

　民法は第2編で所有権制度を定めている。その所有形態により国家所有権、協同団体所有権、個人所有権に区分されている（民法37条）。

　全人民的所有である国家所有権の対象には、制限が（憲法21条、民法45条）ない。天然資源、鉄道、航空輸送、通信機関、重要な工場や企業所、港湾、銀行は国家のみが所有できる（憲法21条、民法45条）。

　社会協同団体所有は当該団体に入っている勤労者等の集団的所有であり、個人所有の土地を集団化して作った協同農場（旧ソ連のコルホーズ、中国の合作社に相当する）がその典型である。土地、農機械、船、中小工場、企業所等は社会協

同団体が所有することができる（憲法22条）。民法はこのほか、家畜、建物等、文化保健施設、その他経営活動に必要な対象物をも社会協同団体所有権の対象として規定している（民法54条）。

　個人所有は公民の個人的で、消費的な目的のための所有（憲法24条、民法58条）で、労働による社会主義分配、国家及び社会の追加的恵沢、自留地経営を始め個人副業経営から得た生産物、公民が購入又は相続、贈与された財産、その他法的根拠により得られた財産で成立する（憲法24条、民法58条）と規定されている。個人所有に対する相続権は保障されている（憲法24条、民法63条）。また、住宅及び家庭生活に必要な各種家庭用品、文化用品、その他生活用品及び乗用車等の機材を所有することができる（民法59条）とされているが、ここに規定されている住宅とは、特に農村部に未だに存在する建国前から個人所有であった住宅のことであり、都市における住宅は国家所有として建設され、主に職場から分配され、使用権のみをもつことになるケースがほとんどである。ただし近年、住宅の商品化が行われており、今後不動産が個人の所有として復活する可能性もある。

2　自立的民族経済

　自立的民族経済とは、憲法26条に規定されており、「人民の幸福な社会主義生活及び祖国の隆盛繁栄のための確固とした源泉」とされている。

　朝鮮の現在の経済政策の基本は、社会主義計画経済の堅持と自立的民族経済の拡大・発展である。具体的には国内技術、燃料、原料による生産を重視し、国防産業を支えることができる産業基盤の整備の重要性の強調という方向性として表れる。朝鮮戦争において、武器弾薬を含む物資の不足により円滑な戦争遂行が出来なかった経験から、朝鮮はその後、重工業を中心に国内資源で基本的なものは生産できるようにする政策をとるようになった。この傾向は、1990年代中盤に修正されるかにみえたが、その後復活し、2020年現在でも貫徹されている。

　朝鮮は現在、自国の経済政策の基本を「自立的民族経済建設路線」であるとしている。日本を代表する朝鮮経済の専門家である中川雅彦は、自立的民族経済建設路線もその主要な特徴である重工業の優先的発展も、それまでの経済政策の展開から帰納的に形成されたものであるとみるべき、としている（中川・後掲書55-56頁）。朝鮮は建国後一貫して自立的民族経済を建設してきたと主張しているが、最初からそのようなグランドデザインがあったのではなく、個々の政策とそ

の展開を遡ってみると、そのようにみえる、ということである。

3　経済管理の原則と方法

　朝鮮において、経済における国家の役割は大きい。憲法上、「国家は、社会主義経済に対する指導及び管理で、政治的指導及び経済技術的指導、国家の統一的指導及び各単位の創意性、唯一的指揮及び民主主義、政治道徳的刺激及び物質的刺激を正しく結合させ、実利を保証する原則を確かに堅持する」（憲法32条）と規定している。経済は政治の従属変数であり、政治的目標を実現するための手段として経済がある、という発想から結果を重視する方向へと変化する過程にある。

　具体的な管理方法としては、工業において各国営企業の中にある朝鮮労働党委員会の役割を重視する「大安の事業体系」、農業においては「農村経理を企業的方法で指導する農業指導体系」（憲法33条）が規定されていたが、2019年4月の改正で「国家は生産者大衆の集団的知恵と力に依拠し、経済を科学的に、合理的に管理運営し、内閣の役割を決定的に高める」に変更された（朝鮮の憲法史については、Chapter2〔13頁〕参照）。また、金正恩時代の経済改革の成果である「社会主義企業責任管理制」が33条2項に追加された。

　「朝鮮民主主義人民共和国の人民経済は計画経済である」（憲法34条）規定から、社会主義計画経済が経済管理の基本とされ、「国家は社会主義経済発展法則により蓄積及び消費の均衡を正しく捉え、経済建設を促し、人民生活を絶えず高め、国防力を強化することができるように人民経済発展計画をたてて実行する」と規定されている（憲法34条2項）。そして、「人民経済発展計画に従う国家予算を編成し、執行する」（憲法34条3項）こととなっている。

　また対外経済関係については、貿易は「国家機関、企業所、社会協同団体が行う」（憲法36条）こととなっている。海外直接投資に関連しては、「国家はわが国の機関、企業所、団体及び外国法人または個人との企業合弁及び合作、特殊経済地帯での様々な企業創設運営を奨励する」（憲法37条）と規定されている。

Ⅲ 変化した経済の現状

1 旧ソ連・東欧の社会主義政権崩壊から経済危機、そして金正日時代における経済システムの改善

　本 Chapter 冒頭で述べたとおり、朝鮮は、1990年代初めの旧ソ連・東欧の社会主義政権崩壊により、それまで所与の前提としてきた政治的、軍事的、経済的な支えを失った。

　1997年に金正日が朝鮮労働党総書記に就任し、98年に憲法改正が行われ、国家機構全般に対する機構変更が行われるとともに、従来の政治システムを温存したまま、経済のパフォーマンスを向上させる改革措置がとられた。改革は前進と後退を繰り返したが、2020年4月時点で朝鮮労働党副委員長の朴奉珠（박봉주）が2003年から内閣総理として、現状の多くを追認し、商品経済が浸透していった。国営企業や協同団体と非国営部門との関わりも深まっていった。この過程で、富を蓄積した一部の人々が、自ら、あるいは他人に投資して、もっぱら営利を目的とするビジネスをはじめ、それが拡大していった。これを行き過ぎと考える意見も多く、07年に朴奉珠は地方の化学工場の支配人（責任者）に左遷された。

　水面下で成長してきた非国営部門に打撃を与え、国営部門の優越性を回復するため、2009年11月に現金の交換限度を設定した貨幣交換が行われた。しかし、国営部門は国家が把握していた以上に脆弱で、食料や生活必需品が不足し、短期間で貨幣交換以前の状態に戻さざるを得なかった。朝鮮はこの貨幣交換から、もはや経済は政治が完全にコントロールできない「怪物」になったことを悟り、それ以降は国民生活の安定と向上を重要な政策目標として掲げるようになった。金正恩時代に入り、この時の教訓を踏まえ、経済に政治の論理をもち込み過ぎないよう配慮しながら、制度を現状に合わせる形で経済改革を進めている。とはいえ、前述した通り、公式なシステムは私的所有を認めない社会主義計画経済のままであり、制度と現実の乖離をどう埋めていくのか、課題は多い。

2 金正恩時代の経済政策の推移

　2011年末に金正恩が最高指導者になってから、国民経済を改善するためのさま

ざまな施策が、政治的な制約を前提としながら極めて注意深く試みられている。

　2012年1月に、朝鮮の公式メディアは、情報技術やナノテク、宇宙技術等の先端産業を重視し、コンピュータ数値制御やファクトリーオートメーションを通じて工場の近代化を推進する方針を「知識経済型強国」という言葉で総括した。これらの開発の主体は、国内の人材によってまかなうことを基本としており、「全人民科学技術人材化」のかけ声のもと、2016年から義務教育年限の1年延長を行うなど教育に力を入れている。

　2013年3月に開かれた朝鮮労働党中央委員会総会で、「経済建設と核武力建設を並進させることに対する新たな戦略的路線」（並進路線）が決定された。金正恩第一委員長（当時）は報告の中で「新たな並進路線の真の優越性は、国防費を追加的に増やさなくても戦争抑止力と防衛力の効果を決定的に高めることにより、経済建設と人民生活向上に力を集中することができるところにある」と述べた。

　2013年から全国の協同農場で自らが担当する田畑の収穫高が分配に大きく反映され、原則的に現物で支給される分配物の処分権をも生産者に与える「圃田担当責任制」の全面的導入が始まった。同年4月からは独立採算制企業に対し計画権、生産組織権、分配権、貿易および合弁・合作権などの権限を与える措置がとられた。それらの措置は同年8月に「社会主義企業責任管理制」として定式化された（2019年4月に憲法33条2項に独立採算制の発展型として追加）。現在、朝鮮では農業、製造業、サービス業を問わず、どのように生産や売り上げを伸ばすのかについて多くの人々が策をこらしている。国営企業でも生産ラインごとにさまざまな工夫が行われ、「社会主義競争」ブームとなっている。他方、自集団の利益のみを重視し、全体の利益をかえりみない、「本位主義」が問題となっている。

　その後、朝鮮は核兵器とその運搬手段の開発に力を入れ、2017年11月29日には米国本土に到達可能な新型の大陸間弾道ミサイル（ICBM）「火星15」の発射を同日未明に成功させたとする政府声明を出した。

　2018年4月20日に開かれた朝鮮労働党中央委員会第7期第3回総会では、決定書「経済建設と核武力建設の並進路線の偉大なる勝利を宣布することに対して」が採択され、「臨界前核試験と地下核試験、核兵器の小型化、軽量化、超大型核兵器と運搬手段開発のための事業を順調に行い、核武器兵器化をしっかりと実現したことを厳粛に闡明」して並進路線は終了した。

　同会議で採択されたもう1つの決定書である「革命発展の新たな高い段階の要求に合わせて、社会主義経済建設に総力を集中することに対して」では、

① 　党・国家の全般活動を社会主義経済建設に志向させて全力を集中する。
② 　社会主義経済建設に総力を集中するための闘いにおいて党および勤労者団体組織と政権機関、法機関、武力機関の役割を高める。
③ 　各級党組織と政治機関は党中央委員会第7期第3回総会の決定執行状況を定期的に掌握して総括し、貫徹するようにする。
④ 　最高人民会議常任委員会と内閣は党中央委員会総会の決定書に提示された課題を貫徹するための法的、行政的、実務的措置を講じる。

として、経済建設が党と国家の主要な任務であることを明らかにしつつ、経済建設の方法については、従来通りの政策を維持することを示唆している。

　2019年12月28日〜31日に開かれた朝鮮労働党中央委員会第7期第5回総会で金正恩朝鮮労働党委員長が報告を行い、米国の本心について「制裁を引き続き維持してわれわれの力を次第に消耗、弱化させることである」と断じた。そして「現情勢はわれわれが今後も敵対勢力の制裁の中で生きていかなければならないことを既定事実化し、各方面で内部の力をより強化することを切実に求めている」とし、それに対して「われらの前進を妨げるあらゆる難関を正面突破戦によって切り抜けていこう！」をスローガンとし、「正面突破戦で基本部門は経済部門である」と述べ、国家経済活動システムの中核である内閣責任制、内閣中心制を強化するための根本的な方途について明らかにした。金正恩委員長は「経済の発展を促し、活動家の役割を強められるように全般的な機構システムを整備するための革新的な対策と具体的な方案」「それに基づいて経済管理を改善するための活動を強く推し進められる現実的な方途」を明らかにし、制裁を所与の前提としながらも、経済改革を推し進める政策を提示した。

Ⅳ ｜ 朝鮮に「改革・開放」があるのか

　これまでみてきたように、朝鮮の現存のシステムは1972年の「朝鮮民主主義人民共和国社会主義憲法」で定められた生産手段の社会的所有にもとづく、社会主義計画経済を継承している。しかし、1990年代中盤以降、経済の現実は大きく変化している。公式メディアの報道にはあまり出てこないが、国民生活は市場など、非国営部門に大きく依存するようになり、国営商店の価格も、多くは合意価格（市場価格）となって現在に至っている。また、1990年代後半からの2000年代中

盤にかけての金正日時代の経済改革により、国営企業の経営形態も、単に国家から割り当てられた計画数値を満たすだけでなく、非国営部門との関係の中で収益を上げることを重視するようになってきている。

　朝鮮で現在、社会主義計画経済の軸とされているのが、経済計画と生産手段の社会的所有であるが、前者は随時提起される注文を計画に組み入れるなどして柔軟な対処を可能にすることで、その硬直性にメスを入れようとしているが、後者については朝鮮労働党や朝鮮政府も社会主義の根幹として変更に慎重で、私有化や民営企業を認めようとしない。ただし、国営企業や協同農場をはじめとする社会協同団体の経営については、非国営部門との関係性や本業と副業の関係において、かなり柔軟になってきている。また、軍需品生産との関連で、産業政策においては、国内に「フルセット型」（すべての産業分野を、一定レベルで一国内に抱え込んでいる経済構造）をもつことにこだわりがある。

　このような傾向から分かることは、経済の活性化のために、金正日時代よりもはるかに柔軟に対処している部分がある一方、制裁下での軍需品生産を可能にする工業体系の放棄や朝鮮労働党の指導が弱化するような動きについては、これを拒否しているということである。また、戦争の可能性が否定できない以上、産業政策においても聖域が多く、対外経済関係の拡大を志向しつつも、輸出主導型産業を主要な産業にすることを阻んでいる。

　朝鮮において、資本主義国際市場への依存と、市場経済化への移行を意味する「改革・開放」は現在のところ時期尚早であるといえる。しかし、米国との対立関係に大きな変化がみられ、朝鮮戦争の休戦協定を平和協定に変更するなどして戦争の可能性が遠のいてくれば、朝鮮労働党が朝鮮社会を指導するという原則を残して、それ以外の政策には変化の可能性があるとみるべきであろう。

<参考文献>
・大内憲昭『朝鮮民主主義人民共和国の法制度と社会体制』（明石書店、2016年）
・中川雅彦『朝鮮社会主義経済の理想と現実』（アジア経済研究所、2011年）
・三村光弘『現代朝鮮経済』（日本評論社、2017年）

Further Lesson 5

朝鮮における経済管理

三村光弘

　朝鮮民主主義人民共和国社会主義憲法（2019年4月改正）では、経済を社会主義経済と規定し、政治的指導と経済技術的指導、国家の統一的指導と各単位の創意性、唯一的指揮と民主主義、政治道徳的刺激と物質的刺激を対立的概念として、これらの概念を「正しく結合させ、実利を保証する原則」をもっている（32条）。また、具体的な管理方法としては、以前は工場においては、工場内の朝鮮労働党委員会が工場の意思決定を行う「大安の事業体系」を、農業においては道農業経理委員会と郡協同農場経営委員会が企業的方法で指導する体系を原則としていたが、2019年4月の改正で「内閣の役割を決定的に高める」に変更され、同時に「社会主義企業責任管理制」の実施が新たに規定された（33条）。また、計画経済を実行し、作成された「人民経済発展計画」を基礎として経済が運営されると規定する（34条）。国家予算も人民経済発展計画に従って編成され、執行される（35条）。対外経済関係について、貿易は「国家機関、企業所、社会協同団体が行う」とされ、「平等と互恵の原則で対外経済関係を拡大発展させる」としている（36条）。海外直接投資については「国家はわが国の機関、企業所、団体及び外国法人または個人との企業合弁及び合作、特殊経済地帯での様々な企業創設運営を奨励する」（37条）との規定をもつ。

　多くの餓死者を出し、「苦難の行軍」（1996年1月〜2000年10月）と形容された経済危機が収束をみせはじめた1998年頃から2000年代前半にかけて、朝鮮では自国の経済を社会主義世界市場がなくなった後の世界の趨勢に合わせ、活性化させるためにさまざまな改革措置を行った。まずは国営企業のリストラ、経済計画作成方法の変化からはじまり、その後企業管理方法の変化、価格や給与の見直し、農民市場の地域市場への拡張などへと進行していった。国営企業のリストラは、動いている企業をつぶすことよりも、能力のある企業を選んで動かしていくことに重点が置かれ（中川・後掲書参照）、具体的には生産の専門化であった（朴・後

掲論文36頁）。また、経済計画作成方法の変化は主に、現実的な計画を作成するための作成過程の簡素化と策定権限の下部機関への移譲、質的指標、貨幣的指標の計画化の重視であった（朴・後掲論文34-35頁）。その後の引き締めで、計画における中央の役割は再び強化されたが、独立採算制をより積極的に解釈し、国家計画の完遂を条件としつつも、独立採算制が導入されている人民経済部門の国営企業の経営自主権を拡大するようになっていった。

　日本貿易振興機構（後掲書6頁）によれば、2013年から、協同農場で複数年にわたって田畑の担当者を固定し、その田畑の収穫高を分配に反映させる「圃田担当責任制」および現物分配等が実施された。同年4月から工業部門の独立採算制企業に対し計画権、生産組織権、分配権、貿易および合弁・合作権などの権限を与える措置が導入された。これらは同年8月に「社会主義企業責任管理制」として定式化され、2019年4月の改正時に憲法に盛り込まれた。

　現在、経済管理改善においては、社会主義原則の堅持、すなわち生産手段に対する社会主義的所有（私有化の否定）と集団主義原則の徹底（朝鮮労働党の指導）が重視されている。したがって、朝鮮経済はまだ市場化移行へと進んではないが、所有制に手を付けない「経営面での工夫」については否定されていない。したがって朝鮮が現在実行している「社会主義企業責任管理制」は、市場化移行を本格的に決断したものではなく、従来の政策の枠内での管理方法の改善に止まっていると評価できるが、経済の実態は大きく変化しており（三村光弘『現代朝鮮経済』〔日本評論社、2017年〕第6章）、今後実態を規範に落とし込んでいくことが必要とされていくだろう。中国やベトナムの例を見れば、その過程には少なくとも十年単位の時間が必要となろう。

<参考文献>
・中川雅彦『朝鮮社会主義経済の理想と現実』（アジア経済研究所、2011年）
・日本貿易振興機構『2017年度 最近の北朝鮮経済に関する調査』（2017年）
・朴在勲「工業部門と国家予算に見る経済再建の動き」中川雅彦編『金正日の経済改革』（アジア経済研究所、2005年）29-52頁。

Chapter 13

———

韓国〈財閥〉の発展と
法的問題

長谷川乃理

I ｜ 韓国における〈財閥〉の現況

　韓国の公正取引委員会は、資産総額10兆ウォン（日本円で約１兆円）以上の企業集団を「大規模企業集団」と定め、その情報を「企業集団ポータル」として公開している。上位15集団についてまとめたのが、次頁の表である。この大規模企業集団の2018年度売上高（1581兆ウォン）は、韓国のGDPの約６割を占める。

　韓国の大規模企業集団の多くが、総帥を擁するいわゆる「財閥」である。財閥は、創業者とその家族（総帥一家）がその所有および経営を「実質的に」支配する水平的組織であり、多角的に事業を展開している企業集団である。表によれば、各財閥の総帥と総帥一家が直接所有する持分（総帥一家持分率）はほとんどが10％未満である。しかし、従来、財閥ではグループ内の各会社が相互に株式を保有する（これを「内部持分」という）ことで、総帥一家が実質的に半数近くの株式をコントロールすることを可能としてきた（表より、内部持分率の高さがわかる）。この従来型の株式所有構造を「循環出資」という。

　韓国の財閥は、韓国経済上良くも悪くも非常に大きな存在である。財閥の存在を維持しつつ、いかに循環出資とその弊害をコントロールするかが韓国商法・公正取引法等にとっての一大テーマであった。

表　2019年大規模企業集団(出典:公正取引委員会企業集団ポータル統計データベース)

順位	企業集団名	系列会社数	資産総額 (100万ウォン)	総帥一家持分率(%)	内部持分率(%)
1	三星	62	414546722	0.94	44.85
2	現代自動車	53	146773351	3.58	53.12
3	SK	111	130636715	0.46	59.71
4	LG	75	68826154	3.54	41.23
5	ロッテ	95	64560770	2.72	62.56
6	ポスコ	35	54918989	38.89	57.67
7	ハンファ	75	38978873	1.57	58.31
8	GS	64	31724953	11.07	59.85
9	農協	44	51781818	44.21	89.67
10	現代重工業	31	30654835	0.65	65.18
11	新世界	40	20134323	2.63	73.03
12	KT	43	18336092	40.09	45.31
13	韓進	32	17246316	3.33	58.71
14	CJ	75	16515929	9.07	68.1
15	斗山	23	12252382	2.33	40.6

II ｜〈財閥〉の発展と規制

1　財閥の生成と成長

　日本の植民地支配から解放された後、朝鮮総督府およびその下部機関、日本人が設立していた各種社会団体、法人、民間の日本人が所有または支配していた財産（帰属財産）は、植民地時代朝鮮の総資産の多く（70〜80%）を占めていた。この帰属財産はいったん米軍政庁が取得した後、10年以上をかけて民間に払い下げがなされた。

　この時に、一部の（当時の政権と関係の深い）商人に対して有利に払い下げられ、同時に援助物資の有利な配分などがなされた。一部の財閥は、これらの資産を活用して急速に貿易など事業の拡大を成し遂げた。とくにこの時期、三星財閥の創業者である李 秉 喆（이병철）は、他の事業家が貿易事業に依存するなか、いち早く製糖事業・毛織物事業など輸入代替工業化を実践していた。

　その後も、朴正熙政権が政府主導の経済開発を進めるなかで、財閥は海外借款導入に対する政府の支払保証を受けるなど、積極的な支援を受けて、韓国の経済とともに成長した。

2　通貨危機以前の財閥

　財閥が成長するにつれて、その存在感が増すと同時に、財閥による富の集中、そしてそこから来る貧富の格差が問題視されるようになった。財閥による市場の独占・寡占（市場集中）と一般集中に対応するため、1981年に公正取引委員会が設置され、1986年12月には「独占規制および公正取引に関する法律（公正取引法）」により、持株会社の設立が禁止された。また同年、公正取引委員会は大規模企業集団指定制度を開始し、財閥を含む大規模企業集団に対して、資本の水増しを防ぐために相互出資を禁止した。また、大規模企業集団がさらに拡張することを抑制するため、大規模企業集団に属する企業は国内他企業に対して純資産額の40％以上を出資できないという、出資総額の制限がなされた。その後、企業集団内の債務保証も制限された。

　財閥に対する規制が進む一方で、政府は先進技術産業育成などの財閥支援も行い、規制と支援が交錯するなかで財閥はさらに多角化していった。なかでも、国営であった金融業が民営化されたことで、財閥は銀行、保険、証券等の金融機関に進出し、それまで政府を介して得ていた資金を自ら調達しうるようになり、財閥はよりその立ち位置を強いものとしていった。

3　通貨危機後の財閥規制

　1997年7月、タイから始まった通貨の暴落の波は、韓国のウォンに対しても容赦なく押し寄せた。韓国第2の鉄鋼会社であった韓宝鉄鋼など、財閥を構成する主要な会社が相次いで破たんし、破たんした企業グループに貸出を行っていた金融機関が多額の不良債権を抱えるなど、韓国はデフォルトの危機に陥った。これを打開するため、1997年12月に、韓国はIMFおよび世界銀行に対し、外貨決済のための緊急支援融資を要請した。IMFはとくに財閥における相互財務補償が限界企業を温存すると指摘し、融資の条件の1つとして、財閥の結合財務諸表の作成・開示などの透明性の確保等、コーポレート・ガバナンス改革を断行することで市場の信頼を取り戻すことを挙げた。

　また、この時期までに韓国国内でも韓国のコーポレート・ガバナンスに対する外国人投資家の強い不満が契機となってコーポレート・ガバナンス論が活性化しつつあったが、さらに通貨危機に直面して、財閥の過度の多角化による非効率的

な経営や粉飾会計に対する責任を大株主の独善的経営に求めるなど、経営責任の
明確化が強く求められるようになった。

　そこで、1998年から各種の法改正によるコーポレート・ガバナンス体制の確立
が模索された。まず、個別の会社に対する規制として、（旧）証券取引法は1998
年1月の改正で大規模上場会社に対する特例を置き、取締役の責任追及のための
少数株主権、たとえば株主代表訴訟提起権（日本と異なり、韓国の株主代表訴訟
提起権は単独株主権ではない）や、違法行為差止請求権の行使要件を商法よりも
引き下げた。また、透明性を確保するために電磁的公示制度を導入した。4月の
改正では、資本金の10％以上にあたる額を他の会社に出資または債務保証する場
合に公示することが義務づけられた。また、1998年2月には大企業の外部監査に
ついて定める「株式会社の外部監査に関する法律（以下、「外監法」とする）」は、
監査人および会計関係者の責任を強化し、従来は定時株主総会で選任されていた
外部監査人の選任委員会についての規定を置いた。また、外監法は大規模企業集
団に指定された企業集団に対し、原則として系列企業すべてを含む結合財務諸表
（日本でいう連結計算書類）の作成を義務づけた。そして、商法は取締役の忠実義
務を明文で規定し、少数株主権の行使要件をすべての株式会社につき引き下げた。
その後、2003年の外監法改正では、日本でいう内部統制システムにあたる「内部
会計管理制度」の構築が義務づけられ、また、会社と外部監査人が手を組んで不
正会計を行わないよう、上場法人については6事業年度、その他の外監法適用会
社については3事業年度を超えて同一の監査人を選任することが禁じられた。

　さらに1999年12月の証券取引法改正では、上場法人に対し、取締役総数の4分
の1以上（大規模上場法人については2分の1）以上を社外取締役とすることが
義務づけられた。その後、資産規模が2兆ウォン以上の大規模上場法人には、社
外取締役で構成される監査委員会の設置も義務づけられた。上場会社以外の会社
についても、定款に定めることで取締役会内に2人以上の取締役による委員会を
設置することが認められた。代表取締役の選解任等一部の業務を除き、取締役会
内委員会の業務内容は原則として各会社が自由に委任することができるが、監査
委員会については、その設置と監査委員の選任につき詳細な規定が置かれた。

　財閥に対しても、1998年1月に財閥改革に関する5原則（①財務構造の改善、
②企業経営の透明性向上、③相互債務保証の解消、④コーポレート・ガバナンスの
強化、⑤経営の重点部門の設定）が発表され、規制が強められた。この原則③に
もとづき、まず1998年4月の証券取引法改正により、資本金の10％を超えて他の

会社に出資または債務保証する場合に公示することが義務づけられた。また、④については、いわゆる「事実上の取締役（韓国では「背後理事」）」が取締役としての責任を負うことが規定された。この規定が設けられるまでは、各財閥の総帥は、法的責任のある会社役員（取締役等）に就任することなく、「経営企画室」「会長秘書室」等の名称を用いて財閥グループを構成する各会社に指示を出していた。財閥総帥のように、取締役ではないにもかかわらず、自己が会社に対して有する影響力を利用して取締役に業務執行を指示したり、経営権を事実上行使したりする者が、会社および第三者に対して取締役と同様の責任を負うこととされたのである。

　また、財閥の総帥一家を意識して、社外取締役（特に監査委員）の欠格要件が厳格に定められた。選任前2年以内に会社あるいはその親・子会社の取締役または被用者であった者、最大株主（最大株主が自然人の場合はその配偶者、直系尊卑属。最大株主が法人の場合は取締役、監査役または被用者）、取締役の配偶者または直系尊卑属、取引関係等のある会社の取締役・監査役または被用者は社外取締役となることができないとされた。

　財閥に対する規制は、政府主導による財閥同士の再編（いわゆるビッグディール）を進めるため、コーポレート・ガバナンスに関する部分は大幅に強化された一方で、緩和された部分もあった。それまで設立（または転換）が許されてこなかった持株会社が、一定の条件（資産総額が1000億ウォン以上、純資産に対する負債比率が100％以下。金融・非金融会社の同時所有禁止等）のもとに設立できるようになった点である。従来持株会社が設立できなかったことにより、循環出資の複雑な持株体系の上に「経営企画室」等を置く指揮・命令体制が持株会社の代わりに利用され、財閥総帥らの法的責任が不透明であった状況を改善するための規制緩和であった。しかし、この時点ではLGを除く大規模財閥が持株会社体制に移行することはなかった。

Ⅲ ｜ 財閥の世代交代と「経済民主化」

1　財閥に対する監視の強化と世代交代

　通貨危機の後、とくに上場会社の株式所有構造は大きく変化した。負債比率の減少という目的のために上場会社がとった手段は、IMF等が期待した負債の圧縮

ではなく、株式の大幅な発行による自己資本の拡大であった。

　発行された株式の行先は、財閥グループ内の循環出資の拡大にとどまらず、機関投資家、とくに外国人株主であった。三星財閥の主要会社である三星電子の場合、財閥総帥である李健熙（이건희）の持分が15％に満たないのに対して、外国人の持分率は60％近くに達していた。外国人株主は、国内の市民団体とともに活発に財閥の監視を行うようになった。これを受けて、2003年には、ソウル高等法院が、持株会社である親会社株主に対し、子会社取締役に対する責任追及訴訟（いわゆる二重代表訴訟）の原告適格を認定した（ただし、後に大法院で破棄された）。また、証券取引法上の違反行為により投資家が損害を被ったときに、株式等の発行者や事実上の取締役に対し責任追及することを可能とする「証券関連集団訴訟法」が2003年12月に制定された。

　財閥に対する監視が厳しくなる一方で、財閥による不祥事は後を絶たなかった。とくに、財閥の総帥が政治資金や世代交代のための資金（財閥グループの主要会社の株式買受費用、相続税等）を捻出する事例が相次いだ。現代自動車財閥は、2002年に現代自動車の子会社であるグロビス社等5社との不正取引を通じて資金を捻出し、会長である鄭夢九（정몽구）が背任罪および横領罪で逮捕された。その後もグループ内の閉鎖会社を故意に急成長させ（逆に言えば、グループ内の内部取引で他のグループ会社に損失を与えて）、その配当および株式の公開による売却で利益を得ていた。新世界財閥は、グループ子会社である光州新世界の株式を総帥の子息が安価に取得したとして、取締役としての競業避止義務違反の責任と、新世界の事業機会を不当に流用した責任を問われた。三星財閥も、世代交代に際して問題が多発した。まず、総帥一家がすべての持分を保有していたサムスンエバーランドの転換社債を、総帥の長男であり副会長である李在鎔（이재용）が安価に入手した疑いで、総帥である李健熙は特別経済犯罪加重処罰法上の背任罪に問われた。その後も、三星財閥グループ内の大企業である三星物産の株式価値をあえて不当に低くしたうえ、実際の資産規模や売り上げ実績とはまったく異なる合併比率で第一紡績と合併し、三星物産の既存株主である海外ヘッジファンドらが反対運動を起こした。合併自体は国民年金等の機関投資家の賛成により承認されたが、この賛成に際して、総帥側が当時の政府に働きかけ、政府が国民年金に影響力を行使したとして関係者に有罪判決が下された。

2 「経済民主化」と財閥

韓国憲法119条1項は「大韓民国の経済秩序は、個人と企業の経済上の自由と創意を尊重することを基本とする」とし、2項は、「国家は均等な国民経済の成長及び安定と適正な所得の分配を維持し、市場の支配と経済力の濫用を防止し、経済主体間の調和によって経済を民主化するために、経済に関する規制と調整を行うことができる」と定めている。同じ「経済民主化」という用語を使うといっても、1項を重視しているか、2項を重視するかによって政策は異なり得る。

1項を重視した保守政権は、2016年8月に「企業活力向上のための特別法」を施行し、各種の組織再編を迅速に行うことを可能とした。具体的には、小規模分割、小規模合併の場合には株主総会を省略でき、債権者による組織再編に対する異議申述期間は大幅に短縮された。また、企業結合審査の開始手続が簡略化され、持株会社への移行の足かせとなっていた債務保証の解消や負債比率の改善のための期間が延長された。その他、資金調達のための期間延長や課税の繰り延べなども認められた。この時期に、ロッテ財閥や三星財閥などが相ついで持株会社体制に移行する意向を表明した。2010年時点で76社であった持株会社数は、2019年には173社に増加している。

これに対し、2項を重視する革新政権は、財閥の経済力濫用を防止するための経済民主化法案を強く主張している。具体的な内容としては、財閥における経営陣の責任追及を容易にするための多重代表訴訟制度の導入、監査委員会委員である社外取締役を他の取締役と分離して選出する制度の導入、電子投票制や集中投票制の利用促進、および従業員持株会による社外取締役（従業員代表取締役）選出を強制するというものである。また、社外取締役の欠格要件をさらに厳格化するという立法提案もなされている。とはいえ、これらの提案には反発も多く、未だ立法には至っていない。

財閥の存在を「コントロール」するために最も適合的で合理的な法制度をいかに構築するかについては、国内外の環境の変化も合わせて今後も模索が続く。

<参考文献>
・今泉慎也＝安倍誠編『東アジアの企業統治と企業法制改革』（アジア研究所、2005年）
・高沢修一『韓国財閥の通信簿』（財形詳報社、2018年）

Further Lesson 6

韓国経済のマクロ的概観

中島朋義

　本稿では韓国経済の実態について、基本的な統計である国内総生産（GDP）と物価の動向を紹介する。マクロ的な視点から韓国経済に対する読者の理解を深めたい。

I　国内総生産（GDP）

　最初にGDP（Gross Domestic Product：国内総生産）の概念について説明を行いたい。経済学における付加価値とは生産額からその生産に使用された原材料などの中間投入を引いたものとして定義される（(1)式）。また、付加価値は分配面でみると、生産に使用された資本の対価である利潤と、同じく使用された労働の対価である賃金に分けられる（(2)式）。マクロ経済分析の最も基礎的な概念となるGDPは、一国内で生み出されたすべての付加価値の合計であり、生産額の合計ではない。

　付加価値＝生産額－中間投入(1)
　付加価値＝利潤（配当、内部留保等）＋賃金(2)

　GDPを需要の項目別でみると、(3)式にあるように消費、投資、政府支出などの国内需要（内需）と、輸出から輸入を差し引いた純輸出という海外需要（外需）によって構成されている。

　GDP＝消費＋投資＋政府支出＋輸出－輸入(3)

　（図１）は韓国の2001年以降の、物価上昇を差し引いた実質GDP成長率（折れ

線グラフ）と需要項目別の寄与度（積上げ棒グラフ）を表している。各項目の寄与度を合計すると成長率とほぼ一致する。

　2000年代、韓国経済は概ね4〜5％台の実質成長を記録していた。しかし、2008年の米投資銀行リーマン・ブラザースの破綻以降、深刻化した世界金融危機は韓国経済に大きな影響を与え、成長率は2009年には0.7％にまで低下した。その後2010年には、1997年のアジア通貨危機後にみせたV字回復の再現ともいうべき目覚ましい回復をみせ、6.5％の成長を達成した。しかし、2011年には欧州の財政危機の影響を受け、成長率は再び低下し3.7％に止まった。それ以降は2〜3％台の成長が続いており、2000年代よりも成長率は低下している。

　2018年の経済成長率は2.7％で、需要項目別の寄与度をみると、内需では消費を示す民間最終消費は1.4％、投資を示す固定資本形成はマイナス0.7％を記録した。一方、外需である財・サービスの純輸出は前年のマイナスからプラスに転じ

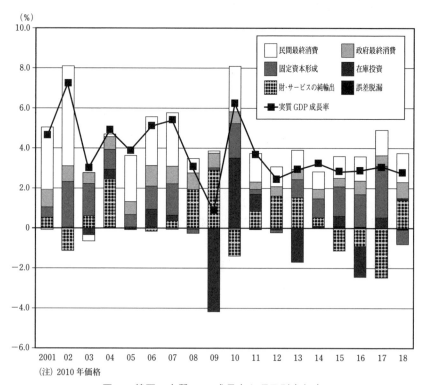

図1　韓国の実質GDP成長率と項目別寄与度

て1.4％となっている。

　2000年代以降のGDPの動きを概観すると、韓国経済の成長において外需の果たした役割が大きかったことが理解できる。韓国経済は海外との結びつきなしにはその成長を維持することが困難な特性をもっている。

　なお、リーマンショック後の2009年に外需（純輸出）の寄与度が大きくなっているのは輸入の減少によるもので、輸出自体も同時に大きく減少している。

II｜物価

　つぎに、やはりマクロ経済をみるうえで重要な統計である物価の動向をみてみたい。ここでは輸入物価、生産者物価、消費者物価の3種類の統計を取り上げる。

　2008年にはリーマンショックによる為替レートの大幅な減価（自国通貨であるウォン安）が起こり、ウォンベースの輸入物価の上昇率は36.2％に高まった。この影響で国内物価の上昇率も、生産者物価が8.5％、消費者物価が4.7％と高まった（図2）。しかし、2009年に入ると為替レートの減価は継続したが、原油など資源価格の低下によって、輸入物価はマイナス4.1％と低下し、生産者物価もマイナス0.2％となった。消費者物価も2.8％とほぼ金融危機前の水準に戻った。

　2010年以降は再び輸入物価の上昇傾向がみられ、国内物価も上昇した。2012年

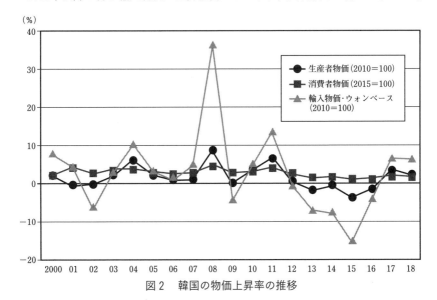

図2　韓国の物価上昇率の推移

以降は資源価格の下落などにより、輸入物価が再び下落に転じ、2015年にはマイナス15.3％となった。これに伴い2015年の生産者物価はマイナス4.0％とマイナスを記録し、消費者物価も0.7％と低い水準で推移した。その後2017年以降は輸入物価、生産者物価ともプラスに推移している。

　このように物価の面からみても、韓国経済は為替レートの変動や、資源価格の動きを通じて、国際経済の影響を強く受ける性質を有していることが理解できる。

<参考文献>

・環日本海経済研究所『北東アジア経済データブック2019』(環日本海経済研究所、2019年)

Column 5

接待文化と請託禁止法

「申し訳ありません、私の一存では受け取れません」

　韓国では一般的に、各教員の指導を受ける大学院生が「助教」として教員への取次ぎをする。お世話になっている先生がご不在の時には、この助教にお土産を預けていくのだが、ある日突然「受け取れない」と言われてしまった。これは、2016年9月の「不正請託および金品等収受の禁止に関する法律（以下、請託禁止法）」施行直後の話である。この法律は「金英蘭法」とも呼ばれる。

　請託禁止法は、「公職者等」（国会議員などの公務員や韓国銀行、公企業の職員のみならず、公立・私立学校の教職員やマスコミ（インターネット新聞事業者を含む）の役職員と、それらの配偶者を含む）に対して、不正の請託をすること、および金品等を受け取ることの禁止を目的として制定された。「不正の請託」とは、許認可等に際して違法に許可または取消処理をさせようとする行為、公的な人事・契約相手の決定や受賞等に関与しようとする行為、入札等の秘密を漏洩させようとする行為等14種類の行為である（請託禁止法5条）。また、金品等（現金や有価証券、飲食物や宿泊チケットなども含む）を同じ人から一度に100万ウォン（日本円で約10万円）、1年間（1会計年度）で300万ウォン（約30万円）以上受け取ると、不正な目的がなかったとしても違法とされる（請託禁止法8条）。例外として、「円滑な職務遂行または社交・儀礼または扶助の目的」の範囲内であれば許容される。この「範囲」とは飲食費3万ウォン（約3000円）、贈り物5万ウォン（約5000円）、慶弔費10万ウォンである（約1万円）。不正請託を受けた場合、また金品を受け取った場合に正直に申告しなかった公職者等には罰則があり、違反を発見して申告した者に対しては褒賞も定められている。

　韓国の贈答文化を覆しかねない請託禁止法の制限はその後も議論が続いた。とくに農畜水産物の売上が施行後2年で9020億ウォン（約902億円）も減少し、4000人を超える失業者が出たことが報告された。そのため、贈答範囲の上限を農畜水産物に限って倍増する改正案が国民権益委員会で審議されたが、改正には至っていない。伝統文化と健全な競争の両立を模索する試みは、これからも続く。

（長谷川乃理）

Chapter 14

韓国の高齢期所得保障
──孝から法へ

片桐由喜

I │ 韓国社会の様相──高齢者を視点に

1 漢江の奇跡から低成長経済へ

　韓国は、1945年に日本の植民地支配から解放された後、今日に至るまでダイナミックな社会変化を経験している。すなわち、上記解放後、わずか5年で朝鮮戦争（1950～1953年）に突入し、国土は焦土と化した。しかし、1960年代半ばからは高度経済成長期に入り、これはその著しい発展ぶりから「漢江の奇跡」と呼ばれる。その結果、かつて大きかった日韓の経済力の格差は縮小し、韓国は東アジアの経済大国の1つとなった（表1）。

表1　日韓の1人当たり国内総生産（ドル）購買力平価

	1970	1990	2010	2018
日本	3,283	19,549	34,994	41,502
韓国	620	8,488	31,741	42,136

出所）OECD統計資料

　韓国では高度経済成長期に蓄積された国家の富は重化学工業発展、道路や港湾の整備などに回され、国民生活の安定と安心につながる社会保障政策には十分に振り分けられなかった。まずは国土再建であり、国民生活の向上は後回しとなった。これを「先成長・後分配」という。また、高度経済成長を契機に、日本同様、韓国社会も大きく変化した。すなわち、都市化、産業化が進行し、第1次産業従事者が全産業就業者に占める割合は激減した（1963年の60.6％から2014年の5.7％

へ）。

　1997年のIMF危機を経て、経済成長は鈍化し、21世紀に入り、韓国も低成長期時代に入った。加えて、IMF危機以降、経済基盤が脆弱な非正規労働者が増加し、2018年現在、労働者３人に１人が非正規労働者である（韓国統計庁。以下、「統計庁」という）。

2　私的扶養能力の弱化

　経済成長やそれに付随する社会変化に伴い、個人のライフスタイルも変化することは、いずれの国家においても普遍的にみられる現象である（韓国における家族法の変化については、Chapter24〔246頁〕参照）。「早婚・多子・短命」社会から「晩婚・少子・長命」社会への変化はその典型である。

　韓国もまた、「晩婚・少子・長命」社会に移行した。すなわち、合計特殊出生率は0.98であり、これはOECD諸国中、最低値である。高齢化率は14.9％（2019年）、平均寿命（2018年）は男性79.7歳、女性85.7歳と日本と変わらない長寿社会である。

　韓国をはじめとする、いわゆる新興国はこのような社会変化のスピードが速いのが特徴である。たとえば、高齢化社会（65歳以上の高齢者が全体に占める割合が７％以上の社会）から高齢社会（同14％以上の社会）に至るスピードは日本が24年、韓国は18年、高齢社会から超高齢社会（同21％以上）に至るそれは日本が12年、韓国が８年（見込み）である。

　経済的な豊かさは、社会のあり様を変えるだけではなく、人々の意識も変えてきた。とりわけ、家族に関する意識である。

　儒教が社会や家族の関係を規律する規範として用いられた韓国は、長く孝の国として知られてきた。したがって、かつては、何をおいても親への孝行が優先し、孝心が尊ばれた。しかし、農業社会から産業社会となって、典型的な家族は「都市の集合住宅に暮らす核家族」となった。老親とその子ども世帯が一緒に暮らし、子どもが老親を養うといった家族形態をみることは今や困難である。実際、2018年の三世代同居率は4.5％にすぎない（統計庁）。

　社会のあり様や家族形態の変化は儒教の教えの柱である孝の精神を弱化させ、老親扶養に対する意識を変えた。韓国保健社会研究院の調査によると（2019年）、老親扶養は誰が担うべきかとの質問に対して、2002年には調査対象者の70.7％が

家族と回答したが、2018年にはそれが26.7％と大きく減少した。実際にも、60歳以上の世帯の家計収入の構成割合をみると、子どもからの仕送りは、2009年には31.4％を占めていたが、2019年には17.7％とほぼ半減した（統計庁）。少ない子どもらが老親の長い老後を経済的に支援することが難しい時代となったのである。

　子どもらによる扶養、すなわち私的扶養能力の低下を補い、それに代替するのが、社会的扶養と呼ばれる公的年金（以下、年金）や公的扶助などの所得保障制度である。韓国もまた、多くの国同様に所得保障制度を整備し、施行している。それにもかかわらず、韓国社会の大きな社会問題の１つが高齢者の貧困であり、同国の高齢者貧困率は42.2％とOECD諸国中、最高値を示す。

　そこで以下では、韓国における高齢期の所得保障制度を概観し、それが親孝行に代わる仕組みとして、十分に機能しているかを検討する。その際、日本との比較に言及しながら、韓国の制度の特徴や課題を明らかにしたい。

II｜高齢期の所得保障制度

1　私的扶養から社会的扶養へ

　韓国憲法34条は日本国憲法25条に相当する生存権規定であり、その１項で「すべて国民は人間らしい生活をする権利を有する」と定める。これを根拠として多くの社会保障立法がなされ、そのもとで各種制度が創設されてきた。

　なかでも所得保障制度は、防貧、救貧という重要な機能を有し、国民が安心して暮らしていくために不可欠の制度である。とりわけ、定年退職をして収入源を失った高齢者にとって、また、今日、そして、将来、子どもたちからの支援を期待できない老親にとって、両制度は生きていくうえでのセイフティネットである。

　現在、韓国の高齢者には主として３種類の所得保障制度が用意されている。第１は、国民年金法上の老齢年金、第２には基礎年金法上の基礎年金、第３が国民基礎生活保障法上の各種給付である。

2　国民年金制度

　日本では明治時代に軍人と官吏（現在の公務員）のための年金制度がつくられ、一般国民を対象とする年金制度がつくられたのは昭和に入ってからである。20歳

以上のすべての国民が年金制度に加入する、いわゆる国民皆保険は1961年に達成された。

　韓国でも、日本同様、年金制度はまずは公務員（公務員年金法〔1960年制定〕）と軍人（軍人年金法〔1963年制定〕）のためにつくられた。続いて、国民年金法を1988年に制定し、まずは大企業の会社員などが年金制度の加入者となった。その後、国民年金法の数次にわたる改正により、徐々に加入者の範囲を拡大し、1999年、自営業者が加入者となって国民皆保険が達成された。

(1) 加入者

　18歳以上60歳未満の者で公務員や軍人ではない国民が国民年金の強制加入者となる。この加入者は事業場加入者と地域加入者の2つに分類される。1人以上の従業員がいる事業場に勤務する者が事業場加入者、事業場加入者ではない18歳以上60歳未満の者が地域加入者となる（自営業者や農民など）。

　ただし、公務員年金や国民年金の加入者の配偶者であって所得がない者（いわゆる専業主婦／主夫）、18歳以上27歳未満の学生、および、軍役に服務している者などは強制加入の対象から除外される。なお、彼らは任意加入することができる。

　この意味で完全な国民皆保険とはいえない。日本においても専業主婦／主夫が強制加入対象者となったのは1985年、20歳以上の学生の場合は1991年であった。日本において、真の意味での国民皆保険は、国民皆保険達成といわれる1961年から30年を経て実現した。

(2) 老齢年金

　国民年金法には老齢年金、障害年金、および、遺族年金の3種類があるところ、本稿では老齢年金を中心に検討する。

　老齢年金の受給権者は10年以上の加入期間がある60歳以上の者である。ただし、2011年の法改正により、受給開始年齢が段階的に引き上げられ、最終的な受給開始年齢は65歳となった。なお、10年以上の加入期間がある場合には、55歳から減額された老齢年金を受給できる（早期老齢年金）。

　老齢年金の計算式は、〈基本年金額×支給率＋扶養家族年金額〉である。加入期間が20年以上の場合の支給率は100％、10年の場合は50％となり、10年を1年超えるごとに100分の5ずつ、支給率が増加する。上記基本年金額は、〈（均等年

金額＋報酬比例年金額）×乗率×加入月数〉で計算される。

　2019年現在、55歳から79歳までの高齢者のうち、老齢年金を受給している者は全体の46％にすぎない。つまり、半数以上の高齢者が無年金である。また、受給者全体の平均年金受給月額は61万ウォン（100ウォン≒10円）である。表２のとおり、受給額は低水準にとどまり、受給月額50万ウォン未満が全体の６割を超える。

表 2　受給月額年金別　受給者分布（単位:万ウォン、％）

金額	～10	10～25	25～50	50～100	100～150	150～	平均受給月額
割合	0.4	27.0	36.9	18.5	4.5	9.6	61万ウォン

出所）統計庁『2019　高齢者統計』

3　基礎年金制度

　国民皆保険達成から、ようやく20年が経過したこともあり、まだ加入期間の短い受給者が多い。そのため、上述のとおり、年金額が少ない高齢者が多く、国民年金法上の老齢年金が高齢者の所得保障として十分に機能していないのが現状である。加えて、先に述べたとおり私的扶養能力が弱化している。預貯金などの資産が乏しい高齢者は容易に経済的困窮に陥る可能性が高い。これが韓国の高い高齢者貧困率の背景である。

　そこで、韓国政府は拠出制の老齢年金の支給水準が低いことや無年金高齢者が高齢者全体の半数を超えることを考慮して、2007年に基礎老齢年金法を制定し、高齢者のための無拠出制の現金給付制度を創設した。同法により65歳以上の高齢者のうち、一定額以下の所得水準にある者はだれでも基礎老齢年金を受給することができることとなった。その後、2014年に同法を廃止し、これに代わる基礎年金法を制定し、現在に至っている。

　基礎年金法は65歳以上の高齢者のうち、その所得が高齢者全体の下位70％に属する者が受給対象者となると定める。換言すれば、基礎年金は高齢者の７割に支給されるように制度設計されている。ただし、公務員年金等の受給者らは受給対象から除外される。

　基礎年金の受給者は一般受給者と低所得受給者に分類され、前者の基準月額は23万4,750ウォン（2019年）である。そして、一般受給者が国民年金法上の老齢

年金を受給する場合にはその受給額に応じて基準月額が減額される。一方、無年金高齢者等、低所得受給者の基礎年金月額は30万ウォンである。

　2018年現在、基礎年金を受給する高齢者は高齢者全体の67.1％、約513万人であり、このうち、老齢年金を受給している者は約40％である。

4　国民基礎生活保障制度

　国民年金と基礎年金を足しても、なお、最低限度の生活を営むことができない場合には、最後のセイフティネットである国民基礎生活保障制度が適用される。同制度は日本の生活保護制度に相当する制度である。日韓ともに、両制度による現金給付は、就労収入、各種年金、家族からの仕送りなど自分で用意できる収入の総額が国の定める最低生活費に足りないとき、その足りない部分を補うかたちで実施される。これを補足性の原則という。

　2018年現在、国民基礎生活保障給付の受給者のうち、高齢者が占める割合は32.8％、また、全高齢者の7.4％が同受給者である。国民基礎生活保障制度があるにもかかわらず貧困率が４割を超える状況は、困窮した高齢者に同制度による保護がいきわたっていない、あるいは、給付額が低水準であることをうかがわせる。

5　働き続ける高齢者

　私的扶養能力がかつてに比べて低下しているにもかかわらず、それを所得保障制度が十分に補えていないのが現状である。家族にも国家にも頼ることが難しい韓国の高齢者たちは、そのため働き続ける者が多い。

　高齢者の就業率は、2018年現在、日本が24.3％であるのに対し、韓国のそれは31.3％であり、この数字もまたOECD諸国中、最高値である。これに対し、ヨーロッパ諸国の同就業率は低い。たとえば、イギリス10.5％、フランス3.0％である（総務省『統計からみた我が国の高齢者』〔2019年〕）。

Ⅲ 高齢期の貧困の克服に向けて

1 低年金・無年金の背景

　国民皆年金にもかかわらず、なぜ無年金の高齢者が存在するのか、皆保険となって20年が過ぎたのにもかかわらず、なぜ、年金支給水準が低いのか。

　第1に国民年金制度の加入率、保険料納付率が低いことを指摘できる。皆保険達成とはいえ、2018年現在、加入対象年齢人口の加入率は80％である（以下の数値は国民年金公団『2018　国民年金センセン統計　Facts Book』より引用）。さらに加入者全体の保険料納付率は、2018年現在66.7％である。そもそも、納付率が50％を超えたのは2005年、60％を超えたのは2012年からである。

　現在においても国民年金の加入率や保険料納付率が十分ではないのだから、現在の高齢者の多くが、はるか昔の現役時代に国民年金に加入しなかった、あるいは、保険料を納付しなかった期間があることは容易に推察される。

　第2に、仮に加入したとしても、加入期間が短い者が多いことが挙げられる。2018年現在、20年以上の加入期間を有する年金受給者は全体の9％、10年以上20年未満のそれは37％である。半数以上の者が前述の早期老齢年金、あるいは、特例老齢年金を選択している。特例老齢年金とは皆保険達成時にすでに50歳以上であった者に5年間以上の加入期間があれば、60歳から支給される年金である。

　第3に現在の老齢受給者らの現役時代の賃金が低水準に抑えられていたことも低年金の要因といえる。冒頭に述べたとおり、「先成長・後分配」政策のもと、経済成長の成果はさらなる投資へと回され、賃金へは十分に反映されなかった。受給年金額は受給者の現役時代の収入に比例するため、現役時代の低賃金が高齢期の低年金に帰結しているのである。

　この傾向は今後、改善されるどころか、いっそう深刻さを増すと予想される。それは非正規労働者の多くが国民年金に未加入だからである。2018年現在、非正規労働者全体の年金制度加入率は63％、中でもパートタイム労働者のそれは40％にすぎない。しかも、仮に加入したとしても、彼らの賃金は正規労働者に比べて低い。将来、無年金、あるいは低年金の高齢者が今以上に増えることが憂慮される。

2　公平な社会の指標

　一方で年金制度は確実に成熟しつつあり、最近では国民年金への加入期間の長期化と賃金上昇により、老齢年金の平均受給年金額も増加し続けている。私的扶養が弱まるなか、早晩、日本同様に高齢者世帯の家計収入の大半を老齢年金が占める日が来るであろう。

　つまり、上述した無年金、低年金の高齢者の増加が予想される一方で、年金制度の成熟により老齢年金が高齢期の収入の柱となる高齢者の出現もまた見込まれている。このように二極化した高齢者の存在は、貧富の格差が深刻な韓国において、現役時代の格差が高齢期にそのまま引き継がれていることを意味する。

　現代の老親は私的扶養、つまり、子どもらの孝行心に頼って暮らしていくことは困難である。これに代えて、年金などの所得保障制度が高齢者の生計の糧となり、この傾向が逆行することはない。韓国もまた、生存権にもとづき、前述のとおり、高齢者を支える所得保障制度を用意している。

　所得保障制度は所得再配分機能を有し、すべての人に人間らしい生活を保障することを目的とする。この目的が達成されると、格差が縮小、緩和し、公正な社会の実現が可能となる。

　高齢者のための所得保障制度の充実や高齢期の貧困の程度は、最終的にはその社会がどれだけ公平であるかを示す指標ともいえる。経済的にも、人口動態的にも韓国は先進国の仲間入りを果たした。次なる課題は公平な社会の構築である。

<参考文献>

・石井光太『本当の貧困の話をしよう──未来を変える方程式』（文芸春秋、2019年）

・藤田孝典『下流老人』（朝日新聞出版、2015年）、同『続・下流老人』（同、2016年）

・高安雄一『韓国の社会保障──「低福祉・低負担」社会保障の分析』（学文社、2014年）

Further Lesson 7

韓国の移民・外国人労働者問題

吉川美華

Ⅰ ｜ 韓国における外国人労働者の現況

　韓国国家統計ポータルによれば、2018年12月末現在、韓国には236万人の外国人が在留している。これは韓国の人口の4.7％にあたる。1990年に人口比の0.1％だった外国人在留者数は30年足らずで47倍に増加した。

　韓国の外国人労働者は制度適用上、高度専門職と単純労働者で分けられている。単一の制度で対応していないのは外国人労働者の属性が極めて多様であるためだ。単純労働の場合も、４割を占める中国からの帰還労働者（以下、「中国同胞」という）、東南・南アジアからの移住労働者、故国への送金のために働く結婚移民者、不法在留者とさまざまである。労働環境改善のために移住労働者と民間支援団体が協同して政府に訴え、社会問題化してきたこともまた特徴である。

Ⅱ ｜ 高度専門職外国人を取り巻く制度

　韓国政府は早くからIT振興を念頭に各国の高度専門職人材を獲得するための優遇策を講じてきた。1994年から先端ITを担うグローバル人材誘致に向けたブレインプール事業をはじめ、2000年には革新技術を担う外国人に対して破格の条件の在留資格を与えるゴールドカードを発給、2013年からは海外で先端技術開発に携わってきた韓国系社員のスカウト事業、2016年からは情報通信分野専門人材誘致のため特定活動ビザ発給をそれぞれ開始している。

Ⅲ ｜ 中国同胞の在留資格の変遷

　中国同胞については、国交正常化当初、正式なビザがなくとも韓国内に居住する親族の招請状があれば入国できる特例措置がとられていた。しかし、不法就労や偽装結婚が社会問題となりその防止策として正式ビザによる入国義務づけ（出

入国管理法改正〔1994〕）、婚姻による韓国国籍取得条項の削除（国籍法改正〔1997〕）などの措置がとられた。また、韓国系外国籍者が韓国内で韓国国民と同等の金融、不動産取引を行える在外同胞の出入国と法的地位に関する法律（1999；以下、「在外同胞法」という）では、単純労働を担う中国同胞を同法の適用対象外とした。この措置が違憲と判断がされて以降も2002年の就業管理制、2007年の訪問就業制施行により、中国同胞を移住労働者よりは優遇することで、韓国政府は在外同胞法の中国同胞への無条件での適用を回避してきた。ただ、2012年には訪問就業制の在留期間満了に伴う一斉帰国による労働力不足を回避するために、指定資格取得を条件に、2015年には在外同胞法適用除外業種の縮小により同法の適用要件を緩和している。

IV｜外国人労働者と韓国政府の対応

　単純労働者の不足を補うために韓国政府は研修を建前とした海外投資業者研修生制度（1991）、外国人産業技術研修生制度（1993）、さらに2004年には移住労働者と韓国人労働者の労働条件を同等とすることを規定した外国人勤労者の雇用などに関する法律（以下、「EPS」という）を施行した。EPSで従事できる事業所は300人未満の製造業、建設業、農畜産業、サービス業、漁業に限られる。2020年３月時点で16カ国との政府間協定により毎年５万人程度が来訪している。

　長らく劣悪な労働環境が問題視されてきたが、移住労働者自らもこれに対し民間支援団体と協同して抗議行動を続けてきた。複数回にわたる明洞聖堂での籠城といった実力行動は行政指針の改変や汚職官僚の逮捕に繋がった。2015年には10年にわたる抗議行動の末、半数以上が不法在留者で構成される移住労組設立が大法院（日本の最高裁）で認められるなど、活動が結実した事例は少なくない。

　また、韓国政府は韓国産業人力公団主導で帰還者ネットワークを構築し、各国のEPSセンターで再就職展覧会を開くなど現地での就職支援活動も開始した。韓国政府は帰還労働者を通じた韓国の影響力拡大にも余念がない。

※統計数値は、韓国国家統計ポータル（http://kosis.kr）の分析にもとづく。

<参考文献>
・吉川美華「国境を越えた人々と法──韓国政府の新たな統合戦略」韓国朝鮮文化研究会編『韓国朝鮮の文化と社会（14）』（風響社、2015年）33-84頁

Chapter 15

韓国民法の比較法的意義
──日本民法(学) ⇆ 韓国民法(学)

中川敏宏

　日本民法典と韓国民法典を比較してみると、多くの類似性を見出す。1898年施行（1947年大改正）と1960年施行と時間的な間隔があるものの、その体系も用いられる法律用語も、極めてよく似ている。これは、植民地法制の歴史的展開に照らすと（Chapter 4〔32頁〕およびFurther Lesson 1〔40頁〕参照）、当然のことのように思われるかもしれない。そのため、家族法領域はともかく、財産法領域の韓国民法および韓国民法学は、わが国とあまり変わらないものとして認識され、比較法的考察の対象として重視されることがなかった。しかし近年、韓国の立法・司法のダイナミズムや日韓の学術交流の高まりもあって、韓国民法（学）が比較法の対象として注目されている。かつての「日本民法→韓国民法」という一方向の潮流から、「韓国民法→日本民法」という逆向きの潮流も生まれ始め（参考文献①など）、活発な学術交流なども相まって、「日本民法⇆韓国民法」という双方向の交流現象が生じている（参考文献②③など）。また、最近では、日韓間を越えた東アジア比較法というフィールドで、日本法の状況を韓国語で伝えるというかたちでの「日本民法→韓国民法」の新たな潮流も生まれている（大村敦志責任編集『民法研究第2集　東アジア編』第1号〔2016年〕～第8号〔2020年〕〔信山社〕）。このChapterでは、韓国民法と日本民法の歴史的繋がりを考察して、韓国民法の比較法的意義について学ぶこととしたい。なお、ここでは、民法のうち財産法の領域を主な対象とし、家族法の領域については、Chapter 24〔246頁〕に譲る。

I 韓国民法と日本民法の歴史的繋がり

1 「依用」民法・「残滓」民法としての日本民法

(1) 併合前後

　韓国併合以前、日本の民商法の起草者の1人である梅謙次郎は、朝鮮の慣習調査を主導し、その成果を基にした朝鮮独自の民商統一法典を構想した（民商法統一は、当時最新であったスイス民法の影響であろうか）。しかし、1910年8月29日の併合条約発効と同時に（梅は条約発効の直前、京城にて急逝）、緊急勅令第21号「朝鮮ニ施行スヘキ法令ニ関スル件」が発せられ（翌年法律第3号に転化）、朝鮮総督に制令権が与えられ、1912年3月18日には、制令第7号「朝鮮民事令」が発布された。朝鮮民事令により、「民事ニ関スル事項」は、特別の規定がある場合を除いて、日本の民法・民法施行法・商法・民事訴訟法など33種類の法令に依るとされた。ここで、日本民法が韓国において「依用」という形で適用されるに及んだのである（この手法は、すでに台湾で採られたものである。依用については、Further Lesson 1〔40頁〕参照）。また、慣習調査については、1910年12月に「慣習調査報告書」として調査結果がまとめられた（梅および小田幹治郎を中心とする慣習調査等については、李英美『韓国司法制度と梅謙次郎』〔法政大学出版局、2005年〕が第一級の研究である）。

(2) 日本民法の依用

　朝鮮民事令は、同10〜12条において慣習留保規定が置かれ、規定上は能力・親族・相続などに関して朝鮮の慣習を尊重するかのような形式をとっているが、後の内鮮一体化・皇国臣民化の流れの中で、慣習の認定は歪められ、慣習留保規定自体も改正された。これに対して、財産法の多くの領域では、日本民法が依用された。また、司法に目を移すと、第二次日韓協約による保護国化以降、日本法は司法の場でも大きな影響を与えてきたが、1912年3月に、朝鮮高等法院（および下級の覆審法院・地方法院）が設置されて以降、判例形成において、日本の判例法理が大きな役割を果たした（なお、最近では、「日帝強制占領期間上告審判決国訳事業」として、朝鮮高等法院判決録・全36冊が韓国語に翻訳され公刊されるとともに、電子ブック形式でWeb公開されており、法制史学上の注目が集まっている。他方、わが国でも、同判決録が雄松堂より復刻され、日韓学流交流が期待されうる）。

(3) 解放後の残滓

　1945年8月15日、日本が無条件降伏し、朝鮮半島の北緯38度以南では、米軍政が実施された。米軍政当局は、解放当時に施行されていた法律的効力を有する規則、命令、告知その他の文書を、軍政庁が特別の命令で廃止するまでは完全に効力を保持させるという態度をとった（軍政法令第21号）。すなわち、日本民法は、朝鮮民事令により依用されている限りにおいては、依然として効力を有していたのである。法の空白を避けるために、このような措置を採らざるを得ず、日本の法令の多くが解放後の韓国をなお規律したのであった。

　その後、大韓民国が樹立するも、制憲憲法100条は「現行法令は、この憲法に抵触しない限りで、効力を有する。」と定め、朝鮮民事令で依用される日本の各種の民事法令は効力を保持し続けた。その残りかすのような様子から、朝鮮民事令により依用される日本民法のことは、「残滓」民法と呼ばれ、残滓民法・依用民法からの脱却が韓国民法制定の大きなスローガンとなった。大韓民国樹立から民法施行の1960年までの間は、朝鮮戦争の惨禍を挟み、10年以上の時間的間隔がある。例えば1951年刊行の著名な法学教科書は、「法学を勉強しようとするなら、日帝時代の六法全書が絶対に必要である」（金曾漢『法學通論』56頁）と述べているが、当時の状況を如実に表している。また、民法の領域でいえば、1947年日本民法改正前に刊行された我妻榮『民法講義』シリーズ4巻及び同『民法Ⅱ』の債権各論部分が、1950年と1951年に安二濬（안이준）によって韓国語で翻訳出版されたという事実は、解放後民法典制定前における民法学の状況を雄弁に物語る。その後も、日本の民法学は強い影響を与え続けていった。

2　大韓民国樹立と民法典編纂

　以下では、1958年に公布され1960年に施行された韓国民法典の制定過程について、制定を主導したマンパワーと、制定に際して参照されたであろうマテリアルズとに分けて概説したい。

(1) マンパワー

　民法典制定作業は、朝鮮戦争の勃発により困難を極めた。起草委員の離散や資料の焼失など、民法典制定作業の障害要因がさまざま生じた。しかし、朝鮮戦争勃発前に、つまり1950年6月25日までに、米軍政のもと、民法典制定作業は一定

の段階にまで及んでいたことが、これまでの研究により明らかとなっている。民法典制定作業は、すでに米軍政時代から始められた。米国は、当初、米国人法律家に民法案を作成させる（法典起草局顧問官主席ロービンギア〔Lobingier, Charles S., 1866-1956〕は、1947年に「日本民法改正私案」を公表した後、「韓国民法典草案〔한국민법전초안：Proposed Civil Code for Korea〕」を完成させた）などしたが（近年は、この時期における韓米間の法律交流への法制史学的な研究も盛んである）、徐々に軍政に韓国人を参与させる政策をとるようになり、1946年12月には、韓国人のみから成る立法議院を創設し、当面必要とされる諸法令の制定を行わせ、翌年2月には行政の最高責任者である民政長官の席に安在鴻を就任させ、同年6月から米軍政庁のこれらの韓国人機関を「南朝鮮過渡政府」と呼称した。この南朝鮮過渡政府により発布された行政命令第3号（1947年6月30日）により、司法部内に法典起草委員会が設置され、同委員会は、1948年4月頃までに、「朝鮮臨時民法編纂要綱」（の一部）を完成させた。この起草メンバーの構成は、そのほとんどが解放前からの裁判官等の法曹実務家であった。そのため、同編纂要綱の起草に当たっても、これまで自らが学び、運用してきた日本法の考え方に対する一定程度の固執と尊重の意識があったと思われる。同編纂要綱総則編の冒頭には、つぎのようにある。「朝鮮臨時民法を制定するに際しては、大陸法系のシステムを採り、主にドイツ民法に依拠する現行民法総則編の規定を基礎としつつ、現下の世界文明各国の立法及び学説とわが国の実情とに鑑みて、まず、必要な限度において、左の如く、規定を改正又は新設することを要する」。この一節からもわかるように、基本的に依用民法を維持しながら、必要な範囲で修正又は補充をなすという姿勢が採られた。「現下の世界文明各国の立法及び学説」を参照するとされているが、この言葉に相当するほどの比較法的検討がなされたとは言い難い点については、後述の(2)でみることとする。起草メンバーに学者が入っていないが、これは、当時はまだ大学が十分に整備されておらず、法学界というものも十分な存在ではなかったためである。

　1948年9月には、法典編纂委員会が設置され、同じく実務家を中心とした委員らを中心に、先の朝鮮臨時民法編纂要綱を基礎として、「民法編纂要綱」が完成された。これは、財産法に関する事項のみを内容としているが、その後の民法制定作業の方向性を決定したといわれている。その後、1950年6月25日、朝鮮戦争が勃発し、起草作業は困難を極めることになるが、そのような中で孤軍奮闘したのが、後に初代大法院長に就任する金炳魯（김병로）である。植民地統治下にあ

っては、人権弁護士として活躍した人物である（金炳魯の民法典編纂への寄与については、"역사속의 민법〔歴史の中の民法〕"、〔1994年、韓国・교육과학사〕160頁以下）。大韓民国国家報勲処によって定められる抗日独立運動家の名簿である「今月の独立運動家」（이 달의 독립운동가）にも名前のある人物であり、依用民法・残滓民法からの脱却という気持ちは強かったと推測されるものの、それまでの法曹実務経験から、日本民法の考え方への一定の尊重意識は存在したはずである。

　法典編纂委員会が財産法領域のみの草案を完成させ、政府にそれを移送したのが1953年9月30日である。その後条文の整理などを経て、1954年10月26年に政府法律案（本文1118箇条、附則32箇条）が国会に提出された（以下、この法律案を「政府草案」という）。提出された政府草案は、ただちに法制司法委員会に回付され、その審議機関として、民法案審議小委員会が設置された。同小委員会は、2年半にわたる計65回の会議を開き、政府草案の全条文の逐条審議を行いつつ、同時に、親族編相続編の審議要綱の作成も進めた。1957年4月には公聴会が開かれ、上記の小委員会は、そこで出された意見等を集約して、343項目に及ぶ修正案を出すとともに、これまでの審議の経過報告として『民法案審議録上下巻』『民法案審議資料集』（上巻452頁、下巻238頁、資料集152頁）を刊行した。政府草案と修正案はともに、国会本会議に回付された。

　以上のような実務家中心の動きに対して、学界はどういう動きをみせたのか。政府草案が国会に提出された1954年頃になると、一定数の民法学の研究者が大学で研究教育に従事しており、民法制定という重大事業に対して反応を示すようになる。たとえば、1955年には、当時のソウル大法科大の民法教授である金基善（김기선）は、時期尚早論を展開した（大学新聞116号2頁以下）。膨大な条文数からなる民法典の制定には長い年月と準備が必要であり、南北分断という重大事がある状況のもとでの国会審議は不十分になってしまうなどの政府草案反対論であるが、その中に、次のような依用民法尊重論があることは特筆すべきである。すなわち、依用されてきた日本民法は「公法と異なり、個人の自由平等を基本にしていたため、大部分において民主主義制度にも適合」しており、「日本民法であるという理由で、断固としてこれを廃止せねばならないという政治的見解は不当である」、よって「名実ともに、優秀な法律を制定してそれと代置しうるときまで、遺憾ながらも、日本民法を存続させるほかに道はない」という点である。当然ではあるが、当時の民法教授も、それまで日本統治下で日本法の教育を受け、日本法の研究に従事してきた者であって、その日本法への一定の尊重意識から脱却す

ることはできない。さらに、学界の動向として挙げるべきは、1957年に公表された民事法研究会の『民法案意見書』である（同研究会のメンバーの中には、その後の韓国民事法学界を主導する錚々たる名前が連なっている）。この意見書は、財産編についてのみの検討結果を収録しており、冒頭の総評を除き、全168項目の研究会としての意見のほか、「附見」として研究会内での少数意見も示されている。これら多数の項目を含む同意見書は、公表時期が遅かったため、民法案小委員会の審議に直接的な影響を及ぼすことはなかったものの、それらの意見のうちで「とくに重要なもの」は、玄錫虎（현석호）ほか19名の国会議員による修正案として、本会議に提出された。当時の国会法では３回の読会を経る必要があったが、逐条的な審議は時間がかかることから、途中から政府草案と２つの修正案を比べ違いのある箇所のみ審議され、また第三読会が省略され、民法案が国会を通過し、1958年２月22日、法律第471号として公布された。施行は1960年１月１日である。

　以上が民法制定を導いたマンパワーである。国会本会議における審議の状況については、参考文献①等の詳細な研究を参照していただきたいが、次の２点を指摘しておきたい。第１に、国会の第１読会では、法典編纂委員会を代表して金炳魯が立法趣旨説明等を行い、活発な討論がなされたが、そこでの争点は主に家族法領域の問題に集中した。しかし、法律行為による物権変動につき形式主義・効力要件主義に転換した点、傳貰権を物権として構成して規定した点、依用民法から承継された用語の是非など、民法典制定後もしばしば議論されるテーマが民法制定前からすでに取り上げられていた点である（日本式の法律用語の問題につき、Column 1〔12頁〕参照）。第２に、上記の玄錫虎がその修正案実現のため奮闘し、法制司法委員会のメンバー等からの反対意見に反駁し、その結果、いくつかの項目が採用され、部分的ながら当時の若き民法学者らの意見が新たな民法典に反映されるに至ったという点である。民法典制定後、それらの民法学者が積極的なドイツ法研究などを通じて、韓国民法学を発展させてゆくことになる。

(2)　マテリアルズ

　韓国民法の政府草案の起草者らは、はたしてどのような資料を基に起草に当たったのであろうか。新たな独自の民法典を作るに当たって、外国の立法例の参照は欠かせない。

　(1)でみた民法案小委員会が刊行した立法資料には、政府原案の各条に対する趣旨説明に外国立法例（条文の韓国語訳）が掲載されているが、それによると起

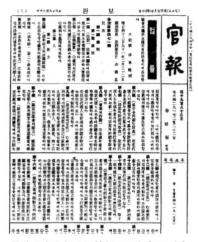

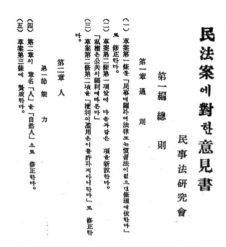

民法公布を伝える檀紀4286年〔1958年〕
2月22日の官報1983号1頁

『民法案審議資料集』掲載の民事法研究会
「民法案に対する意見書」

草時に参照されたとする立法例は、実に多様である。1947年に大改正を受けた日本民法のほか、ドイツ民法（1896年公布、1900年施行）、スイス民法（1907年公布、1912年施行）、スイス債務法（1881年施行、1911年大改正、1937年大改正）、フランス民法（1804年公布）、中華民国民法（1929年公布、1929・1931年施行）、満州国民法（1937年公布）、イタリア民法（1865年公布、1942年大改正）、ソビエト民法（1922年公布）が挙げられ、英米法についても、Edward Jenks, "A Digest of English civil law"（1921）が参照資料として挙げられている。しかし、当時のマンパワーや起草メンバーの特徴、そして物理的環境に照らすと、これらすべてが十分な考察や比較検討の対象とされたとは到底考えることができない。資料の不足や日本語以外の外国語の障壁が考えられる。もっとも、以上で挙げたマテリアルズには、日本語の翻訳資料がそれぞれ存在しており（Edward Jenksの概説書も、法務資料16・24・26輯に日本語訳がある）、日本語を巧みに操ることができる起草メンバーらは、それらの翻訳資料を便宜上参照したにすぎないと推測される。もっとも、これらのうち、とくに中華民国民法と満州国民法については、起草者らが容易にアクセスできたことは想像に難くない。日本民法と体系上の類似性があるほか、ドイツ法・スイス法の強い影響を受けた当時の日本法学説を学んだ起草者らにとって、日本民法を修正し、理想的な民法典を模索するうえで、格好の立法資料であったはずである。そのため、それらは頻繁に参照され、日本民法と比

較しつつ、日本民法には見られない、あるいは日本民法とは異なる規律や制度が見出されるときには、それらの規律や制度がやや盲目的に導入されている。その具体例は、Ⅱで触れることとする。

　ここで、中華民国民法については、日本との関連性に触れておかねばならない。中華民国民法は、1911年に完成された大清民律草案を基礎にしているが、この大清民律草案の財産編3編は、日本人の学者の手で完成されものであり、多くの日本民法・民法学の継受が色濃く残っている。当時はすでにドイツ民法典が施行され、ドイツ民法学万能の時代であり、そのような考え方を反映した中華民国民法を継受することで、直接的にドイツ法・スイス法を参照しなくとも、それらに傾斜することができた。また、合わせてしばしば参照された満州国民法も、当時の日本の学説・判例を反映しており、同じことが言える。

　韓国民法制定後、韓国民法学界では、金曾漢（김증한）・郭潤直（곽윤직）などを中心に、ドイツ法に強く傾斜した潮流が生まれるが、その源泉はすでに韓国民法制定時に存在していたのである。

Ⅱ 韓国民法の特徴

1 依用民法（日本民法）との相違

　韓国民法（財産法）には、日本民法にはみられない制度が導入されている例も多い。そのほとんどが、中華民国民法・満州国民法に特徴的に定められている制度であり、その導入の結果、ドイツ法・スイス法に傾斜することになる。韓国民法の原始規定から主だったところを挙げると、以下の諸点である。

　①慣習法上の物権。「物権は、法律又は慣習法によるほかは、任意に創設することができない」（185条）と物権法定主義が定められるとともに、慣習法上の物権の存在を明示している。慣習法上の物権をめぐっては、墳墓基地権や慣習法上の法定地上権など、韓国では古くから今日まで議論が盛んである。②暴利行為に相当する、不公正な法律行為を無効とする明文規定が存在する（104条）。③物権編では、法律行為による物権変動につき、いわゆる形式主義・効力要件主義が採用されている（不動産につき186条、動産につき187条）。④傳貰権の明文化。慣習調査報告書も朝鮮高等法院判例もその存在を承認してきた韓国固有の不動産利用関係である傳貰を物権として構成し規定している（303条以下）。傳貰をめぐって

は、民法制定後、多様な議論が展開し、韓国の研究者らによりわが国でも紹介されている。中華民国民法・満州国民法の「典権」の影響も考えられ、それと傳貰権との比較は、韓国民法学の格好の研究テーマである。そのため、現在台湾で施行されている中華民国民法への関心は、わが国よりも強い。⑤時効に関して、消滅時効は総則編に、取得時効は物権編に定められている。⑥先取特権・権利質を廃止して、それらに代替する法定質権（648条、650条）・法定抵当権（649条）・抵当権設定請求権（666条）の制度を個別に置いているが、立法資料では、中華民国民法・満州国民法の規定が参照されており、条文表現も酷似している。⑦債権編をみると、原始的不能給付の場合における信頼利益賠償義務に関する規律（535条。条文表題は「契約締結上の過失」）があったり、受領遅滞に関する規定が詳細であったり（400〜403条）、債権譲渡に関する規定の後に、債務引受に関する詳細な規定が置かれたり（453〜459条）、危険負担において債権者主義ではなく債務者主義が原則とされたり（537条）しているが、これらも中華民国民法・満州国民法の直接的な影響と思われる。⑧不法行為に関して、スイス法に特徴的な、法院による賠償額の軽減請求の規定（765条）が置かれている。これも同様の法継受の結果であろう。

2　日本の判例法理の流入現象

　日本の判例法理は朝鮮高等法院の判例を通じて、さまざま朝鮮半島に流入したが、その流入現象は、解放後の大法院設置以降も、しばしば生じている。ここでは、その典型例である「取得時効と登記」をめぐる判例群について言及したい（この点、拙稿「韓国民法判例研究(2)──取得時効と登記に関する大法院判例の変更」専修法学論集113号〔2011年〕参照）。

　日本において、不動産物権変動の第三者対抗要件を定める民法177条が時効による物権変動にも適用されるかという問題は、従来からの多層的な判例理論の当否を中心に活発に議論されている。その前提となる判例理論は、次のとおりである。①Ａ所有の不動産をＢが時効取得した場合において、Ａは物権変動の当事者であるから、ＢはＡに対して登記なく時効取得を主張しうる。②Ａがその所有不動産をＢの時効取得に必要な期間が満了する前にＣに譲渡した場合、ＣはＢの時効取得については当事者とみることができるとして、ＢはＣに対して登記なく時効取得を主張しうる。このように①②では177条は適用されないが、③Ａがその

所有不動産をBの時効取得に必要な期間が満了した後にCに譲渡した場合、AからB、Cに対して二重譲渡がなされた場合と同様に扱い、177条を適用し、Bは登記しなければCに時効取得を主張しえない。第三者の出現時期が取得時効期間満了の前か後かで異なる処理がなされるが、そのような区別を維持するために、④Bが時効期間の起算点を任意に選択して、それをずらすことで逆算的に時効期間を計算することが禁じられる（固定時説）。以上の判例準則は戦前の大審院判例で、その一部がすでに形成されていた。戦後の最高裁にいたって、上記の準則が承継されるとともに、上記③の場合にCが登記を備えるとBは時効取得を主張しえなくなることを修正する第5の準則が現れた。すなわち、⑤BはCの登記後にさらに時効取得に必要な期間占有を継続すればCに対して登記なくして時効取得を主張できるとするものである。

　これらの日本の判例準則は、一部、依用民法下の朝鮮高等法院判決で説示され、さらに、物権変動につき日本民法とは異なるアプローチ（形式主義・効力要件主義）を採用することとなった韓国民法下においても、大法院は、同様の判例準則を形成してきた。その当否をめぐっては活発な議論があるが、もともとは日本の判例法理に淵源のあるそれらの判例準則も、その後において、固有の発展をも示している（似て非なるもの）。その発展の姿は、日本の判例法理について検討する際に大いなる示唆を与えてくれる。

3　土地建物別個独立法制とその周辺

　土地の私的所有が認められている国であって、土地と建物を別個の不動産として法的に扱い、別々の公示制度を構築しているのは、日本、そして日本法の強い影響を残した韓国、中華民国（台湾）である。このような土地建物別個独立法制を採用する結果、諸外国には見られない法定地上権制度や建物一括競売制度が要請される点で、3ヶ国は同じ土俵に立つ。

　法定地上権をめぐっては、わが国において、多岐にわたる争点をめぐる膨大な数の判例法理が形成されてきた。韓国の大法院は、ここでも日本の判例法理を吸収し、類似の法状況を生じさせている。もっとも、韓国法固有の発展を現している面もある。「慣習（法）上の法定地上権」という判例法理である（これについては、拙稿「法定地上権制度の日韓法比較」円谷峻先生古稀祝賀論文集『民事責任の法理』〔成文堂、2015年〕509頁以下参照）。この判例法理の淵源は、日本統治下

の朝鮮高等法院の判決に見いだすことができ（同大正5 〔1916〕年9月29日判決
＝朝鮮高等法院判決録3巻722頁）、解放後の大法院判例もそれを承継した結果、
抵当権実行の局面に関する法定地上権制度ではカバーでいない事象を、この判例
法理は包摂し、強制競売・公売などの当事者の意思によらない土地・建物所有者
の分裂の場合のほか、売買・贈与など当事者の意思による所有者の分裂にまで、
地上権の存在が擬制されている。この判例法理に対しては韓国国内で強い批判も
示され、現在進行中の民法改正作業における重大な争点のひとつでもある。

Ⅲ｜韓国民法の比較法的意義

　日本も韓国も、民法財産法の大改正時代にある。韓国は、わが国よりもいち早
く財産法全体の大改正作業に着手し、2004年の改正案の挫折を経て、2013年以降、
段階的に改正の歩みを進めてきている。これに対して、わが国でも、2020年4月
に契約ルールを中心とした債権法の大幅な改正法が施行され、今後は、物権法・
不法行為法などその他の領域にも立法論的な関心が寄せられるであろう。その際、
日本民法（学）の影響を受けた韓国民法（学）の動向は、比較対象として格好の
素材を提供してくれる。また、韓国民法の制定過程で参照された中華民国民法は、
現在も台湾で施行され、彼地でも、財産法の大改正が進められてきた。さらに、
中華人民共和国にも目を向けると、2020年5月末には、これまでの単行法を統合
し、ついに「民法典」が誕生した。韓国民法への関心とともに、中国法の動向に
関心を広げ、東アジアというフィールドにおいて法のあり方を探求する総合的な
研究が今後求められる。

<参考文献>
・鄭鐘休『韓国民法典の比較法的考察』（創文社、1989年）
・加藤雅信＝瀬川信久＝能見善久＝内田貴＝大村敦志＝尹大成＝玄炳哲＝李起勇
　『21世紀の日韓民事法学——高翔龍先生日韓法学交流記念』（信山社、2005年）
・大村敦志＝権澈『日韓比較民法序説』（有斐閣、2010年）

Further Lesson 8

韓国のカジノ産業の発展とその副作用

中川敏宏

　1961年の軍事クーデターにより政権を握った朴正熙（박정희）は、1979年に銃弾に斃れるまでの間、経済開発計画にもとづく産業発展を押し進め、「漢江の奇跡」を成し遂げた。その過程で、巨大財閥が形成され（財閥については、Chapter13〔130頁〕参照）、日本との国交回復に伴う資金・技術援助を獲得し、韓国の経済社会に急激な変化をもたらした。韓国の代表的産業の１つであるカジノ産業が生まれたのも朴正熙政権下であり、それ以降、国家政策とカジノは大きな関わり合いをもち続けている。1967年仁川に外国人専用カジノが認められて以来、続々とカジノ施設が生まれ、現在、計17カ所の施設が稼働中である。2017年４月には、仁川国際空港国際業務団地にカジノ施設を含む統合型リゾート（IR：Integrated Resort）「パラダイスシティ」が華々しくオープンした。IR推進が話題であるわが国でも、韓国のカジノ観光産業の動向に注目が集まっている。

　このようなカジノ産業の発展には、負の側面もある。石炭産業の衰退により疲弊化した地域の支援として、自国民も利用できるカジノ施設が法的に認められ、2000年には、かつて鉱業で栄えた江原道の山あい地域に「カンウォンランド」がオープンした。そこは現時点で韓国国民が利用できる唯一のカジノ施設である。カジノが自国民にオープンにされたことから、ギャンブル依存者が急増した。その地域の自殺者は、全国平均を大きく上回るという（ギャンブル依存のことを韓国では「賭博中毒（도박중독）」という）。そのような社会的副作用を最小化させる目的で、さまざまな施策が講じられ、2007年には「射幸産業統合監督委員会」が発足し、ギャンブル産業に対する監督体制が整えられ、「韓国賭博問題管理センター」の設置（2013年）、ギャンブル依存者への支援・相談体制の全国ネットワーク化（2014年）などが進められた。韓国における今後のIRの推進にとって、この社会的副作用の問題は重要な争点である。

　さらに注目すべきは、この問題が韓国の最上級審である大法院の全員合議体

（わが国の大法廷に相当）にもち込まれたことである。2年半の間に293億ウォンをカジノで失ったギャンブル依存者が株式会社カンウォンランドを相手に損害賠償を請求した事件で、大法院は、自己決定権に裏づけされ私人間の法律関係を支配する「自己責任の原則」がカジノ利用者とカジノ事業者との間の法律関係にも妥当するとしたうえで、事業者が利用者の依存状態を認識しまたは認識し得た状況で、十分な利用制限措置を講じず、利用者の損害が拡大したような特段の事情が認められる場合には、例外的に、事業者の利用者に対する保護義務ないし配慮義務の違反を理由とした損害賠償責任が認められると判示した（大法院2014年8月21日宣告2010다92438全員合議体判決）。これには、全12名中の6名の裁判官の反対意見が付されており、この問題の難しさを表している。

＜参考文献＞
・藤原夏人「韓国のギャンブル依存症対策」外国の立法269号（2016年）60頁以下
・梁亨恩「韓国におけるカジノ産業の法制度と認識の研究」大阪商業大学アミューズメント産業研究所所報18号（2016年）177頁以下

Part 4
《国際関係》
からみる**コリア法**

韓国および北朝鮮の法と社会を、
国際関係の視点から考えてみましょう。
戦後の米朝関係の対立の由来は？
国際社会の中で貿易立国を目指す韓国の戦略は？
国際的な緊張関係の中にある韓国での
人権保障の現状は？
「戦後最悪の日韓関係」を作り出した原因とされる
「慰安婦問題」と「徴用工問題」とは？
太平洋戦争終結から 75 年、大きく変貌を遂げた韓国
の姿を知るとともに、その戦後処理が、今なお完了し
ていないことに皆さんは気がつくでしょう。

Chapter 16

朝鮮半島の分断と米朝関係

大内憲昭

I ｜ 朝鮮半島の分断

1 朝鮮半島の分断

　日本による植民地統治から解放された朝鮮は、民族の自由な意思により独立国家を建設する権利をもち得たはずであったし、事実、南朝鮮においては「朝鮮人民共和国」樹立のための準備委員会が結成された。しかし、1945年 2 月のヤルタ会談において、米国大統領ルーズベルトとソ連首相スターリンとの間には、解放後の朝鮮を「信託統治」下に置くことが合意されていた。

　1945年 8 月10日の夜から11日の未明にかけて開かれた米国の国務・陸軍・海軍三省調整委員会で朝鮮半島の北緯38度に線を引くことが決定された。ブルース・カミングスによれば、その深夜、2 人の将校――ボンスティール大佐（後に在韓米軍司令官に就任）とラスク少佐（後にケネディ、ジョンソン両大統領のもとでの国務長官に就任し、ベトナム戦争を推進）――がわずかに30分という制約された時間のなかで、首都ソウルをアメリカの占領地域内に含めることができ、かつ朝鮮をほぼ同じ広さの 2 つに分かつことができる北緯38度線を分断線として提案した。そして、その提案にソ連は同意したのである（『朝鮮戦争の起源』第 1 巻）。

　連合国最高司令官一般命令第 1 号には、満州、北緯38度以北の朝鮮、樺太および千島諸島にいる日本国の先任指揮官と一切の陸上、海上、航空および補助部隊はソヴィエト極東最高司令官に降伏すること、また日本国大本営、日本国本土、隣接する諸小島、北緯38度線以南の朝鮮、琉球諸島およびフィリピンにいる先任指揮官と一切の陸上、海上、航空および補助部隊は合衆国太平洋最高司令官に降

伏することが規定されている。朝鮮で出版された『20世紀の朝鮮〜実録資料100〜』（平壌、2002年）によれば、38度線は、1945年2月、日本の大本営が「本土作戦に関する統帥組織」を改編する際に、「朝鮮軍（朝鮮駐屯日本軍の通称）を解体し、38度線以北の日本軍を「関東軍」に所属させ、38度線以南の日本軍を大本営直轄野線軍であった第17方面軍の指揮下に置いたことを根拠として朝鮮分断線を北緯38度とした、と指摘している。

　この結果、解放されたはずの朝鮮が南北に分断され、むしろ敗戦国日本はドイツとは異なり、分断を免れたのである。1948年に南に大韓民国（以下、韓国）、北に朝鮮民主主義人民共和国（以下、朝鮮）が成立した。米ソにとっては暫定的な分断線であった北緯38度は、朝鮮戦争によって固定され、今日に至るまで半世紀以上、朝鮮半島を二分し、休戦状態のままに米ソの冷戦終結後の北東アジアを依然として「冷戦」構造の中に置いているのである。

2　朝鮮戦争と休戦協定

　1950年6月25日に戦争は始まり、国連軍（韓国側）として米・英・仏をはじめ16か国が参戦した。一方、朝鮮側には中国人民志願軍が参戦し、ソ連は武器支援や軍事顧問などで協力した。1953年7月27日に休戦協定（正式名称は、「朝鮮における軍事休戦に関する一方国際連合軍司令部総司令官と他方朝鮮人民軍最高司令官および中国人民志願軍司令員との間の協定」）が発効し、朝鮮半島は今日に至るまで休戦状態にある。

　南北朝鮮の死者は300万から400万（1949年6月1日現在の南北の総人口は2865万人）、離散家族1000万人といわれている。

　休戦協定は、1953年7月27日、朝鮮人民軍および中国人民志願軍代表南日（남일）（朝鮮人民軍陸軍大将）と国連軍司令部代表ウィリアム・K・ハリソン・Jr（合衆国陸軍中将）により署名された。署名から12時間後に休戦協定は発効した（協定2条2節）。また同日午後、国連軍総司令官マーク・W・クラーク（合衆国陸軍大将）そして朝鮮民主主義人民共和国元帥金日成と中国人民志願軍司令彭徳懐が署名した。なお韓国は李承晩（이승만）大統領が休戦には反対であったため休戦協定には署名していない。

　休戦協定では、休戦は「最終の平和的解決を達成するまでの間」（協定前文）とされているが、2020年3月現在、平和協定は締結されておらず、70年近く朝鮮

半島は休戦状態のままである。

　休戦協定1条により軍事境界線を確立し、非武装地帯を設定し、軍事境界線から南北2キロメートルを非武装地帯（幅4キロメートル）とすることが決められた。

　4条60節では「休戦協定が署名され、効力を生じた後3ヵ月以内」に関係国が「政治会議を開催してすべての外国軍隊の朝鮮からの撤退、朝鮮問題の平和的解決その他の諸問題を交渉により解決する」ことを勧告している。

　しかし米国は休戦協定発効から2か月足らずの1953年10月1日、米韓相互安全保障条約に調印し（1954年11月17日発効）、そのまま韓国に駐留することになったが、それが今日の駐韓米軍である。

　一方、朝鮮を支援した中国は1954年9月6日に人民志願軍の撤退を発表し、撤退は1954年から1955年の第1期と、1958年の第2期に分けて段階的に実行され、1958年10月26日までに完全撤退した。朝鮮は1961年7月6日にソ連と朝ソ友好協力相互援助条約、同年7月11日に中国と朝中友好協力相互援助条約に調印し、いずれも同年9月10日に発効している。今日、朝鮮には外国の軍隊は駐留していない。

Ⅱ │ 冷戦終結後の米朝関係

　1989年11月の「ベルリンの壁」の消滅、東欧諸国の体制転換、東西ドイツの統一（1990年3月）そしてソ連邦の崩壊（1991年12月）により第二次世界大戦後の「米ソの冷戦」は終結した。朝鮮はそのような世界情勢の大転換に直面し、1992年憲法を改正し、その状況に対応しようとした（Chapter2・Ⅰ〔13頁〕参照）。本Chapterでは「冷戦終結」後の米朝関係を米国の政権と対応させてみていくことにする。

1　ブッシュ政権（1989年〜1993年）

　南北朝鮮の間では「冷戦終結」を前後して南北首相会談が行われ、1991年12月、第5回南北首相会談で南北基本合意書（「南北の和解、不可侵、交流、協力に関する合意書」）が締結された。南北基本合意書では、1972年の南北共同声明における祖国統一3大原則（統一の自主的解決、統一の平和的解決、民族的大団結）を再

確認し、南北和解（第1章）、南北不可侵（第2章）、交流・協力（第3章）について合意した。

　南北基本合意書締結に先立ち、G・H・W・ブッシュ大統領は冷戦終了後の91年9月に、「地上発射の短距離核兵器の廃棄と海軍の戦術核兵器の艦艇からの撤去」を宣言し、盧泰愚大統領は同年12月、「朝鮮半島核不在宣言」を行っている。

　1991年12月31日、南北首相連絡会談で「南北非核化共同宣言」に合意している。

　朝鮮は、1992年1月30日、IAEA（国際原子力機関）との核保障措置協定に署名し、米国は米韓合同軍事演習チームスピリットを中止したが、1993年3月　朝鮮はNPT（核拡散防止条約）から脱退を宣言した。

2　クリントン政権（1993年〜2001年）

　朝鮮はNPTから脱退を宣言したが、1993年6月に脱退の停止を表明した（2003年1月、再度脱退を表明）。

　米朝間交渉の核心は、朝鮮のNPTやIAEAからの脱退表明にみられるように、朝鮮の核開発問題であった。1993年2月、IAEAは朝鮮に対する特別査察を要求したが、朝鮮がそれを拒否したため朝鮮の核開発疑惑が問題となった。

　クリントン政権は1994年の朝鮮の核疑惑に対して対朝鮮先制打撃を計画したことがある。しかし戦争が勃発すれば勝利したとしても米軍と韓国軍および民間人の戦死者は100万人を超え、戦費は1000億ドル以上、と言われて断念した（ハンギョレ新聞　http://japan.hani.co.kr/arti/international/29201.html）。

　そのような緊張した米朝対立のなか、同じ民主党のカーター元大統領が1994年6月に訪朝し、金日成主席と会談した。会談の結果、米朝協議は再開され、同年10月、ジュネーブで行われた米朝協議で『米朝基本合意文』（「米朝枠組み合意」）に署名した。

　「枠組み合意」は概要、つぎのような内容であった。①朝鮮の黒鉛減速炉と関連施設の凍結と解体の代わりに2003年までに200万キロワットの軽水炉発電所（2基）を提供し、凍結によるエネルギー損失を補償するために1号軽水炉発電所の完成まで毎年50万トンの重油を納入する、②米朝は政治および経済関係の正常化のために、相互の首都に連絡事務所を開設し、相互の関心事の解決の進展に伴い、関係を大使級に昇格させる、③米朝は朝鮮半島の非核化、平和と安全のために、米国は朝鮮に対し核兵器を使用しない、核兵器で威嚇もしない、朝鮮は朝

鮮半島の非核化に対する南北共同宣言を履行する、④米朝は核拡散防止体系を強化する。

　1995年3月、合意の軽水炉発電所建設のための資金提供の組織として米日韓3国がKEDO（The Korean Peninsula Energy Development Organization：朝鮮半島エネルギー開発機構）を設立した。しかし、1994年7月に金日成主席が死去したことにより、朝鮮の内部崩壊の可能性を楽観視、また米国議会が民主党から「合意」に批判的な共和党へ変わったため「合意」履行が朝鮮が期待するようには進展しなかった。

　2期目（1997年）に入ったクリントン政権は、金日成主席の死去による体制の不安定、その後に起きた自然災害による農業の壊滅的な被害などによる予想した朝鮮の内部崩壊が起きなかったため、対朝鮮政策の見直しを迫られた。1998年11月、クリントン政権時代の1994年から1997年まで国防長官を務めたペリーを朝鮮政策再検討の調整官に任命した。ペリーは南北訪問などを通じて翌年10月、報告書を提出した。

　ペリー報告書は、朝鮮半島における新たな戦争は米国が朝鮮戦争以降経験したことのない激しいものになることを指摘している。しかし現状では朝鮮半島における戦争に対する抑止力は、軍事的には米朝双方に安定したものとなっている。この相対的な安定は、それが乱されないかぎりにおいて、朝鮮半島における恒久的和平を追求する時間と条件を当事者すべてにもたらし、朝鮮戦争に終止符を打ち、究極的には南北朝鮮の平和的な再統一につながる。これが米国の政策の変わることのない目標であるが、朝鮮が核兵器または長距離ミサイルを獲得すれば、相対的安定性は揺らぐことになる。そのため米国の対朝鮮政策は、核兵器および長距離ミサイル関連活動を中止させることを最重視すべきであると、結論づけている。ペリー報告書はまた米国の政策は「米国が望む姿の朝鮮政府ではなく、あるがままの姿の朝鮮政府に対処するものでなければならない」のであり、米国は「分別と忍耐」をもって目標を追求しなければならない、と指摘する。

　2000年10月、朝鮮の国防委員会第一副委員長であり朝鮮人民軍次帥である趙_{チョ}明禄（조명록）が訪米しクリントン大統領とホワイトハウスで会談、10月12日、趙明禄が訪米し会談した成果として「米朝共同コミュニケ」が発表された。

　共同コミュニケは、「米朝両政府が敵対的な意思を持たないこと」を宣言し、「休戦協定を強固な平和保障体系に変え、朝鮮戦争を公式に終結させる」ために4者会談（米国、中国、南北朝鮮）などの方途があることでの見解の一致を表明

した。朝鮮は、「ミサイル問題に関する米朝協議が続いている間はすべての長距離ミサイルの発射はしない」ことを約束した。またクリントン大統領の訪朝を準備するためにオルブライト国務長官が近く訪朝することで合意した（オルブライト国務長官は10月23日に訪朝し金正日国防委員会委員長と会談）。しかしオルブライトの訪朝が成果を出せず、またクリントン政権の末期であったため、クリントン大統領の訪朝は実現せず、次期大統領選挙でも民主党の候補者ゴア（クリントン政権の副大統領）が共和党候補のジョージ・W・ブッシュ（前出のG・H・W・ブッシュとは父子である）に敗れた。

3　ブッシュ政権（2001年〜2009年）

　ブッシュ政権のアジア政策・朝鮮政策の特徴は、多国間協議・協調的安全保障体制から非対称的二国間同盟中心へ、ネオコンとユニラテラリズム（単独行動主義・アメリカ一国主義）、KEDOの凍結（2006年5月、KEDO理事会にて軽水炉プロジェクトの「終了」決定）にみてとれるであろう。

　2001年9月11日の「アメリカ同時多発テロ」以降、ブッシュ政権は朝鮮に対する強硬姿勢をとり、2002年1月29日の一般教書演説で、朝鮮・イラン・イラクの3か国を名指で「悪の枢軸」（axis of evils）と批判したことで、クリントン政権の対朝鮮外交（1994年「米朝枠組み合意」、2000年「米朝共同コミュニケ」）を全面的に否定した。

　ブッシュ政権は、朝鮮との米朝2国間協議を拒否し、多国間協議の方向へと転換した。

　朝鮮の核問題は、2003年4月の米国・朝鮮・中国3者協議、同年8月の米朝中に加えて日本・韓国・ロシアの6者協議で討議されることになった。しかし、朝鮮は米朝2国間協議を、米国は6者協議を強調し、その隔たりを議長国中国が調整する形で6者協議を進めた（外務省ウェブサイト　https://www.mofa.go.jp/mofaj/area/n_korea/6kaigo/index.html）。

　第1回6者協議は2003年8月27日から29日に北京で開催された（以後、協議は北京で開催）。議長国である中国の王毅外交部副部長は28日の記者会見で「対話を通じての核問題の平和的解決」「朝鮮半島の非核化」「協議の継続」などの6項目の合意事項を「総括」として発表した。

　第2回6者協議は2004年2月25日から28日に開催され、次回6月末に第3回協

議を開催し、その準備のため作業部会を設置することが合意された。協議では、日米韓が朝鮮に対して「すべての核計画」の完全、検証可能かつ不可逆的な廃棄を求め、朝鮮は原子力の平和利用は認められるべきであると主張し、立場の違いは依然として大きいままであった。

　第３回６者協議は2004年６月23日から26日に開催された。これに先立ち、金正日が中国を非公式に訪問し、胡錦濤国家主席をはじめ中国側指導者と会談している。26日、王毅外交部副部長が議長声明を発表し、朝鮮半島の非核化という目標に向けた第１段階の措置を可能な限り早期にとることの必要性を強調した。

　2004年11月の米国大統領選挙でブッシュが再選されたが、朝鮮は2005年２月に核兵器の製造を初めて公式に宣言し、６者協議の「無期限中断」を発表した。そのような状況に対して、中国の王家瑞中国共産党対外連絡部長が訪朝し金正日と会談、2005年６月には南北閣僚会談を通じて６者協議の再開が７月末を目処に開催されることが示された。７月には中国の唐家璇国務委員が訪朝している。

　第４回６者協議は2005年７月26日から８月７日まで開催され、いったん休会に入り、９月13日に再開され19日まで行われた。第４回協議では「共同声明」が出された。

　「共同声明」ではまず、「朝鮮半島の検証可能な非核化」について、すべての核兵器および既存の核計画の放棄、核兵器不拡散条約およびIAEA保障措置への早期復帰を約束、米国は朝鮮半島における核兵器の不保持、朝鮮に対する核兵器または通常兵器による攻撃または侵略の意図を否定した。韓国はその領域内に核兵器が存在しないことを確認した。また朝鮮の原子力の平和利用権の保持発言の尊重と朝鮮への軽水炉提供問題に関する議論を行うことに合意した。

　つぎに、米朝間では相互の主権の尊重、平和的共存、国交正常化措置をとることを約束、日朝間では平壌宣言に従って不幸な過去の清算と懸案事項の解決を基礎に国交の正常化のための措置を約束した。

　第３に、朝鮮へのエネルギー支援、貿易および投資の分野における経済協力の二国間または多国間での推進を約束した。

　「共同声明」が出された直後の2005年９月、米国は朝鮮の資金洗浄疑惑を理由にマカオのバンコ・デルタ・アジア（BDA）にある朝鮮の関連口座を凍結した。そのため朝鮮の米国に対する不信感が一層増した状況のなかで2005年11月９日から11日まで第５回６者議第１次会合が開催された。会合では朝鮮はBDA問題を取り上げ、「共同声明」違反であるとして米国を激しく非難した。

朝鮮は2006年7月5日、ミサイル発射実験を行った。国連安保理は非難決議を採択し、6者協議への復帰を求めた。2006年10月9日、朝鮮は地下核実験を行った。

2006年12月18日から22日、第5回6者協議第2次会合が13か月ぶりに再開された。朝鮮は米国による金融制裁の解決を主張し、非核化に向けての実質的な進展はみられなかった。議長声明では、「対話を通じ、平和的な方法によって朝鮮半島の非核化を実現する」という6者協議の共通目標及び意志を確認し、次回の会合を「できる限り早い機会に再開する」ことに合意した。

2007年2月8日から13日、第5回6者協議第3次会合が開催され、「共同声明の実施のための初期段階の措置」を採択した。60日以内に実施する「初期段階の措置」として、朝鮮は寧辺の核施設を最終的に放棄することを目的として活動停止および封印すること、IAEA要員の復帰、すべての核計画の一覧表について5者との協議を行う。米中韓露が重油5万トンに相当する緊急エネルギー支援を開始する。日朝間では日朝平壌宣言（2002年9月17日、小泉純一郎首相と金正日国防委員会委員長）に従って、過去の清算と懸案事項の解決、それを基礎とした国交正常化のための協議を開始する。米朝間では、完全な外交関係を目指すための協議、テロ支援国家指定解除、対敵通商法適用の終了のための作業等を開始する、朝鮮半島の非核化・米朝国交正常化・日朝国交正常化・経済およびエネルギー協力・北東アジアの平和および安全のメカニズムの5つの作業部会の設置が合意された。

2007年3月19日から22日、第6回6者協議第1次会合が開催された。会合では、朝鮮はBDA問題が解決されていないため非核化の議論には応じられないとの立場をとり、進展がなかった。米国は前回の6者協議後の3月14日に、BDAで凍結されている資金全額を朝鮮側に返却することになった旨を発表したが、朝鮮は決定の発表では不十分であり、実際に送金が確認されないかぎり、非核化の議論には応じないと主張した。

2007年9月27日から30日、第6回6者協議第2次会合が開催された。会合では「共同声明の実施のための第2段階の措置」が発表された。朝鮮半島の非核化については、「朝鮮の既存の核施設の無能力化」、「すべての核計画の完全かつ正確な申告」に合意し、「核物質、技術及びノウハウを移転しないこと」を再確認した。関係国間の国交正常化では、米朝は完全な外交関係を目指すこと、交流を増加し相互信頼を強化すること、テロ支援国家指定の解除作業、対敵通商法適用の

終了作業を開始することを履行するとした。日朝間においては「共同声明」（2005年9月19日、第4回協議）の国交正常化に関する内容を再確認している。また経済およびエネルギー支援については、「初期段階の措置」（2007年2月13日）に従い、100万トンの重油に相当する規模を限度とする経済、エネルギーおよび人道支援の提供を約束した。

　その後、6者は2008年7月10日から12日に首席代表者会合、2008年7月23日に6者外相による非公式会合、2008年12月8日から11日に首席代表者会合が開催された。12月11日に首席代表会合に関する議長談話（武大偉中国外交部副部長）が出され、次回の6者協議を早期に開催することで一致したと述べているが、これ以降6者協議は開催されていない。

　2008年6月26日朝鮮は「核計画申告書」提出、それに対してブッシュ政権は「対敵国通商法の北朝鮮に関する条項を解除する大統領令」を出し、8月11日に「北朝鮮へのテロ支援国家指定の45日以内解除を議会に通告」し、10月11日にテロ国家指定解除を発表（1988年の大韓航空機爆破事件以来）、朝鮮戦争以来の「敵国」リストから除外した。ただし対朝鮮制裁は逆に引き続き強化した。

4　オバマ大統領（2009年〜2017年）

　オバマ政権の朝鮮に対してとった政策は「戦略的忍耐strategic patience」と称し、制裁を通じて朝鮮を圧迫し、朝鮮が自発的に変化することを待つ政策であり、米朝二国間直接対話を否定した。

　2009年3月、オバマ政権は大規模な米韓軍事演習「キーリゾルブ」、「フォール・イーグル」開始した（3月9日〜20日）。一方、朝鮮は4月5日、人工衛星発射を行った。同日、オバマ大統領はチェコのプラハで「核兵器のない世界」への演説を行い、この年のノーベル平和賞を受賞している。国連安全保障理事会は朝鮮の人工衛星発射は核実験と弾道ミサイルの開発・発射の中止を要求した国連安保理決議1718に違反しているとの議長声明を採択し、朝鮮を非難した。朝鮮は同年5月25日、2回目の地下核実験を行い、国連安保理は安保理決議1874を採択し、朝鮮の核実験を強く非難し、経済制裁を課した。

　2010年3月の朝鮮人民軍の魚雷攻撃によって沈没したと言われる韓国哨戒艇「天安号」沈没事件、同年11月23日の朝鮮人民軍による延坪島砲撃事件と続き、南北関係が悪化する中でオバマ政権は同盟国韓国との関係を重視することになる。

　朝鮮はオバマ政権が米朝の二国間対話を無視している間に、オバマ政権発足直後の2009年４月５日に人工衛星「光明星２号」を打ち上げ、2012年４月13日に「光明星３号」、同年12月12日には「光明星３号２号機」、2013年５月には３日間、ミサイル発射実験、2014年６月にミサイル発射実験、2016年には１月に第４回と９月に第５回と２度の核実験、同年２月に人工衛星「光明星４号」を打ち上げている。これらの核実験、ミサイル発射実験、人工衛星発射（米国は大陸弾道弾ミサイルICBMとみなしている）に対しては国連安保理決議が再三、採択されて非難と制裁が課されている。

　2016年２月には、制裁対象となる者、制裁の内容、朝鮮の人権状況を改善するための措置などを定めた「北朝鮮制裁強化法」（North Korea Sanctions and Policy Enhancement Act of 2016）が連邦議会で採択されている。

5　トランプ大統領（2017年〜）

　トランプ政権が発足する直前、金正恩は2017年の「新年の辞」で大陸間弾道ロケット試験発射準備が最終段階に入ったこと、核武力を中枢とする自衛的国防力と先制攻撃能力を強化していくこと、アジアの核強国、軍事強国として浮上したことを強調した。トランプ政権は政権当初、米日韓の同盟関係を重視し、朝鮮との対話よりは圧力の強化策をとった。2017年２月、朝鮮は核弾頭の搭載が可能な弾道ミサイル「北極星２号」の発射実験を行い、続けて３月、４月、５月に弾道ミサイルの発射実験を行った。これに対して５月から６月　米国海軍は日本海に原子力空母２隻と原子力潜水艦２隻を展開し軍事的な緊張感が増大した。また６月２日には、国連安保理はトランプ政権では初となる対北朝鮮制裁強化決議を全会一致で可決した。朝鮮は、７月以降も毎月、弾道ミサイル発射実験を実施し、９月には水爆実験に成功したと発表した。９月12日、国連安保理では朝鮮への原油の輸出制限、天然ガスの禁輸、朝鮮からの繊維製品の全面禁輸、朝鮮労働者の新規雇用の禁止、朝鮮の船舶への検査・制裁強化など内容とする安保理決議2375を採択した。

　トランプ政権は2017年11月20日、朝鮮を「テロ支援国家」に再指定すると発表した。金正恩は2018年の「新年の辞」で2017年に「国家核武力完成の歴史的大業を成就した」と宣言し、「アメリカ本土全域がわれわれの核打撃射程圏にあり、核ボタンが常に私の事務室の机の上に置かれているということ」、しかし核強国

として侵略的な敵対勢力がわが国家の自主権と利益を侵さないかぎり核兵器を使用しないし、どの国や地域も核で威嚇しないが、朝鮮半島の平和と安全を破壊する行為に対しては断固対応する、と米国の「軍事的脅威と圧力」に対しては核保有国として強硬な対応を強調している。

　南北関係に関しては、2018年が「朝鮮人民が共和国創建70周年を大慶事として記念し、南朝鮮では冬季オリンピック競技大会が開催されることにより、北と南にとってともに意義のある年であり、われわれは、民族的大事を盛大に執り行い、民族の尊厳と気概を内外に宣揚するためにも、凍結状態にある北南関係を改善し、意義深い今年を民族史に特記すべき画期的な年として輝かせなければなりません。」と述べ、まず、南北間の先鋭化した軍事的緊張状態を緩和し、朝鮮半島の平和的環境を作りださなければならず、冬季オリンピック競技大会は民族の地位を誇示する好ましい契機となるであろうし、われわれは大会が成功裏に開催されることを心から願っており、朝鮮は代表団の派遣を含めて必要な措置を講じる用意があり、そのために北と南の当局が至急会うこともできる、と南北関係の改善に意欲を示した。韓国はそれに即座に反応し、1月9日、板門店の南側「平和の家」で約2年ぶりに南北高位級会談（南の趙明均〔조명균〕韓国統一部長官と北の李善権〔리선권〕祖国平和統一委員会委員長）が開催された。2月9日のオリンピック開幕式には金永南（김영남）最高人民会議常任委員会委員長、金与正（김여정）朝鮮労働党第1副部長が出席、翌10日には文在寅大統領と会見した。

　その後、南北首脳会談が実現する。南北首脳会談は既に2000年6月の金大中（김대중）大統領と金正日国防委員会委員長、2007年10月の盧武鉉（노무현）大統領と金正日国防委員会委員長との間に行われてきたが、金大中・盧武鉉の対朝鮮政策を継承する文在寅（문재인）大統領と金正恩国務委員会委員長（朝鮮労働党委員長）との間で、2018年4月、5月、9月に行われた。金大中、盧武鉉の会談は平壌で行われたが、4月の会談は金正恩委員長が朝鮮の首脳としては初めて軍事境界線を越え、板門店の南側の「平和の家」で行われた。5月には文在寅大統領が軍事境界線を越え、板門店の北側の「統一閣」、9月には文在寅大統領が平壌を訪問して会談が行われ、同時に朝鮮民族の聖地である「白頭山」を訪れている。

　2017年には米朝関係は極度に緊張した状況であったが、2018年に入り、トランプ大統領は一転して対話へと舵を切った。3月、トランプ大統領は金正恩委員長が非核化に向けて米国との対話に意欲を示したことに肯定的反応を示した。

　4月20日に開催された朝鮮労働党中央委員会第7期第3回総会で金正恩委員長は2013年3月の労働党中央委員会総会で採択された経済建設と核武力建設の並進路線が完遂され、現段階は社会主義経済建設に総力を集中する、という路線の戦略的転換を宣言した。

　6月12日、シンガポールのセントーサ島において史上初の米朝首脳会談が開催され、米朝共同声明が出された。共同声明では、新たな米朝関係や朝鮮半島での恒久的で安定的な平和体制を構築するため、包括的かつ誠実な意見交換を行い、トランプ大統領は朝鮮民主主義人民共和国に安全の保証を与えると約束し、金正恩委員長は朝鮮半島の完全な非核化に向けた断固とした揺るぎない決意を確認した、として4項目に合意した。合意項目は、新たな米朝関係の確立、朝鮮半島における持続的で安定した平和体制の構築、2018年4月27日の南北首脳会談における「板門店宣言」の再確認と朝鮮側の朝鮮半島における完全非核化に向けての努力、朝鮮戦争時の捕虜や行方不明兵士の遺体の収容などである。

　2回目の米朝首脳会談は2019年2月にベトナムのハノイで開催されたが、会談は不調に終わった。

　2019年6月、会談の前にトランプ大統領は現職の米国大統領として初めて軍事境界線を越えて北側に入った。その後、両首脳は軍事境界線を越えて南側へ向かい、文在寅大統領が出迎えるという、「敵対と対決の産物である軍事境界線のDMZで北南朝鮮と米国の最高首脳が分断の線を越えて自由に行き来して会う歴史的な場面」（7月1日朝鮮通信）が演出された。米朝首脳会談は南側の「自由の家」で行われ、朝鮮半島の緊張状態の緩和、米朝の忌まわしい関係の劇的な転換の方途、朝鮮半島の非核化などが話し合われた。

　2019年12月28日から31日、4日間にわたって開催された朝鮮労働党中央委員会第7期第5回総会での報告で金正恩委員長は「米国が対朝鮮敵視政策を最後まで追求するなら朝鮮半島の非核化は永遠にないこと、米国の対朝鮮敵視が撤回され、朝鮮半島に恒久的な平和体制が構築されるときまで国家安全のための必須で先決すべき戦略兵器の開発を中断なく継続していくこと」を宣言している。朝鮮は朝鮮半島の非核化をめぐる米朝の交渉は長期化が避けられず、米国の軍事的威圧に対して朝鮮の自主権と安全、人民の生存権を守るために核抑止力の強化を進めていくことを明らかにしている。

　朝鮮戦争以来の米国による軍事的威圧と経済制裁、冷戦終結以後の朝鮮半島に

おける力学的関係の変化すなわち社会主義体制・陣営の崩壊と体制転換、ソ連
（1990年）・中国（1992年）の韓国との国交樹立による中国・ソ連との事実上の軍
事同盟の解消は、朝鮮にとっては自衛のための選択肢としての核武装の道を選ば
ざるを得なかったといえる。米国は政権交代とともに朝鮮政策が大きく変わり、
前政権の政策、朝鮮との合意を反故にしてきた。また米国は核保有に関してはダ
ブルスタンダードである。NPT体制で核保有が認められている5か国（米国・英
国・フランス・中国・ロシア）以外にもインド、パキスタン、イスラエルは核保
有国であるが制裁はとられてはいない。そもそも5か国のみが核を保有する正当
性がどこにあるのか。なぜそれ以外の3か国が制裁の対象となっていないのか。
ここに朝鮮にすれば米国への長年の不信が存在している。軍事的圧力、核武装に
対する制裁では朝鮮に核を放棄させることはできないであろう。

<参考文献>
・ブルース カミングス（鄭敬謨・林哲・加地永都子訳）『朝鮮戦争の起源1 ——
　　1945年—1947年 解放と南北分断体制の出現』（明石書店、2012年）
・李鐘元＝木宮正史編『朝鮮半島危機から対話へ——変動する東アジアの地政
　　図』（岩波書店、2018年）
・杉田弘毅『アメリカの制裁外交』（岩波新書、2020年）

Column 6
南と北からみた板門店

　私の友人が妻と韓国・ソウルに旅行した時の話である。友人が妻に「板門店に出かけるからパスポートを用意するように」と言ったのに対し、妻は怪訝な顔で「なぜレストランに行くのにパスポートが要るの？」と答えた、そうである。「板門店」は「店」が付くのでレストラン、飲食店と勘違いしたのであろうが、あながち間違いであるともいえないところがある。

　「板門店」판문점の場所は、休戦会談当時、京畿道（京畿道）長湍郡（長湍郡）津西面（津西面）널문리であり、そこに널문리가게、酒幕주막（田舎の街道沿いにある宿屋をかねた居酒屋）があり、休戦会談が3か国語（英語・朝鮮語・中国語）を共通語としていたが、널문리가게（널は板、문は門、리は里、가게は店を意味する。）を中国語に表現するのが難しかったので「板門店」と表記することになった、という。

　널문리の名の由来は、つぎのようにいわれている。

　「1592年、壬辰倭乱当時、漢陽（今のソウル）を捨て平壌に逃亡飛散した宣祖がここを通って河を渡ることになったが、橋がなく渡れなかった。そこで村の人々が家ごとに門を壊して門で臨時に橋を架け、王様が無事に渡れるようにした。その後、ここは板の門で橋を架けたところという、「板門里」と呼ぶようになった」と。（https://namu.wiki/w/%EA%B3%B5%EB%8F%99%EA%B2%BD%EB%B9%84%EA%B5%AC%EC%97%AD）

　現在では、韓国では京畿道坡州市津西面魚竜里、朝鮮では黄海北道開城市板門店里である。韓国ソウルから西北へ62km、朝鮮平壌から南へ215km、開城から東へ10kmである。

　ソウルのホテルから板門店ツアーバスに乗り、途中、朝鮮からの脱北者の話を聞く時間がある。バスはUNキャンプボニバスに到着、そこでキャンプ内の専用バスに乗り換え、説明会場に移動。スライドを使って板門店の説明を30分程聞くことになる。そのときに、「訪問者（見学者）宣言書」を渡され、それを読んで署名を求められる。そこには統合警備区域での注意事項が記載されており、「事変・事件を予期することはできないので国連軍、米国合衆国および大韓民国は訪

問者の安全を保障することはできないし、敵の行う行動に対し、責任を負うことはできない。」と書かれている。その後、バスで共同警備区域 JSA（Joint Security Area、2000年に制作された韓国映画「JSA」でも知られている）へ移動し、南側（国連）の「自由の家」「軍事停戦委員会本会議場」などを見学する。見学に際しては、かなり厳しい注意が事前に行われている。軍事境界線上を跨いで建っている建物の1つである軍事停戦委員会本会議場だけは中で軍事境界線を南北に自由に移動できる。周囲の写真撮影はかなり制限があるが、この建物の中は制限がない。中にいる警備兵は直立不動だが、その傍らで観光客は並んで写真を撮っている。

　平壌からもツアーバスが出ている。ソウルからとは異なり距離もかなりある。開城までの途中で一度休憩をとり、開城近くになると2、3回警備所で確認を受け、開城市内に入る。

　市内から10km程で板門店に到着するが、共同警備区域入口でバスを降りパスポートチェックを受けている間に、朝鮮側将校から板門店の説明を20分程度受ける。再度、乗ってきたバスに乗るが、朝鮮側警備兵が同乗し、まず「停戦協定調印場」を見学する。朝鮮戦争の停戦協定調印場は朝鮮側にある。さらにバスに乗り共同警備区域にある「板門閣」でバスを降り、「板門閣」を通り、南側からと同じ「軍事停戦委員会本会議場」に入り見学をする。南側からと異なり、写真撮影はかなり自由であり、規制も緩い感じがする。

　板門店が世界の注目する場所となったのは2018年に開催された3度の南北首脳会談であり、2019年6月の米朝首脳会談である。

　2018年4月27日、板門店の南側にある「平和の家」で第1回南北首脳会談が行われ、文在寅大統領と金正恩国務委員会委員長が「朝鮮半島の平和と繁栄、統一に向けた板門店宣言」に署名、5月26日には板門店の北側にある「統一閣」で第2回南北首脳会談、9月19日には朝鮮を訪朝した文在寅大統領と金正恩委員長が平壌で第3回南北首脳会談を行い、「平壌共同宣言」に署名した（Further Lesson9〔222頁〕を参照）。

　2019年6月30日には、トランプ大統領と金正恩委員長が板門店で会い、互いに軍事境界線を越えた。トランプ大統領は米国大統領として初めて朝鮮に足を踏み入れたことになる。この米朝首脳会談は2018年6月12日のシンガポール、2019年2月27日−28日のハノイに次いで3回目の会談（南側の「自由の家」）であった。

（大内憲昭）

Chapter 17

韓国の自由貿易協定政策

小場瀬琢磨

I｜連関する東アジアのFTA政策

　韓国の自由貿易協定（FTA）*政策は日本にとっても重要な関心事である。日韓両国の産業は、同一の輸出先国への輸出において競争関係に立つ（自動車産業が典型例）。そのため韓国のFTA政策は、日本の産業の交易条件の有利不利を規定する要因の1つとなる。また地域統合を目指す協定が一般に貿易に関するルールを含むことから、東アジア地域における地域統合という観点からも関心事となる。

＊自由貿易協定とは「関税その他の制限的通商規則……がその構成地域の原産の産品の構成地域間における実質上のすべての貿易について廃止されている二以上の関税地域の集団をいう」（GATT24条8項b号）。ただし、韓国と日本が近時締結した通商協定は、物品貿易の自由化のみならず、サービス貿易および投資の自由化、知的財産権保護、政府調達市場の開放などの多岐にわたる内容を含む。日本の協定においては、協定相手国との包括的な経済的な関係強化のための協定という趣旨で経済連携協定という協定名を用いるのが通例である。それに対して韓国は、物品貿易以外の規律事項を含む協定をもFTAと呼ぶことが多い。本Chapterでは、こうしたFTAという語の用例に倣った。

　本Chapterではまず韓国のFTA政策の全般的動向を概観し（以下II）、次いで米国およびEUとのFTAにおける韓国の譲歩とその影響を素描する（III）。最後に、韓国のFTAが東アジア地域における地域統合に与える影響について述べる（IV）。

II｜韓国のFTA締結動向の概観

　韓国経済の特徴の1つは輸出志向性である。輸出額の多い主要輸出品目は、電

子・電気製品、機械類および化学工業製品である。主要な輸出先国は、多い順に中国、米国およびEUである。2016年の輸出は前年比5.9％減（2015年は前年比7.9％減）となったが、輸出額が2年連続減となるのは1958年以来のことであった。韓国経済は、内需が低迷する状況においては、ますます輸出志向性が高まり、経済成長が貿易に左右されやすくなるという構造を抱える。

　こうした経済構造のゆえに、韓国は、輸出促進の法的手段としてのFTA締結を積極的に推進してきた。そのことを反映して、FTA政策推進は、WTOを通じた「多国間戦略を補完するばかりでなく、輸出市場獲得競争が行われている世界で経済的に生き残るためにきわめて重要である、というコンセンサスが〔韓国の政策集団に〕生まれている」（具民教「韓国のFTA：模倣から競争戦略へ」ミレヤ・ソリース、バーバラ・スターリングス、片田さおり（編）片田さおり、浦田秀次郎（監訳）『アジア太平洋のFTA競争』〔勁草書房、2010年〕219頁）。金大中大統領の政権から今日に至るまで一貫してFTA締結が推進されてきたことは、輸出志向的経済の存立基盤の強化という韓国のFTA政策を規定する枠組的条件に照らしてよく理解される。

　とはいえFTA政策の目標には変遷がなかったわけではない。1998年に金大統領が就任してから、2002年にチリとの間に韓国初のFTAを締結するまでの時期は、韓国がIMFの緊急支援融資を受けていた時期と重なる。IMF融資のコンディショナリティーの1つは貿易自由化および資本移動の自由化であった。これは初期のFTA締結を規定する要因の1つとして作用した。2003年に就任した盧武鉉（ノ・ムヒョン）統領のもとでは、通商交渉本部がシンガポールからアメリカに至るまでの小国大国の双方を対象とするようにFTA政策を拡大した。2013年6月には朴槿惠（パク・クネ）政権が「新通商ロードマップ」を発表した。そこでは中国とのFTA交渉促進および東アジア地域包括的経済連携（RCEP）といった対アジア戦略が強調された。2015年3月に韓国政府は「新FTA 推進戦略」を発表し、あらたに環太平洋パートナーシップ（TPP）協定交渉参加、および新興有望国との新規FTA締結の推進を目指すに至った。

　以上を要するに、各政権下において一貫してFTA政策推進における積極性がみられること、また交渉推進相手国について変遷がみられるものの、トップダウン式の政策決定によってFTA締結推進が一貫して進められてきたことを指摘できよう。

　次に、日韓両国の主要貿易相手国とのFTA締結動向を対照させることにより、

FTA交渉選択に関する韓国の政策と、日本に対する影響をみよう。

表1　日韓両国の主要貿易相手国とのFTA締結動向の対照表

年　月	日本	韓国
2002 1	シンガポールとEPA締結	
10		チリとFTA締結
2006 2		米国とのFTA交渉開始
2007 5		EUとのFTA交渉開始
6		米国とのFTA締結（2010年12月に妥結した追加交渉を経て2012年3月15日発効）
2010 10		EUおよびEU構成国とのFTA締結（2011年7月1日より暫定適用）
2015 6		中国との協定締結（同年12月発効）
2016 2	TPPに署名（2017年1月の米国離脱宣言の後、CPTPPとして再交渉・発効）	
10		TPP参加の意思表明
2018 3	11か国がCPTPP署名	
7	日・EU経済連携協定署名（2019年2月1日発効）	
2019 10	日米貿易協定署名（2020年1月1日発効）	

日本国外務省「経済連携協定（EPA）／自由貿易協定（FTA）」<http://www.mofa.go.jp/mofaj/gaiko/fta/>および韓国関税庁FTAポータル<http://www.customs.go.kr/kcshome/site/index.do;jsessionid=1lDhVZQRmHXGkqDdfT32m0xPVd8HM1lbVFlvMBnVBXKn4rGtVM0N!665425901?layoutSiteId=engportal>>のウェブサイトより筆者作成。

　上記の表1からわかるように、日韓両国ともに多角的な通商政策からFTA締結推進に転じたのはほぼ同時期であった。韓国も日本も2002年にそれぞれチリとシンガポールとの間にFTAを締結した。FTA締結相手の選択に関しても日韓両国に類似性がみられる。両国とも、まず経済規模の小さい相手国を試験的なFTA締結相手としてFTA交渉を始め、次第に大貿易国との交渉に乗り出すというFTA政策の展開をたどった。

　韓国は、しかしFTA締結のスピードに関して、またFTAの規律範囲の包括性（物品貿易のみならずサービス貿易や投資の保護をも含むこと）に関して際立っている*。韓国は、主要貿易相手国の中国、米国およびEUとのFTA交渉を日本に先んじて開始し、FTAの締結・発効に成功した。FTA政策の成果を量的に測る指標の1つとして、FTAカバー率（貿易に占めるFTA発効済みの国・地域との貿易の割合）が用いられることがある。2016年には韓国のFTAカバー率は67.8％に達

したのに対して、日本のそれは22.5％にとどまった（ジェトロ編『ジェトロ世界
貿易投資報告2017年版』50頁「図表Ⅱ-3　主要国・地域のFTAカバー率（2016年）」）。
FTAの規律範囲の包括性に関しては、協定ごとの差があり、日本も包括的な協定
を結ぶようになったが、韓国は、米韓FTA（協定本体だけで投資保護、サービス
貿易自由化、公共調達などに関する24章を含む）をいち早く2007年に結んだ。

＊韓国のFTA政策の目標を説明するうえで「経済領土」という用語が用いられることがある。
これは「FTAによって韓国企業が自国と同じような自由な経済活動ができるようになった
相手先を経済活動上の『領土』と捉えた表現である」とされる。奥田聡「韓国のTPP参加
表明――その背景と見通し」国際問題652号49頁（註１）（2016年）。こうした「領土」概念
の使用は、法的に正確ではないが、韓国が自国企業の海外進出による経済的利益をいかに
重視しているかを示すものであろう。

　一般に複数の貿易競合国の一国がFTAを締結する場合、他国もまた同一の市
場アクセスを得ようとしてFTA締結を推進するため、FTA締結に拍車がかかる
とされる（FTAのドミノ現象）。韓国と日本は、輸出相手国および輸出品目（とり
わけ乗用車、機械、電気機器、化学品）に関して、互いに輸出競争に立つ。その
ため、韓国がFTAの締結によって市場アクセスに関して日本よりも有利な条件
に立つと、日本に対してFTAの締結推進の影響が働く。日本は、韓国のFTA締
結国との間に後を追うようにFTAを締結しており、両国の動向はドミノ現象と
してうまく説明できる例といえよう。

Ⅲ｜FTAの締結を可能とした要因

　上述のとおり韓国は積極的にFTAの締結を推進してきたが、それはなぜ可能
となったか。この点は、韓国とFTA締結相手国との関係、およびFTA締結相手
国間の関係の二面から考察しうる。
　韓国とFTA締結相手国との関係に関して、韓国がFTA交渉において大市場国
の米国やEUとのFTA交渉において韓国が交渉力に劣ることは否めない＊。こう
した二国間関係において、FTA相手国の市場開放を求めるためには、自国市場開
放の譲歩（＝関税引下げ、非関税障壁の撤廃、国内市場における輸入産品に対する
規制の改革、FTAにもとづく義務の実施監視制度の受け入れなど）が求められる。
たとえば自動車分野においては、米韓交渉の前から貿易不均衡（韓国から米国へ

の年間輸出70万台、米国から韓国への年間輸出5000台）の是正が問題視されていた。米韓FTAはいったん妥結した後に再交渉がなされた。再交渉は自動車に関する規定、自動車および豚肉の関税引下げ期間、自動車のセーフガード、ならびに米国産自動車に対する安全基準の緩和を主に扱った（CRS Report RL 34330, 'The U.S.-South Korea Free Trade Agreement（KORUS FTA): Provisions and Implementation', coordinated by Brock R. Williams (September 2014) at 5.）。

＊韓米FTAの署名批准と再交渉の過程は両国の交渉力を示した例であろう。韓米FTAの署名は2007年6月に完了したが、当時のG. W. ブッシュ大統領は韓米FTA実施法を直ちに連邦議会下院に提出しなかった。ブッシュ（子）政権と議会指導者は、韓国との間に締結されたFTAを直ちに批准せず、議会下院の求めるとおりに再交渉したうえで批准することに合意した。結果、韓米FTAは再交渉の末に発効した。さらに2017年7月12日に米国通商代表は、対韓貿易赤字の削減を目指すというトランプ政権の方針にもとづいて、韓米FTA改正と貿易不均衡解消策のための交渉を正式に韓国に対して要求した。

こうして成立した米韓FTAには、次のような約束が含まれる。

— 非対称的な関税撤廃: 韓国は、乗用車の8％の関税を即時に4％に引き下げ、トラックの10％の関税を廃止し、2016年までに関税を撤廃する。米国は2016年まで2.5％の乗用車関税を維持し、またトラックの25％の関税は2018年まで維持し、2022年より関税を免除する。
— 違反に対する制裁強化: 韓米FTA附属書22-Aは自動車分野に特有の紛争解決制度を定める。自動車関連の問題に関しては特別の二国間パネルが違反認定を行う場合、申立国はMFN税率（WTO加盟国に対する譲許税率）を再導入してよい。
— 国内規制改革: 韓国は、自動車関連のエンジン排気量に応じて税額が累進する内国税制を改革する。減税と排気量の区分け数の削減により、大排気量の米国車の不利を除去する。
— 国内規制の減免: 韓国は米国自動車製造者に対して規制の実施の猶予を与えるほか、規制実施後の見直し制度を行う。また米国の連邦安全基準に適合する自動車は年間25,000台まで韓国規制の適用を免除する。韓国の燃費・排気ガス規制は米国車に対して緩和する。さらに新規制導入手続や規制の透明性確保を約束する。

　以上のように、FTA政策の推進は多面にわたる譲歩をもたらす。すなわち、関税の減免のみならず、国内規制の改革および規制の制定・実施の自由に対する制限をも帰結する。この点で、FTA政策は対外的約束を通じて国内統治をも規定するものといえる。

　つぎに、FTA締結相手国間の関係に関して、韓国のFTA締結を可能とした要因を求めるならば、米国とEUのFTA締結をめぐる競争が韓国にとって有利に働いたことを指摘できよう。韓国は、2006年と2007年にそれぞれ米国およびEUと相次いでFTA交渉を開始し、米韓FTAの批准が停滞すると、EUとのFTA締結発効を先行させ、結局、米国とEUの二大貿易相手国とのFTA締結を成功させた。米EUの競争がFTAの規定に反映した例がある。米国車に対する規制上の優遇はEUとのFTA交渉において問題となった。結果、韓国は、米韓FTAなどの他のFTA相手国産の同種の産品よりも不利でない待遇をEU産品に対して与えることを約束した（EU・韓国FTA附属書2-C第5条）。

Ⅳ | 東アジアの地域統合への影響

　韓国のFTA政策は東アジアの地域統合に対していかなる影響を及ぼすか。

　これまでの韓国のFTA締結動向をみるかぎり、韓国は、主要貿易相手国との二国間FTA締結を追求してきたといえる。つまり、東アジア地域における国家間の結びつきを強化したり、貿易の経済的利益を超えた東アジア地域の共通利益の実現を目指したりするよりも、自国の輸出利益の実現を目指した政策にとどまる。そこに東アジアの地域統合に対する影響をみるのは難しい。

　こうした二国間FTA政策はしかし転換の兆しが生じている。韓国はすでに主要貿易国とはFTA締結を達成し終えたため、さらなるFTA締結推進は多国間FTAをも含めざるを得なくなろう。そうした動きとして東アジア地域包括的経済連携（RCEP）、日中韓FTA*およびTPPが挙げられるが、これらは今のところ成功していない。二国間FTAを通じた通商条件の改善競争から多国間アプローチへの転換が実現するかどうかという点が韓国のFTA政策の大きな分岐点となろう。

＊2012年5月の日中韓サミットにおいて、三首脳は、RCEPに関して、交渉開始に向けて議論を加速化するため、新たな作業部会を遅滞なく設置できるよう三か国で協力していくことで一致した。同サミットにおいては日中韓FTAについても交渉開始につき一致し、同月、

カンボジア・プノンペンにおいて、ASEAN関連首脳会議の機会に日中韓経済貿易担当大臣会合が開催され、日中韓FTA交渉の開始が宣言された。

＜参考文献＞

・奥田聡「韓国のTPP参加表明——その背景と見通し」国際問題652号40-50頁（2016年）。

・Choi, W.-M., 'Aggressive Regionalism with the First Partner in the Far East: The Korea-EU FTA and Its Implications for the Future' (2015) 6 *Eur YB Int'l Econ L* 211.

・CRS Report RL 34330, 'The U.S.-South Korea Free Trade Agreement (KORUS FTA): Provisions and Implementation', coordinated by Brock R. Williams (September 2014).

Chapter 18

韓国における
国際人権法の実行

権南希

I 国際人権法の国内秩序における実現

　人権の保護は国際社会の普遍的価値であり、その実現のために国際社会は人権規範の体制を強化してきた。国連では、人権理事会の創設に伴い、加盟国の人権状況を審査するために「普遍的・定期的審査」（UPR）が実施され、すべての加盟国は4年に1度の審査を受けている。また、人権条約の締約国は、人権の保障に向けて国内的実施・履行確保に取り組み、条約ごとに定められた義務を果たすことが求められる。

　人権規範の履行プロセスは、国家が自国の国内法制を通して人権を保護する仕組みを構築・機能させるとともに、国際レベルにおいて人権基準を遵守し、人権条約の義務を果たすことで形成される。国際人権法は、締約国のこうした条約実施をコントロールするためにさまざまなプロセスの実施メカニズムを機能させている。国家報告、国家通報および個人通報制度などは、国家が人権条約上の義務を履行するための具体的措置であり、人権条約に対して補完的な役割を果たすものである。

　一方、国内レベルにおいては、国際人権規範が具体的な人権侵害の事案で参照され、条約の趣旨に合わせて国内法が解釈されることで、国際的な人権基準は国内法秩序の中に浸透する。また、国内の人権状況を調査し、被害者の人権救済を図るために、政府から独立した国内人権機関が設置されることもある。

Ⅱ │ 韓国における国際人権規範の国内的効力と履行

　長期にわたる軍事政権から脱却し、民主化への道程をたどってきた韓国社会を理解するうえで、「人権」は重要なキーワードとなる。韓国の国内人権状況は多くの課題を抱えながらも、国際社会の人権規範を受容しつつ、国内履行を実施している。韓国は、人種差別撤廃条約（1978年）、女性差別撤廃条約（1984年）、経済的、社会的および文化的権利に関する国際規約（社会権規約）・市民的、政治的権利に関する国際規約（自由権規約）（1990年）、子どもの権利条約（1991年）、拷問等禁止条約（1995年）、障がい者権利条約（2008年）など、主要人権諸条約に批准・加入し、国際的な人権規範の体制を承認してきた。

　ここで韓国の国内法体系における国際法の位置づけを確認しておこう。韓国憲法は、5条1項で国際平和主義を宣言し、国際法の尊重を明らかにしている。憲法6条1項は、「憲法に基づいて締結・公布された条約および一般的に承認された国際法規は、国内法と同じ効力を有する」と規定し、条約は国内法体系に受容される。

　では、国内法秩序に受容された条約をはじめとする国際法と、憲法や法律等の国内法はどのような関係にあるのか。通説によると、憲法との関係においては憲法が国際法より優位であるとされるが、法律との関係において国際法を国内法のどこに位置づけるかは、解釈に委ねられている。これについて、憲法裁判所は、「憲法6条1項の国際法尊重主義は、わが国が加入した条約と一般的に承認された国際法規が国内法と同等な効力を持つということであり、条約や国際法規が国内法に優先するということではない」と判示する（憲法裁判所2001年4月26日宣告99헌가13決定）。

　一般的に、国内法との関係において、国際法規範は、その内容や規範の性質に関係なく1つの範疇に属するものとして扱われる。しかし、人権保護に関する条約は、国際法の中でも優位のヒエラルキーが認められ、法律より優先する解釈が必要であるとされる。憲法裁判所においても、違憲判断にあたって、人権条約のほか、法的拘束力を有しない人権文書を含む国際人権法を、補充的な根拠として用いた事例が増加している。つまり、韓国の法秩序における人権条約の位置づけは、事実上、憲法に準ずる規範性を認める考え方が定着しつつあるといえる。

　韓国における人権規範の履行にはつぎのような特徴がみられる。第1に、国内裁判所の判例をみると、人権条約規定を事実関係に直接適用し、裁判の法的効果

を導くような事例は少ないが、国内法の解釈基準や補強材料として人権条約を援用する手法は広く用いられている。このような方法で国際人権法の浸透が促されている一方で、後述するように国家保安法に関連する事案などでは裁判所の判決が国際的な人権基準を遮断するような傾向も見受けられる。

　第2に、国内人権機関としての「韓国国家人権委員会」の存在である。国家人権委員会は、国際的な人権基準を裁判以外の手法で受け容れ、機能させる役割を果たしている。組織の独立性の確保、専門性と多様性の維持などの課題は指摘されているが、人権侵害の法制度に対する是正勧告や人権教育を通して国民の意識を向上させる効果は大きい。

　第3に、国際人権条約の実施措置に関連して、韓国国民による「個人通報」制度の積極的な利用は特徴的である。個人通報は、人権諸条約において定められた権利を侵害された個人が、条約にもとづき設置された人権条約機関に通報を行う制度である。通報を受けた人権条約機関は事案を検討し、「見解」または「勧告」を各締約国に通知する。人権条約機関による「見解」は、法的拘束力はないが、「権威ある決定」であり、国際・国内の世論を高めることで国内法の改正が促されるなど、人権侵害の救済・是正において重要な役割を果たす。韓国では、2000年以降、良心的兵役拒否に関連する多くの事案で、国際人権機関に直接救済を求める個人通報の利用が急増し、自由権規約委員会による是正の見解が出されている。このような国際社会の要請が国民の人権保護に関するコンセンサス形成に及ぼす影響は大きいと思われる。

　以下では、これまで蓄積してきた韓国の人権条約の履行実績を概観することで、人権保護のための課題を検討する。

Ⅲ │ 韓国における国際人権法の適用

1　国内裁判における国際人権法

　憲法裁判所をはじめ、国内裁判において人権条約が言及され始めたのは、1990年代に入ってからである。憲法裁判所が違憲判断の基準として人権条約に初めて言及した事案では、名誉毀損の回復方法について民法764条の「適当な処分」として裁判所が命令した「謝罪広告」が、良心の自由と人格権の侵害に当たるか否かが争われた。この判決で憲法裁判所は、「謝罪広告は、国家が裁判という権力作用をもって自分の信念に反することを外部に表明するように命ずるものであり、

憲法19条の保障する良心の自由に反する」とし、「自由権規約18条2項が定める
とおり、自ら選択する信念を有する自由を侵害するおそれのある強制を受けな
い」と判示した（憲法裁判所1991年4月1日宣告89헌마160決定）。国民の権利意
識の向上とともに、基本権保障に関する憲法訴願審判および違憲法律審査の件数
は徐々に増加し、人権は韓国社会の最も重要な実現すべき価値の1つとして位置
づけられた。

　1993年、国家保安法が自由権規約に違反するものではないとする大法院の判決
（大法院1993年12月24日宣告93도1711判決）が出て以降、人権条約を参照した裁判
所の判決は増加している。初期段階では自由権規約の違反が問われる事案が多数
を占めていたが、近年は女性差別撤廃条約、人種差別撤廃条約、拷問等禁止条約
など、援用される条約にも変化がみられる。

2　国際人権条約と国内法秩序

(1)　国内法と人権条約違反——良心的兵役拒否と自由権規約

　これまで人権条約を援用した判決の中で最も多くの割合を占めているのは、良
心的兵役拒否に関する事案である。良心的兵役拒否とは、一般的に兵役義務があ
る国家において、宗教的・倫理的・哲学的・政治的、またはこれに類似する動機
から形成された良心上の判断にもとづき、兵役義務の一部、または全部を拒否す
る行為である。兵役拒否により兵役法88条1項1号等の違反で国内裁判において
有罪判決を受けた人数は、年間平均600人に上る。つまり、この数字は全世界の
兵役拒否による受刑者の9割以上が韓国人であることを示す。自由権規約委員会
はたびたび韓国政府にこの問題の是正処置を求めてきたが、これらが受け入れら
れることはなかった。

　2004年、良心的兵役拒否で起訴されたエホバの証人信徒に対して無罪を宣告し
た判決が出たことで韓国社会には波紋が広がった。裁判所は、兵役を拒否した行
為はまさに良心上の決定であり、良心の自由という憲法的保護の対象足り得ると
十分に判断できる場合、これは兵役法の定める正当な理由に該当するとして、新
たな法的判断の可能性を示した（ソウル地方裁判所南部支部2004年5月21宣告
2002고단3941判決）。この判決は、良心的兵役拒否に関する国連人権理事会決議
や自由権規約委員会による一般的意見など、国際社会の人権基準に理解を示して
いる。その後、2018年大法院の判断が変更されるまで、下級審では良心的兵役拒
否に対して100件を超える無罪判決が出された。すべての判例が国際人権法に言

及しているわけではないが、その多くが国際人権基準を判断の論拠として用いている。

　しかし、大法院と憲法裁判所は、良心的兵役拒否に対して極めて厳しい見解を維持してきた。大法院は、良心的兵役拒否の権利は自由権規約18条が定める良心の自由から導出されるものではないとし、「憲法上の基本権の行使は、憲法的価値と国家の法秩序を脅かさない範囲内で行われるべきである」とする（大法院2004年7月15日宣告2004도2965判決）。憲法裁判所は、良心の自由の重要性を認めつつも、これが「法秩序に従うことを拒否することができる権利ではなく、国家共同体が甘受できる範囲内で、良心の保護を国家に要求する権利である」とし、良心的兵役拒否者を処罰する兵役法の違憲性を否定してきた（憲法裁判所2004年10月28日宣告2004헌바62決定）。

　一方、国際社会では、自由権規約18条にもとづき兵役拒否の権利は保護されるべきであるとの認識が広く共有されている（国連人権理事会決議24/17、2013年）。国際人権基準の韓国社会への浸透は、良心的兵役拒否で有罪判決を受けた個人が救済を求めて個人通報制度を利用するという状況をもたらした。自由権規約委員会は、複数の個人通報の事例を受けて、韓国政府に対して良心の自由にもとづく兵役拒否の保護を認め、代替服務制度を速やかに導入するよう、見解を出した。しかし、韓国政府は停戦状態という安全保障上の特殊な現実に鑑み、勧告は受け入れられないとの立場を示してきた（UPR, Republic of Korea, 2012, A/HRC/WG.6/14/KOR/1, para.72）。

　2018年、良心的兵役拒否をめぐる司法の判断は大きく舵を切った。憲法裁判所は、良心的兵役拒否者との関係で代替服務制度を兵役の種類として規定していない兵役法5条1項は、過剰禁止の原則に反し、良心の自由を侵害するものであり、憲法に合致しないとした（憲法裁判所2018年6月28日宣告2011헌바379決定）。これを受けて、2019年12月、代替服務制度の導入を定める法律が制定され、良心的兵役拒否者が刑事罰を受けずに国防の義務を果たす道が開かれた。

　また、大法院は、兵役拒否に対して「兵役の義務を一律的に強制し、その不履行に対して処罰することは良心の自由に反する」とし、兵役法違反に問われていたエホバの証人信徒の兵役拒否者に対する有罪判決を破棄し、下級審へ差し戻した。判決は、良心的兵役拒否者に対する処罰は「憲法上の基本権保障体系と全体の法秩序に照らし合わせてみると妥当なものではなく、少数者に対する寛容と抱擁という自由民主主義の精神にも反する。ゆえに真正な良心に基づく兵役拒否で

あれば、兵役法88条 1 項が定める『正当な理由』に該当する」とし、その真正性は「物事の性質上、良心と関連する間接的事実、もしくは状況事実を証明する方法で判断する」とし、これまでの判例を変更した（大法院2018年11月 1 日宣告2016도10912全員合議体判決）。

　良心的兵役拒否に関する司法判断の変化には、国際社会が良心的兵役拒否を広く認めている状況、たび重なる国際社会の要請、韓国国民の人権意識の成熟、基本的権利の憲法上の重要性や国際人権規範の意義を言及してきた下級審判断の蓄積などが影響していると思われる。

(2)　国内法と人権条約違反──国家保安法と自由権規約

　国家保安法は、1948年の制定当時からその適用をめぐって人権侵害の可能性が指摘されてきた（Chapter 21・Ⅳ〔217頁〕参照）。1991年一部改正が行われたものの、国家保安法による人権侵害の実態はたびたび廃止論争を巻き起こした。2000年南北首脳会談に際して相互信頼にもとづく南北関係の構築に向けて、国家保安法の廃止論が再び浮上し、廃止法案や一部改正が発議されたが、成立には至らなかった。しかし国家保安法の違憲性について憲法裁判所は極めて慎重な立場である。判決では、国家の存立・安全を脅かし、自由民主的基本秩序に害悪を及ぼす明確な危険がある場合のみ、違憲性が認められるとの立場を維持している（憲法裁判所1997年 1 月16日宣告92헌바 6 決定；憲法裁判所2002年 4 月25日宣告99헌바27・51決定）。

　自由権規約委員会は、国家保安法の段階的廃止を勧告しており、個人通報の事例においても表現の自由の侵害を認める見解を出している。表現の自由の保障は、自由権規約19条 2 項が定めているが、「国の安全、公の秩序又は公衆の健康若しくは道徳の保護」を目的とする場合、権利行使に対して法律による一定の制限を課すことができる（同条 3 項 (b)）。とくに表現の自由の侵害が憂慮されているのは、国家保安法 7 条が定める「利敵団体」への加入、「利敵表現物」の取得・所持行為に対する処罰（同条 3 項および 5 項）である。

　代表的な事例として、1989年民族芸述人協会主催の「第 2 回統一展」に出展された絵画作品「모내기（田植え）」が「利敵性」を有するかが問われた事案がある。大法院は、「国家の存立・安全」と「自由民主的基本秩序」が国家保安法の保護法益であり、これを脅かすような内容の表現物は、表現の自由の限界を超えるとし、有罪を宣告した（大法院1998年 3 月13日宣告95도117判決）。この事案では、

2000年、個人通報を受けた自由権規約委員会が表現の自由の侵害を認め、韓国政府に対して判決の無効化、通報者に対する補償と没収された作品の返還を勧告したが（個人通報番号926/2000）、いずれも受け入れられていない。

(3) その他の人権条約の援用・適用

　刑事訴訟の証拠能力の否定、損害賠償の違法性認定などの具体的事案において、その法的判断の根拠として国内法の規定とともに人権条約が援用されている。2013年、国家保安法違反に対する再審請求で、捜査過程での捜査官の残虐行為が、拷問等禁止条約1条の定める「拷問」に該当するとし、任意性のない陳述の証拠能力を否定する国内法（憲法12条7項、刑事訴訟法309・317条）とともに拷問による陳述の使用を禁止した拷問等禁止条約15条が援用された（ソウル高等裁判所2013年11月8日宣告2011재노155判決；ソウル高等裁判所2013年12月24日宣告2012재노68判決）。

　また、捜査過程の残虐行為が原因で死亡した被疑者の遺族による損害賠償事件で、被疑者の人権を保護しなければならない捜査担当者の職務上の義務について、裁判所は国内法（憲法10条、刑事訴訟法198条、検察庁法4条）のほかに、自由権規約を法的根拠として援用した（ソウル高等裁判所2005年4月13日宣告2004나13610判決）。

　その他にも、社団法人の女性会員に対する総会の会員資格の制限に対して不法行為にもとづく損害賠償が求められた事件で、裁判所は、このような制限が憲法11条および女子差別撤廃条約1条の「差別」に該当すると判示し、国内法の規定と同様に人権条約が適用されている（ソウル高等裁判所2009年2月10日宣告2007나72665判決）。

　そして人権条約が国内法の補充・補完として援用される場合もある。子の死亡後、未成年の孫を扶養した原告が子の配偶者を相手に扶養料を請求した事案で、父母の第一義的扶養義務と親族の扶養義務の順位を判断する際に、民法を補完する形で人権条約が援用された判例がある。裁判所は、親権者の子を保護・教養する権利義務に関する民法規定（民法913条・975条）の他に、父母または法定保護者が「養育及び発達についての第一義的な責任を有する」と定める子どもの権利条約18条1項にもとづき、扶養料請求を認めた（全州地方裁判所2013年11月13日宣告2013가소2582判決）。

Ⅳ | 国際人権基準の実現をめざして

　韓国は、主要な人権条約の締約国として国際的な人権基準の受容れに適切に対応しているのだろうか。人権条約の実効性は、最終的に国家が自国内においていかにそれを受け止め、履行するかによって保障される。これまで韓国の司法判断では、権利侵害を正当化する根拠を、分断国家という事実を前提にした「国家の安全保障」と「公共秩序」に求める傾向が顕著であった。民主主義の根幹である表現の自由に対する国家保安法の制約を、安全保障の論理だけで正当化しようとしてきた韓国の姿勢は、国際社会の人権に対する認識や基準とかけ離れているといわざるを得ない。

　国際人権基準の浸透という観点から考えると、人権条約が韓国国内の法制に影響を及ぼしていることは言うまでもないが、その意義を存分に発揮しているとはいえない。人権条約の内容を国内法の枠組みの中に限定させようとする司法の態度は、国際人権規範の国内法秩序への影響を限定的なものにしてしまうおそれがある。また、法的拘束力の欠如を理由に人権条約機関による見解を受け入れようとしない韓国政府と司法の姿勢については、国家人権委員会や国際法研究者からも批判的な指摘を受けている。このように人権条約の援用に消極的な司法の姿勢、人権条約機関による一般的意見や最終所見が国内裁判所において十分に考慮されない状況をいかに克服することができるのかは、人権保護に向けてさらに取り組むべき課題である。

　一方で、良心的兵役拒否の事例など、最近の司法判断において、国際人権法に対する理解が深まりつつあることも事実である。また、韓国における人権条約の援用形態は多様化しており、言及される対象条約にも変化がみられる。人権をめぐる韓国の現状は、国際社会の人権保護の要請に応え、国際人権規範と国内法秩序との調和をはかるべく調整する努力と変化がさらに求められている。

<参考文献>
・申惠丰「韓国における国際人権法の国内実施：裁判所と国家人権委員会を中心に」青山ローフォーラム4巻2号121-156頁（2016年）
・権南希「韓国における国際人権法の国内実施：自由権規約の個人通報制度の利用と課題」政策創造研究9号41-74頁（2015年）
・阿部浩己ほか『テキストブック国際人権法〔第3版〕』（日本評論社、2009年）

Chapter 19

徴用工訴訟問題

青木 清

I ｜ 徴用工判決

　2018年10月30日、韓国の最高裁判所である大法院が、第2次世界大戦中に日本の工場に動員された韓国人徴用工による日本企業に対する損害賠償請求訴訟で、その賠償を命じる判決を下した。翌11月にも、大法院は他の日本企業を相手に同趣旨の判決を下し、その後、下級審でも同様の賠償を認める判決が続いた。ほぼ時期を同じくして、2015年末に結ばれた日韓慰安婦合意（Chapter20〔206頁〕参照）にもとづき設立された「和解・癒やし財団」を、韓国が一方的に解散することを決定した。そこで、日本が韓国に対する輸出規制を強化する措置をとると、韓国は「軍事情報包括保護協定」（GSOMIA）の破棄を日本に通告する（結局、破棄は見送られた）など、両国の応酬が激しさを増し、その関係は戦後最悪といわれるほどになってしまった。ここに取り上げる徴用工判決が、まさにその契機となったのである。

　本Chapterでは、徴用工判決の内容を紹介するとともに、その問題点、日韓の対立点等について、検討を加えることにする。裁判そのものが複数存在し、論点も多岐にわたっていることから、2018年10月30日に大法院が当時の新日鉄住金（現、日本製鉄）に対して下した判決を中心に、その内容をみることにする。

II ｜ 新日鉄住金事件の概要

　1943年、日本の植民地統治下にあった朝鮮半島の平壌において、当時の国内最大の鉄鋼メーカーで半官半民の国策会社であった日本製鉄が、自社の大阪製鉄

所で働く工具を募集する新聞広告等を出した。広告を見たＡとＢは、これに応募
し、身体検査や面接を経て審査に合格した。Ａらは、大阪製鉄所に赴き、訓練工
として業務に従事した。大阪製鉄所では、１日８時間、３交代制で働き、休日も
１ヶ月に１、２回しか与えられなかった。１ヶ月に２、３円程度の小遣いが支給
されたのみで、寮の食事も少なかった。同社は、浪費のおそれがあるとして、Ａ
やＢの同意もなく、彼ら名義の口座に賃金の大部分を一方的に入金した。仕事も、
高温で燃焼している溶鉱炉の石炭落とし口に立って石炭を鉄棒で突き落としたり、
熱気の残っている直径1.5メートルの鉄パイプの中に入り石炭滓や煤を取り除い
たりする、危険な重労働であった。警官がたびたび立ち寄り、逃亡など考えるな
といわれたりしていた。現に、Ａが逃亡を計画したところ、これが発覚し、寮の
舎監から段打されるなど、体罰を受け、２ヶ月間、小遣い銭の支給も止められた。
1944年２月か３月頃、舎監からＡらが徴用された旨の告知を受けた。以後、監視
も厳しくなり、外出も制約されるようになった。

　1945年３月、米軍の大阪大空襲により、大阪製鉄所が破壊された。同年６月頃、
ＡとＢは、同社が清津——現在の北朝鮮北部の都市——に建設中だった製鉄所
に配置され、清津に移動した。その際、Ａらは、舎監に賃金が入金されている通
帳と印鑑を渡すように要求したが、舎監は渡すことはなかった。Ａらは、清津で
は全く賃金を受けることはなかった。1945年８月、ソ連軍が、清津に進出し、日
本軍施設へ攻撃を始めたため、ＡとＢは、それぞれ別々に清津から京城（ソウ
ル）へ逃れていった。

　（以上の概要は、日韓両国の判決で共通して認定されている事実にもとづいてい
る。）

Ⅲ │ 徴用工判決——日本判決と請求権協定

1　日本の裁判所での判決

　ＡとＢは、上記期間の未払賃金や損害賠償を求めて日本製鉄の後継会社たる新
日鉄住金（2012年以前は新日本製鉄）を相手に裁判を起こすのであるが、彼らが
最初に訴訟を提起したのは韓国の裁判所ではなく、実は、日本の裁判所であった。
ちなみに、日本の裁判所では、新日鉄とともに日本国も被告とされていた。

　第１審は大阪地判平成13年３月27日LLI/DB判例秘書L05650388、第２審は大

阪高判平成14年11月19日訟務月報50巻3号815頁、最終審は最判平成15年10月9日LLI/DB判例秘書L05810115として公表されている。これらの裁判では、強制連行の事実は認められないとしながらも、原告らの労働は実質的には強制労働であったと認定している。そして、これに対する賠償責任に関しては、被告国については認められないとした。一方、当時の日本製鉄に対しては、賃金を一部支払わず、かつ違法な強制労働をさせていたとし、債務不履行および不法行為にもとづく損害賠償責任が認められるとした。そこで、裁判では、その賠償責任が訴え提起時に存在していた新日本製鉄に承継されていたのかどうかが問題となった。日本製鉄は、戦後、規模の大きさや過度経済力の集中といった点から解体の対象となり、過度経済力集中排除法や企業再建整備法により、資産を現物出資して八幡製鉄、富士製鉄、日本製鉄汽船、播磨耐火煉瓦の4つの第二会社を設立して、自らは解散した。こうした経緯から、裁判所は、これら4社には、原告らの日本製鉄に対する債務不履行ないし不法行為債権は当然には承継されないと判断した。第2審も、基本的には同じ結論である。ただ、これに加えて、仮に債権が承継されたとしても、その債権は日韓請求権協定2条3の「財産、権利及び利益」に該当するもので、それは財産権措置法の適用によって昭和40年6月22日をもって消滅したと解されるとした。最終審の最高裁は、単に上告理由がないと述べるのみで、Aらの上告を却けている。

2　日韓請求権協定

　多くの論点を含む徴用工訴訟ではあるが、第2審が追加的に言及している徴用工らの未払賃金や損害賠償請求の問題と日韓請求権協定との関係は、いずれの事件にも共通した主要な争点の1つである。それは、日本政府が、2018年の大法院判決の後、終始一貫して「徴用工判決は国際法違反」と主張している論点でもある。

　戦後、「日本国との平和条約」が署名された1951年に、日韓両国は関係正常化のため予備会談を開始し、翌1952年から7次にわたる正式会談を行い、1965年にようやくその妥結をみるのである。その際締結されたものが、日韓基本条約と、ここで問題となっている日韓請求権協定すなわち「財産及び請求権に関する問題の解決並びに経済協力に関する日本国と大韓民国との間の協定」を含む4協定である。日韓請求権協定では、第1条で、日本が韓国に対して3億ドル(当時の換

算で1,080億円）の無償供与、2億ドル（当時の換算で720億円）の有償供与を行う
ものとし、その一方で、第2条で、日韓両国は、両国及びその国民の財産・請求
権に関する問題（同条2項に定める例外を除いて）が「完全かつ最終的に解決さ
れた」こととなることを確認したとされた。この協定に関して合意された議事録
では、これらの中には「『韓国の対日請求要綱』（いわゆる八項目）の範囲に属す
るすべての請求が含まれ」ると記され、その「韓国の対日請求要綱」（いわゆる
八項目）の第5項には、「被徴用韓国人の未収金」、「戦争による被徴用者の被害
に対する補償」、そして「韓国人の日本人又は日本法人に対する請求権」が、明
示的に列挙されている。

　こうしたことから、徴用工らに対する賠償等の問題は日韓の取り決めによりす
でに解決済みである、したがって「徴用工判決は国際法違反」とするのが、日本
政府の立場である。前記第2審が言及する理由も同様である。

Ⅳ｜徴用工判決──韓国判決と渉外事件

1　渉外事件としての徴用工訴訟

　2003年、日本の最高裁判決により敗訴した原告らは、次いで韓国の裁判所で訴
えの提起をする。国内事件であれば、最高裁判決が出た段階でもはや争う余地は
ない。ところが、日本の裁判所はまったく触れていないが、本件は、韓国人たる
原告が日本法人の被告を訴えるという渉外事件の構造を有している。

　現在の国際社会は、主権を前提にした主権国家から成り立っている。したがっ
て、各国の裁判制度も各国の法律も、その主権のもとに存在している。しかも、
その主権に勝るものはない。その結果、国境を隔てて発生する渉外事件、とりわ
け私法上の問題を扱う渉外私法事件については、これを解決するための裁判機関
もなければ、国際的に統一されたルールもない。いずれかの国の裁判制度を利用
し、そしていずれかの国の法律を適用して、これを解決している。しかも、それ
を各国主権のもと行っている。

　こうした構造から、日本での解決とはまったく別個に、韓国は、その主権のも
と、本件を韓国の裁判所で扱うべきか否かを判断し、扱うとした場合にはいかな
る国の法にもとづいて解決するかを、自ら決定することができる。講学上、国際
私法と呼ばれる領域の問題である。もちろん、日本にも国際私法が存在するが、

本件は日本では国内事件として処理されたため、前述したように同裁判では国際私法への言及はない。これに対して、韓国の判決とりわけ2018年の大法院判決を導き出すことになる2012年大法院判決（後述の③判決）において、この点が詳細に検討されている。

2 韓国の裁判所での判決

　韓国での訴え提起は2005年２月に行われ、原告は、あらたに２名が加わり４名となった。被告は新日本製鉄のみで、請求内容も慰謝料請求（原告に各１億ウォン）のみとなった。

　第１審のソウル中央地方法院2008年４月３日宣告2005가합16473判決（①判決）および第２審のソウル高等法院2009年７月16日宣告2008나49129判決（②判決）は、韓国民事訴訟法217条の定める「外国判決の承認」という枠組みのもと、前述した日本の判決の効力を承認して、原告らの請求を棄却した。前述した国際社会の構造から、各国の裁判あるいは判決はその主権が及ぶ範囲でのみ効力を有するのが原則であり、国際法上、外国判決の効力を内国で認める義務を負うものではない。しかし、多くの国では、権利保護の実現や訴訟経済等、さらには国際私法秩序の安定のため、一定の要件のもと外国判決の効力を承認している。国際民事訴訟法と呼ばれる法領域の主要な論点の一つであり、わが国も、民事訴訟法118条においてその要件を定めている。なお、①判決および②判決は、債務承継の可否についても判断しており、新日鉄は日本製鉄の債務を承継していないと判示した。

　これら下級審の判断に対して、最終審の大法院2012年５月24日宣告2009다68620判決（③判決）は、まず、下級審が認めた日本の判決の効力を認めることはできないとした。韓国民訴217条３号（わが国の民訴118条３号に相当）の定める「公序」要件、すなわち「その判決の効力を認めることが大韓民国の善良な風俗又はその他の社会秩序に反しないこと」を満たしていないとして、日本の判決の承認を否定したのである。韓国憲法からみて、「日本植民地統治下の強制占領期の日本の朝鮮半島支配は、規範的な観点から見て不法な強制占領に過ぎず、日本の不法な支配による法律関係のうち、大韓民国の憲法精神と両立しないものはその効力は排除されるべきである」というのが、その理由である。

　同判決は、これに続いて、原告らの損害賠償請求権については、「請求権協定で個人請求権が消滅しなかったのはもちろん、大韓民国の外交保護権も放棄しな

かった」と解している。この判断が、実は極めて大きな意味をもつことになる。というのも、それまでは韓国政府も前述の議事録等から徴用工に対する未払賃金や補償の問題は請求権協定により解決済みであるとの立場に立っていたからである。現に、2005年、韓国で日韓会談の外交文書が公開された際にそれらを検証するために韓国政府がつくった「韓日会談文書公開後続関連民官共同委員会」も、慰安婦問題、サハリン同胞、原爆被害者問題は請求権協定の対象に含まれていないとしたが、日本から受け取った3億ドルは強制動員被害補償問題の解決資金を含むものと考えられると述べていた。③判決は、こうした従来からの立場を大きく変えるものになったのである。

　仮に、韓国人原告らが日本法人たる新日鉄に対して権利を有しているとなると、その権利は、現段階においては、法律上どのような内容で、いかなる効力をもっているのか、が検討されなければならない。ここでは、渉外事件としての処理が必要になる。裁判では、日本製鉄と新日鉄の法人格の同一性、その間での債務の承継の可否、不法行為債権の除斥期間ないし消滅時効等の問題が争われている。国際私法による解決となれば、これらの各問題について適用される法（これを準拠法という）を決定しなければならない。そこで、③判決は、韓国の国際私法にもとづきその準拠法を決定している。法人格の同一性や債務承継の可否については、日本法が準拠法となるとしながらも、国際私法上の「公序」を根拠に日本法の適用を排除し、韓国法にもとづき判断している。国際私法上の「公序」とは、準拠法として指定された外国法をそのまま適用すると、自国法秩序の根本原則や基本理念が脅かされる場合に、当該外国法の適用を排除するというものである。ここでは詳述できないが、国際私法総論上の理論で、簡単にいえば前述の韓国民訴217条3号の「公序」と同類の規定である。日本法でいえば、法の適用に関する通則法42条に相当するものである。いずれにせよ、③判決は、以上のような論述のもと①および②判決の結論を否定し、さらには新しい考え方も付け加えて、この事件を原審に差し戻している。

　差戻後のソウル高等法院2013年7月10日宣告2012나44947判決（④判決）は、③判決を踏まえ、そこで示された考え方に沿って原告らの請求を認容した。こうした経緯を経て、本Chapter冒頭に記した大法院2018年10月30日宣告2013다61381判決（⑤判決）が下されたのである。

V 2018年大法院判決（⑤判決）のポイント

　⑤判決の結論は、新日鉄（この段階では、新日鉄住金）の上告を斥けるもので、③、④と続いた判決の流れからすれば、当然、予想された結論である。そうではあるものの、この判決が日本で大きく取り上げられることになったのは、判旨が、原告らの損害賠償請求権を「日本政府の朝鮮半島に対する不法な植民地支配および侵略戦争の遂行に直結した日本企業の反人道的な不法行為を前提とする強制動員被害者の日本企業に対する慰謝料請求権（強制動員慰謝料請求権）である」と性格づけたからである。端的に言えば、植民地支配と戦争遂行に結びついた日本企業の不法行為による慰謝料請求権なるものを認めたのである。戦前、朝鮮半島で活動をしていた日本企業は、間接的な関与も含めれば、多くの企業が日本の植民地統治や太平洋戦争の遂行に関連した活動を行っていたのではなかろうか。そうであれば、この論理は、そうした企業すべてに対して強制動員慰謝料の支払い義務を認めることに繋がりかねないものといえる。同判決の射程範囲が明らかにされなければならない所以である。

　しかし、⑤判決の論理は、必ずしもわかりやすいものではない。不法行為による損害賠償と考えている以上、渉外事件の構造から、それを成立させる法（準拠法）が観念されなければならない。それはいずれの法か。⑤判決自身は、それを明示していない。ちなみに、③判決では、不法行為債権の消滅時効ないし除斥期間の準拠法を考える際に、当時の朝鮮半島に施行されていた国際私法規定（その法源は、当時の日本の国際私法規定である「法例」であった）を適用し、本件不法行為の準拠法は韓国法もしくは日本法であると判断している。③判決は、これに続けて、原告らは日本で日本法が適用されて敗訴しているので、彼らには韓国法を選択する意思があると考えられるとして、最終的に韓国法をその準拠法としている。

　⑤判決も、この考え方を前提にしているのであろうか。仮にそれを前提にしたとしても、その枠組みのもと、日本の植民地統治を不法とする現行韓国憲法を根拠としているような「強制動員慰謝料請求権」なるものの成立を認めることができるのか。こうした点が⑤判決に対しては疑問として残る。さらに一般的に言えば、植民地統治に結びついた行為の法的効力を否定する立場に立つと、そもそも、植民地統治の典型的な道具といえる日本法（例えば、前述の法例）の当時の朝鮮社会への適用をいかに考えるのか、戦前の法制度を前提に長年（戦後も含め）形

成されてきた権利関係を、現段階で法的にどのように評価するのか、等々の疑問が生じてくる（Further Lesson 2〔50頁〕参照）。もちろん、⑤判決には、そうした点への言及はない。

　加えて、⑤判決は、原告らの権利が請求権協定の対象とならない根拠を、「請求権協定の交渉過程において、日本政府が植民地支配の不当性を認めず、強制動員被害の法的賠償も否認している」からだとし、加えて韓国側からの「要求額にはるかに届かない3億ドルのみを受け取った状況では、強制動員慰謝料請求権も請求権協定の適用対象に含まれていたとは到底認めがたい。」とも述べ、その金額も問題としている。同判決は、日韓関係正常化のための作業や1965年に締結した条約と協定の内容それ自身も問題としている。

　なお、⑤判決には、多数意見と異なり、原告らの権利は請求権協定の対象となるがそこでは韓国の外交的保護権のみが放棄されたに過ぎないとした個別意見（3名の判事）、さらには請求権協定の締結により原告らは訴訟によりこれを請求することはできないとした少数意見（2名の判事）が存在している。

VI │ 1965年しかみない日本、「日帝」にこだわる韓国

　日韓両国が関係正常化へ向けて作業を進めるなか、日本による植民地統治をいかに評価するかにつき両国は激しく対立した。韓国は、そもそも日本の植民地統治につながった条約は強制によるもので「当初から無効」であるとしたのに対し、日本は、合法的に締結された条約であるという立場に立っていた。その結果、日韓基本条約締結の際にはそれら諸条約は「もはや無効」であるとして、いつから無効になったのかを明示しない玉虫色の決着を図ったのである。当時から、日韓基本条約およびそれに付随する諸協定には、日韓双方において極めて強い批判が存在していた。種々の問題点を、棚上げし、先送りし、さらには一部利益を犠牲にすることにより、これらの条約が結ばれたのである。両国は、国交正常化以後、日本では高度経済成長、韓国では「漢江（ハンガン）の奇跡」と呼ばれる経済成長をそれぞれ成し遂げ、今日の姿がある。合意は守られなければならないのは、日本政府の言うとおりである。しかし、こうした経緯の存在も忘れてはならない。1965年の日韓基本条約および4協定の締結により問題がすべて解決されたわけではない。日本は、その際に、棚上げ、先送り、さらには犠牲にされたものに目を向け、対応策を探るべき時であろう。

　他方、韓国については、立場の違うあるいは現在の考え方と異なる見解をもつ政権が日本政府と結んだ条約だからといって、かなり強引な解釈までして、その中身を否定するのは法解釈としてはやはり行きすぎであろう。国際社会が長い歴史の中でつくり出してきた「合意は守られなければならない（pacta sunt servanda）」とするルールは非常に重い。日韓両政府がそれぞれ国内に強い反対を抱えながらも結んだ日韓基本条約や4協定は、そうした国際合意に他ならない。そうであれば、これらの諸条約を前提にして、今日の議論をすべきであろう。いずれにしろ、戦前の日本による植民地支配の糾弾すなわち「日帝」糾弾を追及するあまり、特定の民間会社にその責任を負わせることにより問題を処理するのは、筋が違うといえよう。

　徴用工判決を契機に展開された日韓の応酬ほど、非建設的なものはない。「相手国を困らせる」という発想のみで打ち出している政策だからである。建設的な政策が再開され、それが続くことを望むばかりである。

<参考文献>

・山本晴太ほか『徴用工裁判と日韓請求権協定――韓国大法院判決を読み解く』（現代人文社、2019年）
・萬歳寛之「日韓請求権協定と韓国徴用工判決」論究ジュリスト30号（2019年夏）67頁
・篠田英朗「日韓関係と『法の支配』――多元的な法規範体系における調整理論の必要性」論究ジュリスト30号（2019年夏）75頁

Column 7

国民請願

　国民請願とは、国民が政府に回答を求めたい事項について、大統領府ウェブサイトを通じて直接に請願できる制度である。この制度は、文在寅（문재인）政権の発足100日を記念し、2017年8月19日に設けられた。アメリカ合衆国・オバマ政権が2011年にウェブ上に設置した請願制度「WE the PEOPLE」をモデルとし、「国民が問えば、政府が答える」という政治哲学が目指された。

　請願は、誰でも投稿できる。請願が30日間で20万人以上の支持を得た場合、大統領府の関係者が30日以内に動画で公式回答を示す。ただし、進行中の裁判に関するものや、回答が三権分立に反するものなど、回答を得られない請願もある。

　開設から2019年10月20日までの間に、1日平均851件の請願が寄せられた（計68万9,273件）。2020年5月24日現在、計167件の請願に対して回答が行われた。請願への回答に、法的拘束力はない。しかし、Chapter26・Ⅴ（273頁）で挙げた刑法の責任能力に関する請願は、119万名以上の支持を得て、国会の議論を巻き起こし、法改正に繋がった。

　分野別にみると、「政治改革」分野に関する請願が最も多い。他方で、国民の支持は、「人権／性平等」分野に関する請願に集まっている。請願内容に限定はないため、アイドルの兵役免除を求める請願などもみられた。2019年3月末からは、100名以上の支持を事前に得た投稿のみが、請願として受理されている。

　国民請願は、直接民主主義を実現させる。大統領府も、国民の声に迅速に対応できる。国民と政権の距離を縮めると期待されている。しかし、人権侵害の要素を含む請願が投稿されると、請願制度が人民裁判になり、社会的制裁やヘイトスピーチを助長するおそれがある。また、SNSアカウントを用いるため、重複投票を避けられず、世論を反映していない可能性がある。さらに、文在寅の弾劾請願や支持請願などが寄せられ、政治勢力が支持票数を争う場に堕しているといわれる。加えて、代議制民主主義の限界を克服しようと導入された国民請願が、大衆主義と結びつき、形式的法治主義を招いていると批判される。

　このような問題点をどう克服して国民請願を活用するか、積極的に制度を改革する韓国の対応が注目されている。　　　　　　　　　　　　　　　　（安部祥太）

Chapter 20

慰安婦問題と
韓国司法・国際社会

木村 貴

I │ 慰安婦問題とは

　そもそも、慰安婦問題とは何が「問題」なのだろうか。大日本帝国による植民地支配期、朝鮮半島の多くの女性が日本軍の従軍慰安婦となった。彼女たちが、日本兵の性的な相手をしたこと自体についてはとくに異論はないが、その任意性・強制性などについて対立が続いている。つまり、大きく分けると、国家権力によって強制的に連れて行かれ「性奴隷」（sex slave）として扱われたため、日本政府による謝罪と賠償が必要とする立場と、民間業者が募集し国家権力は関与しておらず、また対価も支払われたため「性奴隷」には該当せず、日本政府には責任はないという立場である。

　とくに1990年代に慰安婦問題が表面化するにつれて韓国側からの問題提起が頻繁になされるようになった。1987年に韓国が民主化され、これまである意味ではタブーであった慰安婦問題が韓国社会でも人権問題として共有され始め、1991年、金学順が初めて元慰安婦として日本を告発した。このような韓国側の変化を受けて、日本側は、1992年1月宮沢喜一首相が軍の関与を認めて謝罪した。また、1993年8月4日には、河野洋平官房長官が、慰安所の設置・管理、慰安婦の移送について軍が関与したこと、慰安婦の募集にも官憲などが加担したことを認め、慰安婦問題が「多数の女性の名誉と尊厳を深く傷つけた問題」であり、「本人の意思に反し」た行為であったとし、お詫びと反省の気持ちを談話の中で表している。ただし、この河野談話に対しては、強制連行を示す証拠が発見されていないとして、否定的な見解もある。河野談話では、お詫びと反省の気持ちを「我が国としてどのように表すかということについては、有識者のご意見なども徴しつつ、

今後とも真剣に検討すべき」と、今後具体的な措置をとることを明言しており、この措置をどのようにとるのかについて日本政府は韓国政府に相談をしつつ検討を始めた（この経緯については、河野談話作成過程等に関する検討チーム『慰安婦問題を巡る日韓間のやりとりの経緯〜河野談話作成からアジア女性基金まで』〔首相官邸ウェブサイト〕を参照）。

　その結果、「女性のためのアジア平和友好基金」（アジア女性基金）の設立が1995年6月14日に発表された。内容は、日本国民による「償い金」を元慰安婦に渡すこと、政府の資金による医療・福祉事業を行うこと、国としての率直な反省とお詫びの気持ちを表明すること、慰安婦問題を歴史の教訓とすることなどであった。韓国政府は、当初本基金に対し肯定的な評価を示していたが、韓国世論や有力な支援団体である「韓国挺身隊問題対策協議会」（2018年7月以降、「日本軍性奴隷制問題解決のための正義記憶連帯」と名称変更したが、本稿では、「挺対協」で統一する）などの反発により、態度を硬化させていった。そのようななかで、1996年12月、元慰安婦7名がアジア女性基金の事業を受け入れることを表明した。翌年1月、ソウルにおいて、元慰安婦7名に対し、内閣総理大臣の「お詫びの手紙」を渡し、事業の実施が開始された。しかし、韓国の世論は厳しいものであった。アジア女性基金への批判のみならず、基金の事業を受け入れた7名の元慰安婦をも非難した。このような韓国世論の反発を考慮し、アジア女性基金は一時事業を見合わせることにしたが、事業の受け入れを希望する元慰安婦や調整に前向きな支援団体もあり、日本政府とアジア女性基金の関係者で引き続き対応が検討された。

　1998年に金大中（김대중）政権が発足すると、金政権は、国家間ではこれ以上日本に対して補償を要求せず、かわりに韓国政府が元慰安婦に「生活支援金」を支給することにした。その結果、韓国におけるアジア女性基金の活動は2002年5月に終了することになった。結局、一部の元慰安婦（61名）が本基金による償い金を受け入れただけで、全体的な問題の解決に至ることはなかった。その後、両国間では有効な解決手段をみつけることができずにいた。

　このような政府間を中心とした交渉とは別に、元慰安婦らは個人として司法へ訴えた。1991年の東京地裁への提訴を皮切りに、10件の裁判が提起されたが、山口地裁下関支部での一部勝訴（「関釜裁判判決」）を除いて、すべて請求が棄却されている。唯一勝訴した関釜裁判判決では、慰安婦制度自体に対する国家の責任が認められたわけではなかった。判決が認めたのは、河野談話以降、国家は元慰

安婦の被害に対する責任に対して賠償するための特別立法を行うべきだったにもかかわらず、それを怠ったとして、国家の立法不作為を理由に30万円の賠償を命じたのであった。

また、国際社会においても、従軍慰安婦問題には関心が集まった。女性に対する暴力特別報告者のラディカ・クマラスワミが国連人権委員会に提出した『戦時下軍隊・性奴隷制に関する報告』（1996年）や『武力紛争下の女性への暴力に関する報告』（1998年）では、日本政府の法的責任を認め、被害者に対する賠償責任を果たすべきであると指摘している。さらに、ゲイ・J・マクドゥーガル戦時・性奴隷制特別報告者が作成した『武力紛争下の組織的強姦・性奴隷制および奴隷制類似慣行に関する最終報告書』（『マクドゥーガル報告書』、1998年）でも、慰安婦制度が「奴隷制」であり、慰安所は「強姦所」、慰安婦は強姦・性暴力を受けた「性奴隷」であると指摘する。さらに、日本政府の責任として、加害者処罰やアジア女性基金以外の賠償手段を構築するよう指摘している。このような国際社会の後押しを受け、2000年には東京で「女性国際戦犯法廷」が開催され、日韓両政府、両国民のみならず、広く世界において従軍慰安婦問題が認識されるようになった。

Ⅱ | 司法判断と国家間合意

このようななかで、2011年8月、韓国憲法裁判所は、元慰安婦の日本政府に対する賠償請求権について、次のような判決を下した。1965年に日本と韓国の間で締結された「財産及び請求権に関する問題の解決並びに経済協力に関する日本国と大韓民国との間の協定」（日韓請求権協定）2条1項により、元慰安婦の日本政府に対する賠償請求権が消滅したか否かに関する日韓両国間の解釈上の紛争を同協定3条が定めた手続に則り解決させていない被請求人（外交通商部長官）の不作為は、元慰安婦たちの基本権を侵害しており違憲であると認める決定を下したのである。この決定が契機となり、同年9月、元慰安婦に対する損害賠償と公式謝罪を日本政府に求める決議を韓国国会が行い、10月には国連総会人権委員会の場で日本に対して賠償を求めた。

2013年に就任した朴槿惠（박근혜）大統領は、当初、慰安婦問題の解決を最重要課題とし、日本政府に対する強硬な姿勢を示していた。しかし、2015年12月28日、日本の岸田文雄外務大臣と韓国の尹炳世（윤병세）外交部長官が共同記者

会見を開き、慰安婦問題が「最終的かつ不可逆的に解決」されると発表することによって、慰安婦問題解決への新しい方策が示された。具体的には、日本政府が10億円を拠出し、韓国政府が元慰安婦を支援するための財団「和解・癒やし財団」を設置するという内容であった。また、安倍晋三首相が元慰安婦に心からのお詫びと反省の気持ちを伝えることも盛り込まれた。それに対し、韓国側は、ソウルの日本大使館前の「慰安婦像（少女像）」問題が適切に解決されるよう努力するとした。この決定に対し、一部の元慰安婦らは反対の姿勢を表明し、支援団体の挺対協や大学生らが無効を訴え、抗議活動を行った。

　結局、生存している元慰安婦47人中36人が受け取る意思を表明し、一人あたり１億ウォンの支給を受けたといわれている。また、生存者のみならず、すでに死亡した199名のうち58名の遺族にも支給されている。

　しかし、朴槿恵政権から文在寅政権へと交代すると同時に、2017年７月、財団の理事長が辞職することになった。財団理事長の辞任は、６月末に元慰安婦からの申請が締め切りを迎えたことが理由であるといわれているが、財団が元慰安婦の同意を取らずに現金支給を強行したと、与党から批判されるようになったためであるともいわれている。

　そもそも文大統領を支持する勢力は、2015年末の日韓合意に反対を表明していた。しかし、野党として政府の政策を批判するのとは異なり、政権交代によって「国家」としての外交政策を対外的に継続する必要がある立場となり、この日韓合意をどのように扱うのかは政府にとって悩ましい問題となった。韓国政府は、2015年の日韓合意について、外交部長官直属の作業部会を設置し、合意の成立経緯を検証したうえで立場を明らかにするとしていたが、結局、2018年11月に解散の決定を行い、2019年７月５日、韓国の女性家族部が、財団の解散手続完了を発表することによって、その活動を終えた。

　この2015年の日韓合意をめぐっては、元慰安婦らの権利を侵害しており違憲であるという訴えが2016年３月に韓国憲法裁判所に提起されている。この訴えに対して、2019年12月27日、憲法裁判所は、「審判請求の対象ではない」と訴えを却下した。しかし、裁判所は、日韓合意が口頭の合意であること、法的拘束力のある条約ではなく具体的な法的権利や義務も発生していないことを理由に、あくまでも政治的合意であるとして、日韓合意の法的拘束力を否定した。

Ⅲ 対立の多様化と多層化

　2015年の日韓合意には、日本政府が求めている日本大使館前の慰安婦像撤去と関連して、韓国政府が関連団体との協議などを通じて適切に解決の努力を行うことが含まれている。しかし、慰安婦像の撤去が実行される見通しがないだけではなく、合意から１年後の2016年12月30日には、釜山の日本領事館前に新たな慰安婦像が市民団体により設置された。また、2017年夏には、ソウル市内のバスの座席に座る慰安婦像が話題にもなっている。さらに、市民団体による慰安婦像設置のみならず、同年９月には、韓国政府が国立墓地である「望郷の丘」に慰安婦の追悼碑を設置する計画を発表し、これに対して、日本政府は日韓合意の精神に反するとして遺憾の意を表明したが、韓国政府はこれに対して反論し、国家間の対立にまで発展している。

　このような慰安婦像設置をめぐる対立は、日韓のみならずアメリカまで巻き込んでいる。2017年９月19日、サンフランシスコ市議会は、９月22日を「慰安婦の日」とする決議案を採択し、中国系民間団体によってサンフランシスコ市の公園に慰安婦像や慰安婦を「性奴隷」と明記している碑文が設置されることになった。その後、サンフランシスコ市は、慰安婦像や碑文を市有化した。このサンフランシスコ市の行動に対して、姉妹都市である大阪市は、サンフランシスコ市に対して姉妹都市関係の解消を示唆し、2018年10月、吉村洋文大阪市長はサンフランシスコ市長に対して、姉妹都市関係解消を通知する書簡を送った。

　この慰安婦問題は、国家間の対立のみならず、韓国国内でも争いを招いている。2013年、世宗大学校の朴裕河（박유하）教授は、『帝国の慰安婦』を韓国で出版した。この著書に対して、2014年６月、９人の元慰安婦らが、名誉毀損で１人当たり3000万ウォンの慰謝料を求めて訴えた。元慰安婦らの主張は、著書の中で慰安婦が日本軍と「同志的な関係」にあったという趣旨の説明がなされており、また、「売春」という表現があるとして、虚偽の事実を流布し名誉を傷つけられたというものであった。その後、2015年11月に韓国検察が名誉毀損の罪で朴教授を在宅起訴した。11月26日、この韓国検察の朴教授起訴に対して、日本やアメリカの学者など54人が抗議声明を発表し、声明文の中で、「検察庁という公権力が特定の歴史観をもとに学問や言論の自由を封圧する挙に出た」ことに衝撃を受け、「『言論・出版の自由』や『学問・芸術の自由』が侵されつつあるのを憂慮」すると批判した。

　結局、2016年1月、ソウル東部地裁は朴教授による名誉毀損と人格権の侵害を認め、元慰安婦1人当たり1000万ウォンの損害賠償の支払いを命じた。一方、2017年1月25日には、朴教授に対する検察の懲役3年の求刑に対して、ソウル東部地裁は無罪判決を下した。判決では、著書の中の記述は、「あくまでも価値判断を問う問題であり、刑事手続において法廷が追求する権限や能力を超える」とし、「名誉毀損は認められない」「学問的表現は正しいものだけでなく、間違ったものも保護しなければならない」と結論づけ、民事と刑事で異なる決定が下されている。この慰安婦問題の複雑さがこの両判決からもわかる。

　このように、これまで国家間の紛争であった慰安婦問題であるが、慰安婦像設置をめぐる問題、さらには学術的研究内容までが紛争の対象となっており、その対立の内容が多様化すると同時に、対立構図が多層化、複雑化し、ますます「解決」が困難になっている。

IV ｜慰安婦問題の「解決」とは

　以上のように、1990年代に表面化して、日韓間の重要事案の1つして扱われてきた慰安婦問題であるが、約30年を経た現在でも解決したとはいえない状況である。では、この慰安婦問題の「解決」とは、何をもって「解決」といえるのであろうか。

　アジア女性基金や和解・癒やし財団への対応をみてもわかるように、元慰安婦のなかでも求める解決方法は異なる。この2つの基金・財団を通じた解決に合意した元慰安婦にとっては、日本政府が法的な責任を完全に認めていなくても、金銭的な補償と総理大臣からのお詫びの手紙を受け入れるほうを選択することによって、解決する方法を選んだ。それに対して、日本政府が法的責任を否定した状態で渡される「償い金」では解決にならないとして拒否した元慰安婦もいる。そして、挺対協のような支援団体も同じ立場である。このように元慰安婦たちが求める「解決」も異なる。2020年5月には、元慰安婦による挺対協批判もなされた。

　さらに、慰安婦問題は、対立の主体や内容も多様化し、対立構造も多層化、複雑化している。被害者である元慰安婦と、直接的であれ間接的であれ関与している日本政府。さらに、国際法上の外交的保護の問題でいうと、被害者の国籍国である韓国政府も当事者である。また、サンフランシスコ市や大阪市といった都市も、副次的ではあるが、対立の主体となった。また、対立構造も日韓間の国家対

立という単純な構造ではなく、それぞれの国内問題に発展している。そして、対立の場も、二国間交渉から、国際社会の場へと拡大し、対応する機関も行政府や立法府のみならず、司法府の役割が大きくなってきている。とくにここ最近の韓国司法の判決が注目されるようになり、一部では「反日」的な判決だと批判されている。しかし、韓国の司法府は、反日化したのではなく、李容勲（이용훈）元大法院長が強調するように、「人権保障の最後の防塁」になるべく、「本来の姿」へと回帰しようとしている。実際、慰安婦問題や徴用工問題の判決のみならず、韓国国内の人権侵害事案についても被害者の侵害を回復させる判決を下しており、このような司法府の姿勢が慰安婦問題に対する判決にも影響していると思われる。

　以上のように、多様化・多層化・複雑化した慰安婦問題を「解決」するためにはどうすればよいのだろうか。2019年の春、筆者が韓国のある大学の講義の中で、この問いについて韓国の学生と意見交換をしたことがある。アジア女性基金でも和解・癒やし財団でも「解決」できなかった理由はなんだったのか。ある学生が、「金銭的な問題よりも『心からの謝罪』ではないだろうか」と言った。「基金でも財団でも首相からのお詫び・反省の手紙が渡されているが、それでは不十分なのか」「それ以上にどのような形で『心からの謝罪』を表すことができるのであろうか」と議論が深まっていった。その場では、結局、1970年に西ドイツのブラント首相がポーランドでひざまずいて黙祷を捧げたように衝撃的な「セレモニー」が必要ではないだろうか、というのが結論であった。

　どのような形で「解決」するべきなのか、そして、することができるのか。元慰安婦は高齢であり、2020年3月現在、生存者は18名。彼女たちの生存中に「解決」できるように知恵を絞る努力を国家の枠を超えて行う必要がある。

＜参考文献＞
・大沼保昭『「慰安婦」問題とは何だったのか』（中公新書、2007年）
・熊谷奈緒子『慰安婦問題』（ちくま新書、2014年）

Part 5
《分断体制》
からみるコリア法

韓国人・朝鮮人にとって分断の克服と統一は
民族の最重要課題であると同時に、
分断は、そのいずれかを祖国としている在日コリアンに
とっても自らのアイデンティティが問われる問題です。
韓国憲法は分断と統一をどのように規定しているのか、
植民地から解放された在日コリアンの国籍はどのように
取り扱われてきたのか、分断の結果生じた
韓国内の1000万人の離散家族の相続を考えてみよう。

Chapter 21

韓国憲法における分断と統一

國分典子

I ｜ 現行韓国憲法における領土条項と統一条項

　2018年4月27日、韓国の文在寅（문재인）大統領と北朝鮮の金正恩（김정은）国務委員長は板門店で歴史的な会談を果たし、南北の敵対行為を中止することを盛り込んだ「板門店宣言」を発表して世界の衆目を集めた（この経緯については、Chapter 16・II 5〔175頁〕参照。また、「板門店」については、Column 6〔179頁〕参照）。とはいえ、その後、分断状況は改善されていない。朝鮮半島の南北関係は法的にみれば、どのように捉えられるのだろうか。韓国側からこの問題をみてみよう。

　現在の韓国憲法は、3条で「大韓民国の領土は、韓半島（注：朝鮮半島のことを韓国ではこう呼んでいる）およびその附属島嶼とする」と規定し、4条で「大韓民国は、統一を指向し、自由民主的基本秩序に立脚した平和的統一政策を樹立して、これを推進する」と規定している。

　3条にあたる条文は、建国時の1948年憲法制定のときから存在し、現在の憲法まで受け継がれてきている。1948年当時、すでに南北分断状態のなかで北側までも含む領土条項を憲法に規定することについては、韓国内で反対論もあった。が、議論の末、結局、現在と同様な規定が設けられることになった。

　一方、4条の統一条項は現在の1987年憲法で初めて入ったものである。しかし、朝鮮半島全域が韓国の領土だとすれば、「統一」とは何を指すのか。憲法学上では、この2つの条項の間には矛盾があるのではないかという点が問題になる。

Ⅱ │ 統一条項の背景

　韓国憲法には、前文にも「祖国の民主改革と平和的統一の使命に立脚して……」と統一についての言及がある。前文のこうした表現は4条導入よりも早く、「維新憲法」とも呼ばれる1972年憲法の前文が「平和的統一の歴史的使命に立脚して……」という一文を盛り込んで以来のものである（同憲法に関しては、Chapter 1・Ⅱ8〔5頁〕参照）。なぜこの時代にこのような内容が入ったのだろうか。

　1972年憲法ができる直前、韓国の対北政策には大きな動きがあった。1972年7月4日に「南北共同声明」が出されたのである。この声明では、統一について、①外国勢力に依存するかまたは干渉を受けることなく自主的に解決すべきこと、②お互いに武力行使によらず、平和的方法で実現すべきこと、③思想と理念、制度の差違を超越してまず単一民族としての民族的大団結をはかるべきこと、という3つの原則が確認されている。1972年憲法前文における統一への言及は、南北共同声明に示された路線を反映したものであったとみることができる。

　さかのぼって1970年8月15日、当時の朴正熙（박정희）大統領は「善意の競争」の提案を行っている。これは「民主主義と共産主義のどちらの体制が国民の暮らしをよりよくするか」という平和的な体制間競争を北朝鮮に呼びかけたものであった。朴正熙がこのような提案に踏み切った背景には、安全保障上の不安があったといわれている。1968年1月21日、韓国では北朝鮮のゲリラが大統領官邸付近まで来て、警官隊と銃撃戦になるという事件が起こった（1・21事態）。同23日には米海軍情報収集艦プエブロ号が北朝鮮沿岸で拿捕されるという事件が起きるが、このときアメリカは乗組員返還のため北朝鮮と秘密裡に接触し、しかも先のゲリラ事件については取り上げなかったことが明らかになった。このことは、韓国のアメリカに対する不信を惹起することとなった。さらに1969年7月には、ベトナム戦争の早期終結を目指すニクソン大統領がアジア地域への過剰介入を見直すべきことをグァムで発表し（のちに「ニクソン・ドクトリン」として外交教書で定式化）、これに従って70年代に入ると在韓アメリカ軍の削減計画が示されるなど、韓国は防衛上、アメリカの後ろ盾に不安を感じる状況に陥ったのであった。国連においても1948年当時の「唯一」の「合法政府」（国連総会決議第195号（Ⅲ））という大韓民国政府の位置づけは、すでに揺らぎつつあった。「善意の競争」提案はこうした不安解消のために、著しい経済発展をバックに打ち出された

緊張緩和政策であった。一方、北朝鮮にとっても米中接近は対南政策の変更を迫るものであった。国際社会の変化に伴い、南北の共存は国際社会の目指す方向性となっていったのである。

　その後1973年6月23日には、朴正煕は「平和統一外交宣言」（「平和統一外交政策に関する特別声明」によって南北それぞれの国連加盟にも「反対しない」ことを宣言するに至っている。こうした政策転換によって、領土条項と統一の関係をどのように考えるべきかという問題は法的問題としても顕在化していった。

　韓国のその後の対北政策についていえば、全斗煥（전두환）大統領の時代には、前政権の路線を踏襲しつつ1982年1月に「民族和合民主統一方案」という包括的な統一政策が初めて打ち出されるが、南北関係の具体的な改善はみられなかった。新たな展開が生まれるのは、民主化後の盧泰愚（노태우）政権においてである。1988年にソウル・オリンピックが予定されていたなかで、盧泰愚は積極的に対北政策を展開しようとする。1988年7月7日の「民族自尊と統一繁栄のための大統領特別宣言」（7・7宣言）では、経済を含めた相互交流の促進を謳い、1991年9月には国連同時加盟、同年12月13日には「南北間の和解と不可侵および交流・協力に関する合意書」（南北基本合意書）が採択された。1987年憲法における統一条項の導入は、このような流れのなかで位置づけられるものであった。

Ⅲ｜南北基本合意書の位置づけ

　全25条からなる南北基本合意書では、「南北は、民族経済の統一的で均衡ある発展と民族全体の福利向上を図るため、資源の共同開発、民族内部交流としての物資交流、合弁投資等、経済交流と協力を実施する」（15条）等、7・7宣言の内容が盛り込まれている。

　南北基本合意書の重要性は内容的な面のみならず、形式的な面にもみられる。合意書の末尾には、「南側代表団首席代表　大韓民国　国務総理　鄭元植（정원식）」、「北側代表団団長　朝鮮民主主義人民共和国　政務院総理　延亨黙（연형묵）」と記されている。つまりそれぞれの国名が記され、その代表による正式文書となっているのである。

　実は、先の南北共同声明はこの点で非常に曖昧な性格のものであった。声明の冒頭には、「最近平壌とソウルで南北関係を改善し、分断された祖国を統一する問題を協議するための会談が行われた。ソウルの李厚洛（이후락）中央情報部長

が1972年5月2日から5日まで、平壌を訪問して、平壌の金英柱（김영주）組織指導部長と会談し、金英柱部長の代理として朴成哲（박성철）第二副首相が72年5月29日から6月1日までソウルを訪問して李厚洛部長と会談した」と書かれているが、文書の最後には、「李厚洛」、「金英柱」の個人名が書かれているのみで肩書も記されていない。

　政府間文書といえるのかどうか、お互いをどのような存在として認めているのかを敢えて曖昧にした南北共同声明と異なり、南北基本合意書には韓国政府が北朝鮮を正式に認めた文書であるという性格がある。しかし、このことは法的には憲法3条との関係で問題を生ずることになる。

Ⅳ｜韓国における朝鮮民主主義人民共和国の法的位置づけと法制

　このような状況のもとで今日、韓国は、北朝鮮（韓国では、「北韓」と呼ばれる）を法的にどのように位置づけているのだろうか。

　憲法3条をもとに考えるならば、北朝鮮地域は韓国の領土である。このため、韓国の大法院は「北韓地域は大韓民国の領土に属する韓半島の一部を成すものであって、この地域では大韓民国の主権が及ぶのみで、大韓民国の主権と衝突するいかなる主権の政治も法理上認定することはできない」（大法院1961年9月28日宣告4292행상48判決）とし、北朝鮮を「反国家団体」とみている（大法院1997年2月28日宣告96도1817判決）。一方、憲法裁判所も、「現段階においての北韓は、祖国の平和的な統一のための対話と協力の同伴者であると同時に、対南赤化路線を固守しつつ、わが自由民主体制の転覆を画策している反国家団体の性格も共に有している」（憲法裁判所1993年7月29日宣告92헌바48決定）とする（大法院も、金大中〔김대중〕大統領と金正日〔김정일〕国防委員長による2000年6月15日の南北共同宣言以降、2003年5月13日判決〔2003도604〕等で同様の言い回しをしている）。

　では、先に言及した国連同時加盟や南北基本合意書については、どのように考えられるのか。憲法裁判所（憲法裁判所1997年1月16日宣告89헌마240決定）は、前者については「これは『国連憲章』という多国間条約への加入を意味するものであって、国連憲章第4条第1項の解釈上、新規加盟国が『国連（U.N）』という国際機構により国家として承認を受ける効果が発生することは別論とし、それだけですぐに他の加盟国との関係においても当然に相互間で国家承認があったとみることはできないというのが現実国際政治上の慣例であり、国際法上の通説的

な立場である」とし、また後者については「合意書は南北関係を『国と国の間の
関係ではない統一を指向する過程で暫定的に形成される特殊関係』（前文参照）
であることを前提として成り立つ合意文書であるところ、これは韓民族共同体内
部の特殊関係を基礎とした当局間の合意として南北当局の誠意ある履行を相互に
約束する一種の共同声明または紳士協定に準ずる性格を有するに過ぎない。した
がって南北合意書の採択発効後でも、北韓が依然、赤化統一の目標を捨てず、各
種の挑発をほしいままにしており、南・北韓の政治・軍事的対決や緊張関係が少
しも解消されていないことが、厳然たる現実である以上、北韓の反国家団体性や、
国家保安法の必要性に関しては何らかの状況変化があったとはいえない」と述べ
ている。

　このことは憲法以下の北朝鮮関連の法制にも2つの方向性を与えている。1つ
は南北交流を推進しようとする法制であり、もう1つは反国家団体に対する規制
の法制である。前者については、南北基本合意書採択以降、「南北交流協力に関
する法律」や「南北関係発展に関する法律」といった法律が制定されており、後
者については「国家保安法」がある。北朝鮮との関係の両面性に触れた前述の憲
法裁判所の93年の決定でも、「憲法第4条が闡明する自由民主的基本秩序に立脚
した平和的統一を樹立し、これを推進する反面、国家の安全を危うくする反国家
活動を規制するための法的装置として、前者のためには南北交流協力に関する法
律等の施行をもってこれに対処し、後者のためには国家保安法の施行をもってこ
れに対処しているのである」としている。

　国家保安法は、1948年憲法制定直後に制定された。日本の治安維持法をモデル
にしたといわれる同法の当初の立法目的は、共産主義のイデオロギーと反政府運
動家を封じ込めることによって政府基盤を安定させることであった。独裁政権下
でしばしば悪用され、人権侵害の観点から問題視されてきた同法については、民
主化後、廃止の議論も行われた。しかし現在も「休戦状態」にすぎない南北関係
において、国家保安法は「国家の安全を危うくする反国家活動を規制することに
よって、国家の安全並びに国民の生存及び自由を確保することを目的」（1条1
項）とし、「反国家団体」としての北朝鮮を念頭においた法として機能している
（ただし、現在は1条2項が「本法を解釈適用するにあたっては第1項の目的達成の
ために必要な最小限度に留まらねばならず、これを拡大解釈し、または憲法上保障
された国民の基本的人権を不当に制限することがあってはならない」としている。
国家保安法については、Chapter 18・Ⅱ 2(2)〔193頁〕参照）。

V｜領土条項と国民の範囲

　ところで、憲法3条は領土についての定めではあるが、そこからは対人高権の問題も生ずる。北朝鮮の国家主権を認めず、朝鮮半島全域を大韓民国とするとともに、憲法前文で植民地時代の大韓民国臨時政府を受け継ぐことを謳っている結果、韓国は北朝鮮の住民も含めて自国民と考えているということになる。いわゆる脱北者（法的には「北韓離脱住民」と呼ばれる。Further Lesson 11〔241頁〕参照）も当然、韓国民と考えられる。大法院は、1948年の大韓民国憲法制定以前から北朝鮮地域に住んでいた者について、

・1948年の建国以前の南朝鮮過渡政府法律11号「国籍に関する臨時条例」2条1号が、朝鮮人を父親として出生した者は朝鮮の国籍を有するものと規定していること
・建国時の1948年憲法3条が「大韓民国の国民たる要件は法律で定める」とし、また100条で「現行法令はこの憲法に抵触しない限り、効力を有する」としていること

から、上記臨時条例2条1号は効力を有するものと捉え、1948年の制憲憲法公布と同時に大韓民国国籍を取得しているのであり、北朝鮮国籍を有しているとしても、北朝鮮地域も大韓民国の領土であることから韓国籍を失うものではないとしている（大法院1996年11月12日宣告96누1221判決。分断における国籍問題について、Chapter 22・Ⅱ1〔227頁〕参照）。

　なお、北朝鮮地域住民をすべて韓国民として遇することは、「スパイやテロリストも国民として受け入れるのか？」という問題を生みそうだが、そうではない。これらは国籍問題とは関係なく治安上の問題として制限をかけるというのが韓国法のスタンスであり、先の国家保安法もそうした制限を定めた法ということになる。

VI｜領土条項と統一条項の関係性

　冒頭の話に戻ろう。現在の憲法上の領土条項と統一条項には論理的に矛盾があることは多くの学者が指摘している。憲法規定間の矛盾を失くすためには、結局のところ、憲法改正が必要ということになる。この点については現行憲法改正・見直しの議論が重ねられてきた。改正による解決方法としては、①領土条項の削

除、②統一条項の全面改正、③領土条項への但書の追加、等の案が出されている。
①は、領土条項が南北統一にとって障害となりうることや南北それぞれが国連で
独立国家と考えられているという事実に反すること、さらに他国をみても領土規
定をおいている憲法がほとんどないことを理由としており、②は、北朝鮮を正式
に国家として認定するような平和統一原則を規定すべきだという意見であり、③
は、統一の時まで大韓民国憲法の効力範囲を暫定的に南側に限定するという内容
の但書を付けるという意見である。しかし一方で、領土条項を廃止することにつ
いては、有力な反対論もある。理由として挙げられるのは、(1)同条項がそもそ
も統一の当為性を根拠づけるという意味ももつことから、削除すると韓国側の
意思とは関係なく国際社会には大韓民国領土を現在の支配地域に限定し、北側を
放棄するような誤解を与える可能性がある、(2)統一以前に北側体制の危機が起
こった時に、領土条項を根拠に外国の介入を阻止することが困難になる可能性が
ある、(3)領土条項は、統一後に領土問題を定める場合に重要な意味をもちうる
ので削除には慎重である必要がある、(4)統一至上主義に傾き、性急に領土条項
改正論を提起する態度は警戒されなければならず、現時点では領土条項の改正は
得るものより失うものが多そうである、といった点である。このため、現状では
改正は困難とみる見方が趨勢のようである（国会議長の諮問機構が憲法改正論議
について広く研究した結果を発表した『憲法研究　諮問委員会　結果報告書』(2009
年8月)では、上記のような意見を紹介した上で、「統一後領土問題を定めるときに
重要な意味をもつ条項なので、領土条項の改正には慎重に接近す」べきとし、「よ
り深い研究が必要なので現行領土条項を維持するものとする」ことを「最終研究結
果」としている）。

　改正が困難であるとするならば、解釈上の整合性を模索することが必要になる。
解釈論としては、大別して(a)領土条項を基準に考える見方（北側を不法団体に
支配・占領されている未修復地域と捉える）、(b)平和統一条項を優位にみる見方
（「新法は旧法に優先する」、「特別法は一般法に優先する」、等の法原則を理由とする
説、憲法変遷論に基づいて考える説、等がある）、(c)両条項は等価としたうえで
２つの性格的違いに着目して調和的に考えようとする見方（領土条項を歴史的、
あるいは宣言的なものとして捉える一方、統一条項を統一の内容、方法、条件につ
いての規定とみる等の説がある）といったものがあるが、これも一致した見解が
あるわけではない（判例は前述のように、原則として(a)の立場と思われる）。

　ただし、注意すべきは、統一条項も前文も「自由民主的基本秩序」という韓国

憲法の基本原則を統一の前提としていることである。どのような説に立つとしても、この点は変わらない。韓国憲法上の南北の境界は、軍事境界線よりもむしろこの原則が受け入れられるかどうかという一線にあるといえよう。

<参考文献>
・木宮正史『ナショナリズムから見た韓国・北朝鮮近現代史』【池内敏・岡本隆司責任編集　叢書『東アジアの近現代史』第4巻】（講談社、2018年）
・金伯柱『朝鮮半島冷戦と国際政治力学──対立からデタントへの道のり』（明石書店、2015年）
・國分典子「国境ならぬ国境──韓国の領土条項と統一条項」上川通夫編『国境の歴史文化』（清文堂、2012年）42頁以下

Further Lesson 9

朝鮮からみた分断と統一

大内憲昭

　朝鮮の最初の憲法である1948年憲法103条は「朝鮮民主主義人民共和国の首府はソウル市である。」とし、その草案101条1項は「朝鮮民主主義人民共和国の首府はソウル市である。」、2項は「統一政府が樹立されるまで平壌市を首府とする。」と規定していた。1948年4月28日に開催された北朝鮮人民会議特別会議での憲法に関する報告で、2カ月に及ぶ憲法草案の全人民討議において草案101条2項の削除が求められ、憲法制定委員会はこれを正当と認め、削除したことが指摘されている。

　1957年出版の金日成総合大学国家法講座『朝鮮民主主義人民共和国憲法』では、「朝鮮民主主義人民共和国の現在の首府は平壌市である。……／わが国土が完全になるときには、共和国の首府がソウルとなるのである。」（121頁）と述べられている。憲法上で「首都が平壌」になるのは、1972年朝鮮民主主義人民共和国社会主義憲法においてである（149条）。

　一方、韓国憲法には首都に関する規定は存在していない。2004年10月21日、憲法裁判所が盧武鉉大統領の首都移転について「ソウルが首都だということは、憲法上、明文の条項があるわけではないが、朝鮮王朝以来、600年余りにわたる長い習慣によって形成された慣行であるため、慣習憲法として成立した不文憲法にあたる。」と判断している。

　統一に関しては、1972年7月4日の祖国統一3大原則（自主・平和統一・民族大団結）を掲げた南北間の「7.4共同声明」、1980年10月の朝鮮労働党第6回大会で提起された「高麗民主連邦共和国創立方案」（1民族、1国家、2体制、2政府に基づく連邦制統一方案）がある。また南北朝鮮の首脳間で合意された2000年6月15日の「6.15共同宣言」（北の金正日国防委員会委員長と南の金大中大統領）では「統一に関して南の連合制案と北側のゆるやかな段階での連邦制案が、互いに共通性があると認め、今後、この方向で統一を志向して行くこと」が合意され、

2007年10月4日の「10.4宣言」（北の金正日国防委員会委員長と南の盧武鉉大統領）では、南北が6.15共同宣言を守り、積極的に具現して統一問題を自主的に解決していくことが確認されている。

　一方、韓国では李明博（이명박）大統領が2008年に対北政策として「非核・開放・3000構想」を掲げ、実質上、金大中、盧武鉉政権の10年に及ぶ対北政策（太陽政策、平和繁栄政策）を否定・転換させ、朴槿恵（박근혜）大統領は2013年に「韓半島信頼プロセス」と「北東アジア平和協力構想」を提起したが、いずれも朝鮮から拒絶された。また現在の文在寅大統領は2017年7月に金大中大統領がベルリンで2000年3月に行った演説にならい、ベルリンで「6.15共同宣言」と「10.4首脳宣言」に立ち返ることに言及している。

　2018年1月1日、金正恩委員長は「新年の辞」で「民族の和解と統一を志向する雰囲気を積極的に作り出すべきである」とし、南北関係は民族の内部問題であり、南北間の一切の問題は「わが民族同士」の原則に基づいて解決するという立場を表明した。そして韓国の平昌で開催される冬季オリンピックについて、「民族の地位を誇示する好ましい契機となるであろうし、われわれは大会が成功裏に開催されることを心から願っています」と述べ、「われわれは代表団の派遣を含めて必要な措置を講じる用意があり、そのために北と南の当局が至急会うこともできるし、同じ血筋を引いた同胞として、同族の慶事をともに喜び、互いに助け合うのは当然なことです。」と、平昌冬季オリンピックに前向きな姿勢を表明した。韓国は即座に応じて、1月9日に南北高位級会談（板門店南側の「平和の家」）、1月15日には北側芸術団派遣のための南北実務会談（板門店北側の「統一閣」）、1月17日に平昌冬季オリンピック・パラリンピック参加のための南北実務会談（板門店南側の「平和の家」）が行われ、3月6日には4月に南北首脳会談の実施で南北朝鮮が合意した。

　平昌冬季オリンピックへの朝鮮の参加を受けて、4月27日に板門店の南側「平和の家」で第1回の南北首脳会談が行われた。会談では両首脳により「朝鮮半島の平和と繁栄、統一に向けた板門店宣言」が署名された。

　第2回の南北首脳会談は5月26日に板門店の北側「統一閣」で行われた。

　第3回の南北首脳会談は9月18日〜20日、2泊3日で平壌で行われ、文在寅大統領は初めて訪朝し、金正恩委員長と朝鮮の聖地白頭山も訪れている。会談では「平壌共同宣言」（9月19日）と「「板門店宣言」履行のための軍事分野合意書」（9月19日）が調印された。

Chapter 22

国籍をめぐる法的問題

青木 清

　コリアン、とりわけ在日コリアンの国籍については、戦後、次の３つの局面で問題となっている。Ⅰ｜戦後処理の一環としての国籍問題、Ⅱ｜分断国家と国籍の問題、Ⅲ｜日韓両国が国籍取得について父母両系血統主義を採用した結果、日韓国際結婚から生まれる子の二重国籍の問題。ここでは、前二者の国籍問題を考えることにする（Ⅲの問題については、青木清「日韓二重国籍と氏（姓）」『21世紀民事法学の挑戦〈上巻〉』加藤雅信先生古稀記念〔信山社、2018年〕229頁を参照されたい）。

Ⅰ｜戦後処理の一環としての国籍問題

1　日本国との平和条約

　第二次世界大戦の結果、日本は無条件降伏をし、それにより朝鮮半島は独立を回復することになる。それまで、朝鮮半島の人々には、植民地統治をしていた日本の国籍が付与されていた（なお、その法源については、江川ほか・後掲書201頁参照）。

　そうした状態を終了させ、戦後の新しい体制を定めたのが、日本と連合国が結んだ「日本国との平和条約」、いわゆるサンフランシスコ平和条約（以下、「平和条約」という）である。ところが、この条約には、領土を定める規定（２条）はあるものの、国籍に関する条項は存在していない。戦後、朝鮮半島および台湾が解放され、日本自身も新しいかたちで再出発したはずであるが、それぞれの社会の構成員を誰とするかの条項が、当時、どこにも定められなかったのである。し

かし、平和条約が発効する1952年4月28日にはそれら構成員を明確にする必要があり、その際、日本政府（法務府、のち法務省）は、日本国籍有無の基準を戸籍に求めたのである（民事局長通達昭和27年4月19日民事甲第438号）。

戦前、日本国籍の登録原簿たる戸籍は、内地のみならず、朝鮮および台湾にも存在した。そして、それらは、内地戸籍、朝鮮戸籍さらには台湾戸籍と呼ばれ、相互に独立した形で存在していた——後年、最高裁はこれらを地域籍と呼ぶことになる（最判平成10年3月12日民集52巻2号342頁、最判平成16年7月8日民集58巻5号1328頁）——。これを踏まえて、日本政府は、平和条約発効時に、これらのうち内地戸籍に登載されている者のみを日本国民としたのである。なお、1948年に大韓民国（以下、「韓国」という）と朝鮮民主主義人民共和国（以下、「北朝鮮」という）が成立するが、その際にもやはり朝鮮戸籍を基準に自国国民を定めたため、そのかぎりでは、この点についてはこれらの国々の間で衝突、矛盾が生ずることはなかった（青木・後掲「北朝鮮公民の韓国国籍」832頁以下参照）。

一方で、こうした処理により大きな問題に直面することになったのは、戦後も引き続き日本に住んでいた朝鮮半島出身者および台湾出身者の人々である。彼らからすれば、それまでは日本の国民としてこの地で生活してきたものが、突然、日本国籍を取り上げられたのである（正確に述べれば、後述するように、この段階まで国籍保有は認められていたものの、国内制度上は1947年の外国人登録令により彼らは外国人とみなされていた）。平和条約の発効により、日本滞在の根拠となる国籍が突然なくなったわけで、彼らが戸惑うのも当然である。外国人となれば、日本に滞在する法的資格が必要となる。そこで、あわてて制定されたものが、「ポツダム宣言の受諾に伴い発する命令に関する件に基く外務省関係諸命令の措置に関する法律」という名の法律である（題名があまりに長いため、そしてこの法律が法律第126号であることから、一般に同法は「法126（イチ・ニー・ロク）」と呼ばれている）。同法では、日本に滞在する朝鮮半島および台湾の出身者は、他の法律で在留資格を定めるまでの間、日本に滞在を認めるという、暫定的な定めになっていた（2条6項）。ちなみに、この条項にもとづく在留資格を法126-2-6と呼んだ。

このような法的な処理については、かねてより批判があった。そもそも、前記通達は、「日本国民たる要件は、法律でこれを定める。」とした日本国憲法10条に違反し無効であるとし、在日朝鮮人は、論理的には日本および朝鮮の二重国籍状態にあるとする。日本は、朝鮮の民族自決権行使を受け入れる義務があり、自国

籍の主張は控えなければならないが、個人の意思で朝鮮の国籍を否定する場合には、日本国籍を保持し続ける、と解釈する見解（大沼・後掲書312頁以下参照）が、その代表的なものである。

　たしかに、通達による処理には問題があるものの、この国籍処理は、最終的には、最判昭和36年4月5日民集15巻4号657頁により是認され、判例上も確立したものとなっている。

2　共通法

　国籍についてさらにいえば、朝鮮戸籍や台湾戸籍の男と婚姻した内地戸籍の女や、内地戸籍女の非嫡出子で朝鮮戸籍や台湾戸籍の男に認知された者も、戦後、厳しい状況に置かれることになった。というのも、戦前、朝鮮戸籍の男と内地戸籍の女が婚姻すると、その女は内地戸籍から除かれ朝鮮戸籍に登載された。また、朝鮮戸籍の男に認知された、内地戸籍女の非嫡出子も、認知とともに内地戸籍から除かれ朝鮮戸籍に登載された。内地戸籍、朝鮮戸籍および台湾戸籍は、通常は、前述したように相互に独立したかたちで運用されているが、異なる地域戸籍に属する者の間で婚姻や認知等が生じると、婚姻した女や認知された子の戸籍が他の地域籍に移動することになっていた。こうしたシステムを定めていたものが、共通法といわれる法律である。戦前の法体制は、戸籍にとどまらず、内地、朝鮮、台湾では異なる法律が施行されており、一国数法の状態となっていた。そこで、この共通法が準国際私法規定として、これらの法の抵触を解決していたのである。婚姻や認知で戸籍が移動するのは、同法3条が根拠となっている。この共通法は、朝鮮や台湾という外地が消滅するとともにその効力を失うことになるのであるが、廃止の手続がなされなかったため、具体的にいつの時点で失効したのかにつき、従来種々の見解が主張されていた。

　共通法秩序のもとでは、前述のように、婚姻や認知により内地戸籍の女や内地戸籍女の非嫡出子は、内地戸籍から外地戸籍に移動した。その結果、彼らは平和条約発効時に内地戸籍に登載されていない者に該当し、日本国籍を失うことになる。問題は、こうした婚姻や認知が終戦から平和条約発効までの間に行われた場合、彼らの戸籍、地域籍ひいては国籍はどうなるのかというものである。

　この点についても、従来は、平和条約の発効時点が基準となると考えられてきた。しかし、近時、最高裁は、この点に関して新しい判断を示したのである。す

なわち、朝鮮人男に昭和25年9月に認知された内地人女の非嫡出子の国籍に関して、昭和25年の新国籍法施行（同年7月）以後の認知については地域籍の変動の効果は生じないとして、当該非嫡出子の日本国籍の保有を認めたのである（最判平成16年7月8日民集58巻5号1328頁）。昭和25年の国籍法では認知による国籍取得の規定が大きく改められ、認知による国籍変動は認められなくなったのである。この改正を根拠にして、国籍処理そのものは平和条約発効時点で行われるとするものの、国籍の有無の基準となる地域籍は、それ以前の新国籍法制定段階で確定するとした新しい判断である（国友明彦「判例批評」民商法雑誌132巻2号248頁以下参照）。言い換えれば、共通法と国籍法の抵触に関して国籍法を優先させるとした判断である。こうした考え方が婚姻の場合にも当てはまるかが、つぎに問題となるが、その点については、判旨から、直接、読み取ることはできない。戦後70年を過ぎてもなお、戦後の国籍処理の問題が問われ続けている。

II ｜ 分断国家と国籍の問題

1　韓国国籍と北朝鮮国籍

　戦後の朝鮮半島では、南側に韓国が、北側に北朝鮮が、それぞれ成立し、それぞれの政府が、自らが朝鮮半島を代表する唯一正当な政府であると主張することになった。いわゆる分断国家の出現である。一般に、誰を自国国民とするかは各国家が自由に決めるべき問題とされ——これを、国籍立法における排他的立法の原則と呼ぶ——、各国は、それぞれの事情や理由にもとづいて自国国民の範囲を定めている。国籍付与の基準について、血統主義の国もあれば生地主義の国もあるのは、そのためである。

　そこで、韓国は、1948年、「出生した当時、父が大韓民国の国民である者」（旧2条1項1号）を韓国民とする父系優先血統主義を採用する国籍法を制定した。一方、北朝鮮は、「朝鮮民主主義人民共和国創建以前に朝鮮の国籍を所有していた朝鮮人とその子女で、本法の公布日までにその国籍を放棄しなかった者」（1963年公布・施行国籍法旧1条1号）をその国民としたうえで、「朝鮮民主主義人民共和国公民の間に出生した子女」（同旧4条1号）を国民とする血統主義の国籍法を制定した。韓国国籍法は、同国成立時の韓国国民をどのように考えていたのか条文のみからは必ずしも明確ではないため、1990年代に入り、この点が盛んに議

論されることになった。米国軍政下の南朝鮮過渡政府法律第11号「国籍に関する臨時条例」（1948年5月11日公布）2条1号が「朝鮮人を父親として出生した者」は、朝鮮の国籍をもつと定めていたこともあり、ここにいう「朝鮮人」を韓国成立時のその国民とする理解が、判例、学説上、支持されている（詳しくは、青木・後掲論文833頁以下参照）。いずれにせよ、在日コリアンおよび在日コリアン夫婦の子どもたちは、これら2つの国籍法の内容から韓国国籍も北朝鮮国籍も保有することになった。

2　「韓国籍」と「朝鮮籍」

　在日コリアンに関して、日本国内では、「韓国籍」の人、「朝鮮籍」の人といった区分がなされる。これを国籍表記と誤解する人も少なくない。この点は、注意を要する。前述したように、韓国国籍法上および北朝鮮国籍法上、ほとんどの在日コリアンは、基本的に韓国国籍も北朝鮮国籍も有している。在日コリアンの中には本国にその出生を届け出ておらず、国籍保有の証明が難しい人々もいるが、そうした場合であっても、国籍法上、彼らが韓国国籍や北朝鮮国籍を有することに変わりはない。

　それはともかく、ここでいう韓国籍や朝鮮籍は、国籍を意味するものではない。それらは、かつての日本の外国人登録、現在の外国人住民票における国籍表記欄に示されている記載である。すなわち、日本の制度上の表記である。この意味するところを理解するためには、やはりわが国の戦後処理の問題にさかのぼらなければならない。外国人の居住関係や身分関係を把握し、在留外国人の公正な管理のために、外国人登録法という法律が長く運用されてきた。現在では、入管法に引き継がれているが、そもそもは、1947年の占領期に出された外国人登録令にそれは始まる。Ⅰにおいて述べたように、在日コリアンは、1952年の平和条約発効まで日本国籍をもっていた。しかし、この外国人登録令では、「台湾人のうち内務大臣の定めるもの及び朝鮮人は、この勅令の適用については、当分の間、これを外国人とみなす。」（11条1項）と定められたのである。これにより、当時、50万人ほどいたといわれた在日コリアンは、外国人登録をしなければならなくなり、その際、外国人登録令施行規則の別記第一号様式の中で「国籍（出身地）欄には台湾人及び朝鮮人は台湾又は朝鮮と記入すること。」とされた。これにより、在日コリアンは、すべて「朝鮮」とする外国人登録がなされたわけである。これが、

前述の「朝鮮籍」である。韓国や北朝鮮が成立する前のことであり、これが国籍を意味しないことは、この点からも明らかであろう。日本政府も、後年（1965年）のことではあるが、この記載に関して「『朝鮮』という記載は、かつて日本の領土であった朝鮮半島から来日した朝鮮人を示す用語であって、何らの国籍を表示するものではない」という政府見解を示している（「外国人登録上の国籍欄の『韓国』あるいは『朝鮮』の記載について」昭和40年10月26日付）。

　当初、「朝鮮」という表記だけだった国籍欄に、その後、「韓国」という記載が現れることになる。半数近くの人が「朝鮮」から「韓国」に変更するが、これは、1965年の日韓基本条約締結が契機となった。前述したように、在日コリアンは、法126-2-6という暫定的な在留資格にもとづいて日本で生活をしていた。すでに生活の本拠を日本に置いていた彼らは、その生活を安定的なものとするためにも日本での永住権を欲していた。そうした事情を踏まえて、日韓基本条約を締結した際に、日本政府と韓国政府は、日韓法的地位協定を結び、在日コリアンに永住権を認めることとした（協定にもとづく永住であることから、この在留資格を「協定永住」と呼んだ）。ただし、これに条件がつくことになる。当時の東西冷戦構造が影響した条件である。すなわち、韓国との協定であることから、それは「韓国」国民に限定されるとして、外国人登録の国籍欄の記載を「朝鮮」から「韓国」に変更することを求めたのである。これにより、在日コリアンは、国籍表記「朝鮮」・在留資格「法126-2-6」のグループと国籍表記「韓国」・在留資格「協定永住」というグループに分裂することになる。その後、在留資格については、1991年に「日本国との平和条約に基づき日本の国籍を離脱した者等の出入国管理に関する特例法」が制定され、「法126-2-6」や「協定永住」は「特別永住」という在留資格にまとめられ、一本化された。これに対して、国籍表記については、依然、「朝鮮」と「韓国」が並存している。ただし、その数は大きく変化し、かつては半々に近かったものが、現在では「朝鮮」は、「韓国」の10分の1にも満たない状況になっている（法務省の統計によれば、平成27〔2015〕年末で「韓国」457,772人に対し「朝鮮」33,939人となっている）。

＜参考文献＞

・江川英文＝山田鐐一＝早田芳郎『国籍法〔第3版〕』（有斐閣、1997年）
・大沼保昭『在日韓国・朝鮮人の国籍と人権』（東信堂、2004年）
・青木清「北朝鮮公民の韓国国籍」名古屋大学法政論集227号（2008年）827頁

Further Lesson 10

在日コリアンの相続問題

青木 清

I 在日外国人の相続

在日コリアンに限らず日本に住む外国人が日本に財産を残して死亡した場合、日本人が財産を残して死亡した場合とは異なる法的取扱いがなされる。一般に、外国人の関わる法律問題を渉外的法律問題（相続であれば、渉外的相続問題）というが、これを解決するためには、まず当該渉外的法律問題に適用すべき法を決定することから始めなければならない。というのも、相続に即していえば、世界の相続制度は同じではなく、各国は、それぞれに独自の内容をもつ相続法を有している。世界共通の相続法があるわけではないので、国際社会は、どこかの国の相続法を使って個々の相続事件を解決するというシステムを採用しているのである。個々の事件に適用される法（ここでいう相続法）を準拠法と呼び、準拠法を決める法を国際私法という。日本の国際私法の法源は、「法の適用に関する通則法」という名の法律である。同法36条に相続の準拠法に関するルールが定められており、そこでは、相続は被相続人の本国法により処理されるとされている。つまりは、亡くなった人の本国の法、すなわち国籍のある国の法を適用して解決すると定めているのである。この構造は、在日コリアンにも当てはまり、在日コリアンが亡くなった場合の相続には、その本国の法が適用される。

II 在日コリアンの本国

では、ここにいう「本国」とはどこか。これは、「分裂国家の国民の本国法」という論題のもと、戦後の日本の国際私法学界で長く議論されてきた代表的な論点の１つである（詳しくは、青木清「本国法と分裂国家」櫻田＝道垣内（編）『国際私法判例百選〔第２版〕』〔有斐閣、2012年〕８頁以下参照）。在日コリアンにつ

いては、原則、韓国国籍も北朝鮮国籍も有することは別途説明したとおりである（Chapter 22・Ⅱ 1〔227頁〕参照）。その意味では、いずれも本国である。国際私法の立場からすれば、本国は複数あってもよいが、事件を解決するために適用される本国法は 1 つでなければならない。したがって、ここでの論点は、より正確にいえば、在日コリアンの「本国」の決定ではなく「本国法」の決定である。この点について種々の見解が主張されているが、結論的には、一定の要素（具体的には、過去の住所や本人の帰属意思等）を手がかりに当該人が韓国と北朝鮮のいずれに、より密接な繋がりをもっているかを判断して、その者の本国法を決定する、というのが現在の判例、学説である。その結果、在日コリアンの相続事件については、韓国法を本国法とする相続と、北朝鮮法を本国法とする相続の 2 種類が存在している（かつては、韓国とも北朝鮮とも密接な繋がりを見いだし難いため結果的に日本の相続法を適用した事例が散見されたが、近時はほとんど見かけない）。

Ⅲ 北朝鮮法を本国法とする相続

　北朝鮮の相続法は、1990年に制定、施行された家族法では、その第 5 章にあたる。家族法は、その後、2004年、07年、09年と改正されたが、その一方で、2002年に単行法たる相続法が制定されている（Chapter25・Ⅲ〔262頁〕参照）。両者の関係は必ずしも明らかでないが、たとえば第 1 順位の相続人については、前者では配偶者、子および父母であるとするのに対し（46条 1 項）、後者では配偶者、子女、養子女、継子女、出生する子女、父母、養父母、継父母と定められている（17条 1 項）（大内・後掲書207頁参照）。

　こうした法改正の動きもさることながら、日本の渉外的相続すなわち北朝鮮法を本国法とする相続事例に極めて大きな影響を与えることになる、同国初の国際私法典たる「対外民事関係法」が、1995年に、制定、施行された。同法45条 1 項では、不動産相続については所在地法により、在外公民の動産相続については居住地国法によるとされている。在日コリアンの相続の場合、そのほとんどが不動産の所在地も被相続人の居住地も日本である。そうであれば、こうした場合は、法の適用に関する通則法41条の定める「当事者の本国法によるべき場合において、その国の法に従えば日本法によるべきとき」に該当することになり、そうした場合、同条は、最終的に「日本法による」ことを定めている。いわゆる反致である。国際私法独特の理論であるが、これは、本国（この場合は北朝鮮）と日本との間

で同じ準拠法を適用することにより、両者の間で同じ結論を導き出し、法的安定性をはかろうとするものである。判決の国際的調和を実現するものともいわれている。それはともかく、北朝鮮法を本国法とする相続では、この規定により日本法が準拠法となり、最終的には国内の相続事件と同じ処理をすればよいことになった（詳しくは、青木・後掲論文248頁以下参照）。

Ⅳ｜韓国法を本国法とする相続

　韓国相続法は、韓国民法典第5編において定められている。したがって、韓国法を本国法とされる相続の場合は、この相続規定が適用されることになる。

　こちらのケースでは、前述した反致は考えなくてもよいのか。そもそも、日本国内で準拠法を決定する必要が生じれば、それは専ら日本の国際私法によって判断される。他国の国際私法規定が準拠法決定に関与することは、原則としてない。唯一の例外が、前述した反致である。韓国の国際私法は、日本の国際私法と同様、相続の準拠法につき被相続人の本国法主義を採用してきた。したがって、その国の国際私法によれば「日本法によるべきとき」とは決してならないため、反致を考える必要性はなかった。しかし、2001年に韓国の国際私法が改正され、相続の準拠法につき、被相続人の本国法によるとしつつ（同法49条1項）、被相続人の遺言によって、被相続人の常居所地国法、不動産については不動産所在地法をその準拠法に指定できることとなった。こうした遺言で日本法を指定した在日コリアンのケースは、「その国の法に従えば日本法によるべきとき」に該当するか否かが問題となる。被相続人の遺言で不動産所在地法や常居所地法準拠法を選んだ場合のみ問題となるわけで、この点で、北朝鮮法の場合と異なる。見解の分かれるところであるが、韓国籍と認定された被相続人が遺言で相続の準拠法に指定した日本法を前提に事案を処理した裁判例が、近時、散見されている（東京地判平30・1・16LEX/DB25551387、東京地判平28・10・26LLI/DB判例秘書L07132430、東京地判平24・1・27LEX/DB25491369）。

<参考文献>
・大内憲昭『朝鮮民主主義人民共和国の法制度と社会体制』（明石書店、2016年）
・青木清「第10章　相続」国際法学会［編］『日本と国際法の100年　第5巻―個人と家族』（三省堂、2001年）

Chapter 23
南北離散家族と遺産争い

中川敏宏

I ｜ 背景——分断国家が抱える難問

1　再会事業と脱北者の増加

　光を復したはずの解放から間もなくしての南北分断と朝鮮戦争、この朝鮮半島における歴史展開は、朝鮮民族の運命を大きく変えた。自らの意思とかかわりなく家族が生き別れ、再会を果たすことなく、異なる地でその人生を終わらせることも多い。離散家族の高齢化が進むなか、1000万人ともいわれる離散家族をめぐる問題は、昔と変わらず今日も韓国の重要な問題である。南北間の往来は、分断の固着化・長期化により中断していたが、金大中（김대중）の太陽政策のもと、平壌での南北首脳会談の実現、南北共同宣言の発表を経て、2000年8月、第1回目の離散家族再会が実現された。その後、中断と再開を繰り返し、多くの離散家族が再会の喜びを果たした。また、いわゆる脱北者の急増に伴い、再会を果たした家族も増加している（脱北者については、本書Further Lesson 11〔241頁〕を参照）。統一部の公表データによれば、2019年12月末までに、北朝鮮を脱し韓国に入国した者の数（北韓離脱住民入国人員・統一部統計）は、総計33,523名である。本Chapterでは、このような離散家族の再結合の裏側で生じる民事法的な問題、とりわけ遺産争いの問題について取り上げる。

2　発端としての離婚請求訴訟

　再結合に伴う民事法的な問題として、まず浮上したのが、北朝鮮に配偶者を残

し脱北した後、韓国に定着した者が北朝鮮在留の配偶者を相手に離婚請求しうる
かであった。北韓離脱住民については、彼らが韓国の生活に迅速に適応・定着で
きるようにする目的で、各種の保護制度を規定する「北韓離脱住民の保護及び定
着支援に関する法律」（以下、「北韓離脱住民保護法」という）が1997年に制定さ
れたが、同法によると、その保護対象となる者は戸籍を編成できるが、就籍時そ
こに北朝鮮における婚姻の有無および配偶者を記載することとされていたため、
保護対象者が韓国で新たに婚姻申告をすることができないという問題が生じ、離
婚請求の可否が社会的関心を惹いていた。

　たしかに、北に残した配偶者を見捨てて、自分だけ新しい人生を歩もうとする、
このような請求は、許されるべきではないという見方もあるかもしれない。韓国
でもわが国と同様、有責配偶者からの離婚請求を原則否定する立場が採られてい
るが、北朝鮮に家族を残して脱北し、韓国で新たなパートナーを得ようとするこ
とに帰責性を見いだすとすれば、そういう理解にもなるかもしれない。しかし、
ここで我々が冷静に顧慮しなければならないのは、南北の分断状態は固着化して
おり、配偶者の一方が命を賭して脱北を試み、それに成功した場合、他方が同じ
く脱北を試み成功しないかぎり、両者は二度と再会できない可能性が高いという
こと、また、脱北者の韓国での定着と自立は容易ではなく、その者を支える新た
な家族的存在が不可欠であるということである。韓国民法840条6号は、裁判上
の離婚事由として「婚姻を継続しがたい重大な事由あるとき」を挙げているが、
これを南北関係の特殊性から肯定的に捉えることも可能かもしれない（以下、民
法という場合、韓国民法を指す）。この問題が、ソウル家庭法院2004年2月6日
2003드단58877判決で扱われた。同判決は、北朝鮮において北朝鮮の法制に従い
なされた婚姻の効力を認めたうえで、民法840条6号所定の裁判上の離婚事由が
認められるとして、離婚請求を認容した。本判決を契機に、2007年1月、北韓離
脱住民保護法19条2が改正されるに及び、離婚の特例規定が新設され、いちおう
の解決をみた。このような離婚請求も、実は、遺産争いと大きく関わっている。
離婚の成否は、相続分としては大きな割合をもつ配偶者の相続権を剥奪し、ある
いは新たな配偶者に将来的な相続権を与えるか否かに関わるからである。

3　南北韓特殊関係論（남북한특수관계론）

　再結合に伴う民事法的な問題を考えるにあたっては、難しい前提問題がある。

南北間の関係性を法的にどのように捉えるかである。韓国と北朝鮮は互いに国家として承認をしておらず、韓国憲法3条は「大韓民国の領土は、韓半島及びその付属島嶼とする。」と定めている。従来の判例には北朝鮮住民は大韓民国国民であると理解するものもあった。そうであれば、韓国と北朝鮮との関係は、国と国との関係、つまり「国際」関係ではない。とはいえ、韓国憲法は現実的な分断状況を認めて、その統一を指向するので（4条）、単一の国内法が適用されるというわけにもいかない特殊な関係性にある（分断状態と統一政策については、本書Chapter 21〔214頁〕およびFurther Lesson 9〔222頁〕参照）。その矛盾関係を強調すれば、たとえば上記の離婚請求の可否の問題においては、北朝鮮の法制度自体が認められず、そのような法制に従った婚姻は有効なはずもない、その結果、そもそも離婚という問題自体が生ぜず、相続の問題において、北朝鮮住民の相続権はそもそも認められないということにもなりうる。このような帰結は、人権の国際的保障という視点からみても、いかにもおかしい。

　そこで、南北間の特殊な関係性を捉えて、たとえば、1991年12月の南北基本合意書の前文は、北朝鮮と韓国の関係を「双方の間の関係が国と国の間の関係ではなく統一を指向する過程で暫定的に形成される特殊関係」であると明示している。このような特殊関係性を基礎に北朝鮮と韓国の関係を論じる議論のことを、韓国では「南北韓特殊関係論」と呼ぶ。再結合に伴う民事法的な問題を考えるにあたっても、このような特殊関係論に立脚することが必要である。

4　2009年相続回復請求事件

　その後2009年になると、次のような【Case】の離散家族をめぐるニュースが韓国社会を大いに騒がせた。

【Case】 Pは、1918年、軍事境界線以北地域である平安南道で出生し、1933年頃Qと婚姻し、その婚姻生活中に、A、B、X1、X2、X3、X4の6人の子が二人の間に生まれた。Pは、朝鮮戦争勃発後、長女であるA（当時15歳）のみを連れて避難し、残りの家族は北朝鮮にそのまま残ったが、その後、休戦となり、南北間の往来が断絶し、離散家族となった（Qは1997年4月10日北朝鮮で死亡、Bは1996年12月1日北朝鮮で死亡）。Pは、1953年6月、ソウルで新たに就籍申告を行い、1957年1月、北朝鮮に残っているQと、自

己とともに越南したAについては就籍許可を受け、自身の戸籍に登載したが、北朝鮮に居住する残りの子は、戸籍に登載しなかった。

　Pは、1959年10月、Qが1952年7月8日に死亡したと死亡申告をし、ただちに、16歳年下のRと婚姻した。PとRの間には、Y1、Y2、Y3、Y4の4人の子供がいる。Pは、ソウルで個人病院を経営し、相当な財産を蓄え、1987年11月に死亡した。Pの遺した多数の不動産について、死亡後約20年間、その名義の変更が行われないできたが、2008年12月になって、家族関係登録簿に登載されている相続人の法定相続分に従って、韓国に居住する相続人らへの相続登記が行われた。

　一方で、Aは、北朝鮮に置いてきた家族を探すため、2000年9月、離散家族捜索申請をしたが、捜し出せずにいたところ、2005年頃になって、日本に居住している母方のおじを通じて、QとBは既に死亡したものの、その他の兄妹が生存しており、越南者家族という理由で悲惨な生活をしてきているという消息に接した。そこで、Aは、2008年2月、アメリカ国籍の宣教師として北朝鮮をしばしば往来するSと会い、北朝鮮に居住する兄妹らの所在を把握し、彼らが自己に対してPの相続財産に対する訴訟および財産管理を委任するようにさせてほしいと依頼した。

　Sは、その後、数度にわたり、平壌を訪問し、親交のある国家安全保衛部の関係者に、Xらの住所の確認を依頼し、X1の住所地に同行して訪ねて行き、X1にP死亡の事実を知らせるとともに、親子関係訴訟および相続回復請求訴訟等を委任する意思を確認し、Xらの自筆の陳述書および署名し拇印を押した自筆の訴訟委任状、Aを受任者とする相続財産に対する法的管理委任状等の書類一式と、身元確認のため採取したXらの毛髪と爪のサンプル、このような一連のやり取りを収めた動画、Xらの公民証、北韓当局が保管する住民台帳、住民登録証書等をカメラに収めたデジタルカメラ等の交付を受けた。Sは、2008年9月末、韓国に入国し、Aに会い、上記の資料一式を渡した。

　上記【Case】で、Xらは、Yらに対して、自分たち抜きでなされた相続の効力に異議を唱えて、訴訟にでたのであるが、国家安全保衛部の関係者が関わっていたことや一連のやり取りを収めた動画が存在したことから、メディアは挙って、この【Case】を大々的かつセンセーショナルに伝えた。このような【Case】を

民事法的な視点から考えると、さまざまなことが問題となる。裁判管轄の問題、訴訟委任の有効性の問題などの手続法的問題や、準拠法の決定といった国際私法上の問題、北朝鮮住民の相続権を承認するかという問題をはじめとする諸々の民事実体法上の問題である。

II 特別法の制定

　以上のような背景的事情のもと、韓国・北朝鮮住民間の家族関係および相続をめぐる問題に対して現行法上の規律をそのまま適用して解決することの限界が指摘され、その特殊関係に配慮した特別の規律を定めるべきであるとの声が高まった。それに応じるため、2012年に制定・施行されたのが、「南北住民間の家族関係及び相続等に関する特例法」（以下、「特例法」という）である。全6章、32箇条から成っている。第1章総則には、南北韓特殊関係論を基礎とする法適用の基本原則が置かれているのが注目される（2条）。当初の法律案では、第1章に、準拠法に関する規定と北朝鮮の判決の効力に関する規定が盛り込まれていたが、その特殊関係を考慮に入れたとしても、北朝鮮の法律と判決の効力を他国のそれと同じように認めると、不合理な結果をまねくとして、削除された。第2章には、南北韓の特殊関係を反映した裁判管轄の特殊ルールが置かれる（4・5条）。第3章には、南北住民間の家族関係に関する特例（重婚に関する特則〔6条〕、失踪宣告取消しの場合の前婚の取扱いに関する特則〔7条〕、親生子関係存否確認に関する特則〔8条〕、認知請求に関する特則〔9条〕）が、第4章には、相続に関する特例（失踪宣告取消しの場合の相続財産返還請求に関する特則〔10条〕、相続回復請求権に関する特則〔11条〕、相続の単純承認擬制に対する特則〔12条〕）が並ぶ。これらの実体法的規律は韓国民法との関係で様々な特則性をもつが、民法上の権利行使期間を延長している8条2項及び9条2項が特に注目される。北朝鮮住民が韓国の財産を相続できるかに直接的に関わってくる相続回復請求権については、原物返還の原則を否定し、価額支払請求に一元化した点（11条1項）、寄与分による相続分調整を広く可能とした点（同条2～4項）に特則性が見いだせるが、権利行使期間の延長の特例は盛り込まれなかった。特例法第5章は、北朝鮮住民が相続等で韓国所在の財産を取得した場合における財産管理のあり方についての一連の規定である。当初は、北朝鮮住民の意思で管理人を選ぶことを広く認めていたが、北朝鮮当局の介入が予想されるとして、裁判所が管理人を選任するのを

原則としている。

Ⅲ | 相続回復請求権の「時の壁」

1 特例法11条に残された問題

　離散家族が再結合する前に、すでに北朝鮮住民抜きで相続の手続がなされてしまっている場合に、北朝鮮住民に相続回復請求を認めるかは、大いに議論されたところである。そもそも、北朝鮮住民にも韓国住民と同じような相続人としての地位を認めるのかで争いがあったうえに、相続権を認めるにせよ、いったんなされた相続手続を覆すことを認めてよいのか、南北の住民間の実質的な衡平を図る必要がないかなど、争点は複雑さを極めた。特例法11条の内容につき上記Ⅱで簡単に触れたが、権利行使期間の延長措置については、盛り込まれなかった。民法999条2項によると、相続回復請求権は、相続権侵害を知った日から3年、侵害行為があった日から10年を経過すると消滅する。両期間とも消滅時効期間ではなく、中断・停止の余地のない除斥期間であるとするのが判例・多数説である。これを離散家族間の遺産争いにそのまま適用すると、多くのケースで相続回復請求権を行使できないことになってしまう。そこで、特例法の制定過程では、権利行使期間の延長措置を認めるべきであるとの意見も示され、具体的な仮案まで提示されたが、最終的に採用されず、この問題は以後の課題として残された。特例法11条1項が「民法第999条第1項により……相続回復請求をすることができる」と規定し、期間制限を定める民法999条2項を引いていないが、それが意識的な選択であったのか否かも規定上からは明らかではない。

2 2016年大法院全員合議体判決

　以上の除斥期間の延長措置の要否の問題は、実際の相続回復請求事件において、大法院に持ち込まれ、全員合議体（わが国の大法廷に相当する）が開かれた。法廷意見は、期間の延長を認めない考え方を示して、相続権侵害から10年を経過した後に提起された本件訴えを却下した原審の判断を正当なものとした。これには、13名の裁判官のうち5名もの裁判官による反対意見が付された。

　法廷意見は、最初に、除斥期間の趣旨とその起算点について、従来の判例の考

え方を確認したうえで、民法999条2項における長期の除斥期間の起算点は、「相続権侵害行為により相続回復請求権が発生した時」であるという。そして、特例法の目的・内容を概観しつつ、親生子関係存否確認の訴えや認知請求には権利行使期間の制限の延長が定められているのに対して、相続回復請求には延長措置を講じる規定が存在しないことについて、これは1つの「立法的な選択」であったと、次のような論拠から断じる。すなわち、「家族関係は、個人的な身分関係及び家族共同体の基礎となるのみならず、私的及び公的な法律関係も家族関係を前提としてなされる場合が多く、社会的にも及ぼす影響が非常に大きい。(…)親生子関係存在確認や認知請求は家族関係の存否ないし形成それ自体に影響を及ぼす事項であって、財産に関する法律関係にすぎない相続回復請求の場合よりも保護の必要性がはるかに大きいということができる。南北家族特例法は、このような違いを考慮して立法に反映したものと思われる」。さらに、判旨の最後に次のように付言して、期間延長措置は解釈の限界を超えており、立法的な解決を待たないといけないとする。「相続回復請求の除斥期間がはるかに過ぎたにも関わらず、その特例を認める場合には、それによる混乱が発生しないよう例外的に除斥期間の延長が認められる事由およびその期間等に関して、具体的かつ明確に規定する必要があり、また法律関係の不安定を解消し様々な当事者の利害関係を合理的に調整することができる制度の補完が伴わなければならないのであり、結局のところ、これは法律解釈の限界を超えることであって立法による統一的な処理が必要である。」

　これに対して反対意見は、財産権たる相続権の憲法的保障は北朝鮮住民にも及ばなければならないと厳しく述べる。そして、「法は何人にも不可能なことを要求することができないのであるから、除斥期間もまた消滅時効と同じく最小限権利者が権利を行使することができる前提が内在していると解さなければならない」と一般論を述べたのち、特例法の制定経緯や構造等に触れて、消滅時効の起算点を「権利を行使しうる時」と定める民法166条1項を類推適用し、除斥期間の起算点を「北朝鮮住民が韓国に入国することで韓国内に存在する相続財産に関して相続回復請求権を行使することができる時」と解釈すべきである、と結論づける。

Ⅳ ｜ 特例法および2016年大法院判決の意義

　2016年大法院判決は、特例法制定過程でも論争の的であった問題について、法解釈として一定の決着を示した。その点で、先例的に極めて重要な意義をもつ。もっとも、5名もの裁判官による反対意見が付されたこと、そして、相続回復請求の期間延長を否定的に捉えた法廷意見ですら、今後、立法を通じて北朝鮮住民の相続権を実質的に保障する必要性があることを唱えたことは、記憶に留められるべきである。

　本Chapterでは、離散家族間の遺産争いという、やや限定的な問題に焦点を絞り考察した。特例法の制定、2016年大法院判決の出現により、一定の解決の方向性は示された。もっとも、この問題の最終的な決着が付けられたとは言い難く、今後の南北関係の動向に応じて、いずれ再考すべき時が来るであろう。

＜参考文献＞

・チャン・スチャン（斎藤真理子訳）『羞恥』（みすず書房、2018年）
・中川敏宏「韓国民法上の相続回復請求制度に対する史的素描（2・完）」専修法学論集132号（2018年）57頁以下

Further Lesson 11

韓国で「脱北者」はどう扱われているのか

木村 貴

I │ 「脱北者」とは

　「北韓離脱住民保護及び定着支援に関する法律」によると、「脱北者」とは、軍事境界線以北に住所、直系家族、配偶者、職場などがあり、脱北後に外国国籍を取得していない者のことをいう。時代によって名称も変化しており、「脱北者」以外に「北韓離脱住民」「脱北民」などの呼称が使用されている。韓国以外に定着した脱北者も多数おり、定着先もアメリカ・イギリス・カナダ・日本などさまざまである。

　韓国統一部ウェブサイトによると、これまで韓国に入国した脱北者は、2019年12月末時点で33,523名となっている。主な理由は政治的・経済的なものであるが、韓国に入国した脱北者は、まず韓国の情報機関である国家情報院による調査を受ける。2008年に設立された「中央合同尋問センター」では、後述のように調査の過程で人権侵害が頻発したことから、2014年に「北韓離脱住民保護センター」と「尋問」から「保護」へと名称を変えている。

　朝鮮戦争休戦後、政治的な理由で空軍の操縦士が脱北すると「帰順勇士」と呼ばれ大々的に報道されたが、韓国が経済成長の最中にある1970年代以降になると経済的な理由で脱北してくる人が増え、政府高官の脱北も増えた。もっとも有名な例が元朝鮮労働党書記の黄長燁であろう。

　センターでの調査を終えた人々は、韓国に定着するためのさまざまな処遇を受けることになる。まず、ハナ院と呼ばれる施設で韓国社会に定着するための教育を受け、住宅・職業の紹介、また定着支援金と呼ばれる一時金も支給される。その後、定職につき家庭をもつ者もいれば、残念ながら韓国社会に慣れることができずに、うまく適応できない者もいる。

II ｜ 翻弄される脱北者

　多くの脱北者の中から、韓国社会適応の模範としてマスコミに取り上げられたのが、ユ・ウソンである。2004年に脱北したユ・ウソンは、2011年にはソウル市福祉政策課生活保障チームに契約職として採用され、福祉分野に関する専門知識を身に付けようと延世大学校の大学院に入学した。この様子は、新聞やテレビでも取り上げられるようになり、「脱北者の希望」「脱北者出身第一号公務員」などと脱北者の模範として注目されるようになった。

　しかし、順調だと思われていた韓国での生活も、2012年に妹が脱北することによって変化する。彼の妹は、韓国に入国後、中央合同尋問センターで国家情報院の調査を受け、調査員の暴力・脅迫により兄がスパイ行為を行なっているという嘘の自白をすることになる。この嘘の自白によりユ・ウソンは2013年1月に国家保安法違反で逮捕され、「ソウル市公務員スパイ事件」の当事者としてマスコミに大々的に報道されることになった。

　一方、本報道に疑問をもった弁護士を中心に弁護団が結成され、妹が自ら記者会見の場で、自分の自白は脅迫のもとに騙されて行った嘘の自白であると説明したため、マスコミもこれ以降「ソウル市公務員スパイ『ねつ造』事件」として扱うようになった（本事件に関しては、ドキュメンタリー映画「スパイネーション／自白」参照）。

　裁判においても、2013年8月にスパイ罪に関して無罪が言い渡された。判決に不服な検察は即刻控訴したが、ユ・ウソンのスパイ行為を証明する証拠がない検察側は、ついには中国の公文書を偽造してユ・ウソンの北朝鮮入国の事実を立証しようとした。これに対して、在韓中国大使館が、検察提出の文書は偽物であると断定した。

III ｜ 分断体制における脱北者の人権保護

　本件は、弁護団による入念な調査、検察側の露骨な証拠ねつ造などにより、無罪を勝ち取ることができたケースである。しかし、無実の罪により刑務所に送られた脱北者は十名以上いるといわれている。被害者の一人は著者に「国家情報院は、俺たちのことを、カモがネギを背負って北からやってきていると思っているんだろう」と憤っていた。文在寅政権は、国家情報院改革に着手しようとしてい

る。分断国家という制約のもとにどこまで改革が実行されるか期待されるところ
である。

<参考文献>
・チェ・スンホ監督、映画「スパイネーション／自白」（2018年）
・申美花『脱北者たち』（駒草出版、2018年）
・パク・ヨンミ（満園真木訳）『生きるための選択』（辰巳出版、2015年）

Part 6
《現代社会》
からみるコリア法

1つの民族でありながら、体制の異なった2つの社会
にある「家族法」を読み比べてみよう。
死刑制度および刑事裁判への市民参加（国民参与裁判
制度）をテーマに韓国法から刑法のあり方を考えよう。
マスコミと情報社会、消費社会と不法行為さらに農業
問題など、類似した課題を抱える日本法や日本社会と
の違いは何だろうか。

Chapter 24

韓国における家族法の大改革

田中佑季

I │ 韓国民法典における「家族法」：制定と改正

韓国民法第4編親族および第5編相続は、一般的に「家族法」と呼ばれている（韓国の民法典は、わが国と同様、第1編総則、第2編物権、第3編債権、第4編親族、第5編相続を置き、第1編から第3編は一般的に「財産法」と称される）。「家族」は、社会を構成する1つの要素として重要な意義を有しており、その家族を規律する「家族法」の内容や変遷をたどることは、その社会を知る1つの糸口となろう。

韓国民法は、1958年2月22日に制定され（法律第471号）、1960年1月1日に施行された。制定当時の家族法は、宗法制度（宗法は宗族〔父系血統にもとづく同族集団〕を統率する組織法である。中国から伝えられ、朝鮮半島では朝鮮王朝時代に定着したといわれる）にもとづき、戸主制度に代表されるような家父長的制度や父系中心主義などが採用され、韓国古来の「伝統的慣習」が色濃く反映されたものであった。そのため、民法施行時から改正が唱えられていたが、その後、国民の権利意識の向上や家族形態の変化、家族意識（家族観）の変化に伴い、男女平等にもとづく家族法改正の機運が高まり、多くの改正を経て、新たな家族法へと変遷を遂げてきた。家族法改正の背景には、国民の意識変化などに加え、女性団体の活動や韓国憲法裁判所による積極的な違憲判断の存在も指摘されており、古来の伝統的慣習の影響を受けた家族法に対する「社会全体の動き」が、家族法を改正へと導いたと考えられる。

現行法に至るまで、多くの重要改正がなされてきたが、そのなかでも1977年、1990年および2005年の改正は、古来の伝統を引き継いだ家族法が、新たな家族法

へと変化していく過程において非常に重要な改正であるといえる。そのうち2005年改正は、家族法の根本を変える革新的な大改正であり、韓国家族法の「大改革」ともいわれる改正である。「大改革」といわれる背景には、韓国家族法を理解するうえで重要な意味をもつ「姓」および「本」に関わる改正がある。

　以下、これまでの重要改正と非常に深く関わる「姓」と「本」およびこれに関連する原則とともに、これらの制度が韓国家族法や家族制度に与えてきた影響を示し、1990年および2005年改正を中心に、これまでの家族法改正の変遷について言及していく。

Ⅱ　「姓」と「本」、「姓不変の原則」と家族制度

1　「姓」と「本」の制度

　韓国において、出生の血統を示す「姓」については、原則父系（男系）血統が承継されてきた。自身の祖先の発祥地を意味する「本（本貫）」もまた父系の血統を受け継ぎ、韓国社会では伝統的に父系血統を重視してきた（父系血統主義）。1958年制定民法でも「子は父の姓と本を継ぎ、父の家に入籍する。」（旧781条1項本文。以下、条項のみ示すものはすべて韓国民法である）との定めが置かれ、姓は父系血統を示すものとされた。

　韓国では、同姓でも祖先の発祥地が異なる場合が多く、姓と本を共に示すことで自身の血統を認識するという（たとえば、「金」という姓には「金海」「慶州」「安東」などのさまざまな本が存在し、姓と本を合わせて「金海金氏」「慶州金氏」などと称する）。「同姓同本」であれば、原則として同一父系血族となる（ただし、同姓同本であっても同一父系血族ではない場合や異姓同本であっても同一父系血族となる場合などの例外がある）。したがって、姓および本は、自身の所属血統を示すことから、姓の変更は、すなわち自身の血統の変更を意味することになる。姓および本は不変のものとして「姓不変の原則」が確立され、今日の韓国社会にも受け継がれている。

2　「姓不変の原則」と家族制度

　父系血統主義を背景とする姓不変の原則については、明文規定が置かれている

わけではないが、この原則は、家族法の大原則として韓国家族制度に多大な影響を及ぼしてきた。たとえば、姓不変の原則により、婚姻をしても夫婦はそれぞれ自身の姓を称する別姓制が採られており、また、子の姓および本については、前述の通り、制定時の家族法では父の姓・本承継制が定められた。養子の場合は、養子の姓・本に関する明文規定がないため、異姓養子（養親と異なる姓を有する養子）であっても、民法上の普通養子については姓不変の原則に従い、入養（養子縁組）した後も養子の姓は変わらないと解されてきた（ただし、要保護児童を対象とした入養を定める特例法においては、養親が望めば養子の姓・本を変更できると規定されていた）。また、婚姻については、同姓同本の父系血族間での婚姻を禁止する同姓同本禁婚規定（旧809条）が設けられていた。

　以上のように家族制度に非常に大きな影響を及ぼしてきた父系血統主義および姓不変の原則については、2005年家族法改正により大幅な変更や修正が加えられた。この改正は、韓国で伝統的に受け継がれてきた家族制度の根幹に大きな変化をもたらすことになる。

Ⅲ ｜ 家族法の大改革：改正の変遷と内容

1　1977年改正（法律第3051号、1977年12月31日改正・1979年 1 月 1 日施行）

　民法制定後、初めての大きな家族法改正であった1977年改正の主な目的は、男女平等を実現し、個人の権利を保障することであった。1977年改正の主な内容は以下の通りである。

①父母の同意を要する婚姻を未成年者の婚姻に限定（808条 1 項）（改正前は男子27歳未満・女子23歳未満の婚姻について父母の同意を要した）
②成年擬制（未成年者が婚姻した場合、民法上成年者とみなす）規定の新設（826条の 2 ）
③夫婦のいずれに属するか明らかでない財産の夫婦共有推定への改正（830条 2 項）（改正前は夫の特有財産と推定されていた）
④家庭法院（家庭裁判所）による協議離婚意思確認制度の新設（836条 1 項）
⑤未成年子に対する父母共同での親権行使規定への改正（909条 1 項）（改正前は未成年子は原則として父の単独親権に服すると規定されていた）

⑥同順位相続人の相続分の均分化（改正前は女子の相続分は男子の2分の1とされていた）（1項）および被相続人の配偶者（妻）の相続分に関する改善（旧3項）（1009条）

⑦遺留分制度の新設（1112条以下）

　以上のように、1977年改正では、個人の尊重や男女平等の実現という点において改善がみられ、それまでの父系（男子）中心の家族法からの脱却へ向けた一定程度の成果があったと捉えられる。しかし、戸主制度や同姓同本禁婚制度は改正法でも維持され、相続分に関しては改正前と比べて男女平等が図られたが、家籍を異にする女子の相続分は男子の相続分の4分の1とする定めは存置される（旧1009条2項）など、多くの課題が依然として残された改正であった。

2　1990年改正（法律第4199号、1990年1月13日改正・1991年1月1日施行）

　父系中心の家族法規定から、男女平等を実現する家族法へ向け、戸主制度などに関する重要な改正が行われた。1990年改正の主な内容は以下の通りである。

(1)　親族関係
① 親族の範囲の調整（777条）

　改正前は、8親等以内の父系血族、4親等以内の母系血族、夫の8親等以内の父系血族、夫の4親等以内の母系血族、妻の父母および配偶者と定められていたが、改正により8親等以内の血族、4親等以内の姻族および配偶者と改められ、父系および母系は同一の範囲とされた。また、血族の定義（768条）や姻族の範囲（769条）についても改正された。

② 継母子関係と嫡母庶子関係の廃止（773条・774条削除。姻族関係にとどまるものとされた）

③ 姻族関係消滅事由の改正（775条2項）

　改正前は、「夫が死亡した場合に妻が実家に復籍するか、または再婚したとき」に姻族関係が終了すると規定されており、夫が死亡した場合と妻が死亡した場合では姻族関係の終了について異なる対処がなされていたが、改正により「夫婦の一方が死亡した場合、生存配偶者が再婚したとき」に姻族関係の消滅を認めるものと改められた。

(2)　戸主制度関連

①　戸主相続制度から戸主承継制度への変更

改正法は、依然として戸主制度を存置させつつ、「戸主相続」制度を「戸主承継」制度に変更した。戸主相続制度のもとでは戸主相続権の放棄は禁止されていたが、戸主承継制度においては、戸主承継権の放棄が認められた（旧991条）。

②　戸主の権利義務規定の削除

家族に対する扶養義務（旧797条）や居所指定権（旧798条）などの戸主の権利義務規定が大幅に削除された。

(3)　婚姻関係

①　夫婦の同居場所の決定（826条2項）

改正前は、夫の住所または居所とされていたが、改正法では夫婦の協議により定め、協議が調わない場合に家庭法院が定めるものと改められた。

②　婚姻費用の共同負担（833条）

改正前は、夫婦間に特約のないかぎり夫が負担するものと規定していたが、改正法では当事者間に特約がないかぎり夫婦が共同で負担するものと改められた。

その他、離婚における子の養育に関する事項は父母の協議により定めることとし（837条1項。改正前は当事者間で協定しないときは父が養育責任を負った）、面接交渉（面会交流）権の明文化（837条の2）や財産分割請求権の新設（839条の2）などが行われた。

(4)　親子関係

①　「家のための養子」（家の承継を目的とする養子）の廃止（死後養子〔旧867条〕、婿養子〔旧876条〕、遺言養子〔旧880条〕などの削除）

②　未成年子に対する父母の対等な親権制度への改正（909条）

その他、相続関係においては寄与分制度が新設される（1008条の2）など、1990年改正は親族法および相続法全般にわたって大幅な改正がなされた。なにより、戸主制度が大きく変更された点は、男女平等の観点から高く評価される。しかし、戸主制度自体は存置され、また同姓同本禁婚規定も維持されるなど、この改正によっても父系中心規定は残されたままであった。

3　2005年改正（法律第7427号、2005年 3 月31日改正・施行〔戸主に関する規定や子の姓・本規定、親養子規定などは2008年 1 月 1 日施行〕）

　父系中心規定をめぐる問題を解決する必要性に加え、憲法裁判所が1990年代後半に入って、主に父系血統中心主義にもとづく家族法規定に対して積極的に違憲判断を下したことは、2005年改正に大きな影響を与えることとなった。2005年改正の主な内容は以下の通りである。

(1)　戸主制度の全面的な廃止
　1990年改正では戸主の権限の大幅な削除が行われたものの、戸主制度自体は廃止には至らなかったが、2005年改正により全面的に廃止され、戸主に関する規定や戸主制度を前提とする規定がすべて削除された。改正に至る過程においては、憲法裁判所で戸主制度に対する違憲審査が行われ、2005年 2 月 3 日個人の尊厳と両性の平等を規定する憲法36条 1 項に違反するとして憲法不合致決定が下された（憲法裁判所2005年 2 月 3 日宣告2001헌가 9 〜15、2004헌가 5 〔併合〕決定）。なお、戸主制度の廃止に伴い、戸籍に代わって家族関係登録制度が新設された（家族関係等の登録に関する法律〔2008年 1 月 1 日施行〕）。

(2)　子の姓と本（781条 1 項）および変更（781条 6 項）
　改正前、子は父の姓および本を継ぐとの規定が設けられていたが、改正法では、父の姓および本を承継することを原則としつつ、父母が婚姻申告時に母の姓と本を継ぐと協議した場合には、子は母の姓および本を継ぐものと改められた（781条 1 項）。さらに、姓不変の原則により、子の姓および本は原則として変更不可であったが、子の福利のためにその変更が必要なときには、父または母の請求により法院の許可を得て変更できる制度が新設された（781条 6 項）。この改正によって、子が母の姓および本を継ぐことも可能となったことは「父系血統主義の緩和」であり、また、子の姓および本の変更が可能となったことは「姓不変の原則の修正」であると指摘されており、韓国の伝統的家族制度の根幹を変える革新的な改正内容となった。

(3)　同姓同本禁婚制度の廃止（旧809条）
　同姓同本禁婚制度もまた、制定時からその賛否をめぐり議論がなされていたが、

その間に増加した同姓同本同士の事実婚カップルの間に生まれた子の福祉に関する問題などが生じたことから、9親等以上であれば同姓同本同士でも婚姻申告を認める特例法が3回にわたって時限立法として制定されるなどしていた。そのようななか、1997年7月16日、憲法裁判所は同姓同本禁婚を定める旧809条1項について憲法不合致決定を行い、幸福追求権を保障する憲法の理念に反し、平等原則にも反すると判断した（憲法裁判所1997年7月16日宣告95헌가6〜13〔併合〕決定）。この決定により、同条項は1999年1月1日よりその効力を失ったが、2005年改正で家族法上廃止に至り、これに代わって近親婚禁止規定が導入された（現809条）。

　その他、わが国の特別養子制度に相当する「親養子制度」が導入され（908条の2以下。親養子の姓・本は養親のそれに従うことになる）、また、女性の再婚禁止期間規定（旧811条）の削除および親生否認（嫡出否認）の訴の出訴期間規定（847条）の改正も行われた。親生否認の訴の出訴期間についても、憲法裁判所が1997年3月27日に下した憲法不合致決定を契機に改正がなされ（同時に、母も提訴権者に含まれた〔846条〕）、憲法裁判所による積極的な違憲判断が家族法の改正に多大な影響を与えていたことが理解できる。

　2005年改正では、「姓」「本」制度に大幅な修正が加えられ、また戸主制度および同姓同本禁婚制度が廃止されるなど、伝統的な家族制度が大きく変更された点は注目される。まさに韓国家族法の「大改革」である。韓国において、このような「父系血統主義の緩和」および「姓不変の原則の修正」は、父系中心の伝統的家族制度から新たな家族制度への変化のなかで重要な意味を有するものであるといえ、2005年改正は、韓国家族法に非常に大きな改革をもたらした改正であった。

Ⅳ｜2005年改正後の家族法改正と改正の意義

1　その後の改正動向

　2005年の大改革以後も家族法に関する重要改正は頻繁に行われている。以下、その後の改正内容を概観する。

　2007年には、男女の婚約年齢および婚姻年齢の満18歳への統一（801条・807条）や軽率な離婚を防止するための離婚熟慮期間制度の導入（836条の2・2項

３項）、子の面接交渉権の規定（837条の２・１項）など、婚姻や離婚に関する改正が行われた（法律第8720号、2007年12月21日改正・施行〔一部規定を除く〕）。2009年には、離婚後の養育費履行確保のための改正（836条の２・５項）がなされ（法律第9650号、2009年５月８日改正・同８月９日施行）、2011年には、成年年齢の引下げ（満20歳から満19歳へ）（４条）およびそれまでの禁治産・限定治産制度に代わる成年後見制度の導入（９条など）が行われるとともに（法律第10429号、2011年３月７日改正）、単独親権者が死亡した場合などにおける家庭法院による未成年者の法定代理人選任規定（909条の２）および単独親権者が親権喪失などにより親権を行使できない場合などにおける家庭法院による未成年者の法定代理人選任規定（927条の２）が新設された（法律第10645号、2011年５月19日改正。以上の2011年改正は共に2013年７月１日施行）。

　さらに、2012年には、未成年者入養に対する家庭法院の許可制の導入（867条など）や親養子となる者の年齢の緩和（908条の２・１項２号）など、養子法に関する大幅な改正がなされた（法律第11300号、2012年２月10日改正・2013年７月１日施行）。2014年になると、親権の一時停止（924条）および一部制限制度（924条の２）が導入され、虐待などから子を保護するため、事案別に必要最小限の親権制限措置が可能となった（法律第12777号、2014年10月15日改正・2015年10月16日施行）。また、2016年には面接交渉権に関して、非養育親が死亡した場合など子と面接交渉できない場合に、子の直系尊属（祖父母など）が家庭法院の許可を受けて子と面接交渉ができる制度が新設され（837条の２・２項）（法律第14278号、2016年12月２日改正・2017年６月３日施行）、2017年には、婚姻解消後300日以内に出生した子に関する親生否認許可請求制度及び認知許可請求制度が新設される（844条、854条の２、855条の２）（法律第14965号、2017年10月31日改正・2018年２月１日施行）など、多くの改正を経て現行法に至っている。

2　韓国家族法改正の意義

　2005年「大改革」までの改正は、民法制定時から存在する伝統的家族制度の打破、すなわち、男女平等理念にもとづく家族法への改正が主たる目的であった一方、2005年改正後の改正内容（Ⅳ・１参照）は、主に「子の保護」などに重点が置かれていると思われ、社会における実際の問題を法的に解決するための家族法改正が多くなされていると考えられよう。2005年を境に、その前後で「家族法改

正の意味合いが多少異なってきたように感じる」(青木清『韓国家族法――伝統と
近代の相剋』〔信山社、2016年〕175頁参照)との指摘もなされており、2005年の
改正は、韓国の家族制度の根幹を大きく変えた改正であったというだけではなく、
「家族法改正」にも大きな転換をもたらした改正であったといえるのではないだ
ろうか。ただし、現行の家族法においても、子は父の姓・本を承継することが原
則とされているなど、伝統的家族慣習が完全に姿を消したわけではないといえる。
韓国社会における家族の姿が変化を遂げている今、伝統的な家族制度と現代社会
でのあるべき家族制度との関係をどのように考えるべきか、そして韓国家族法は
如何なる姿へと変遷を遂げていくか、今後の改正の動向が注目される。

＜参考文献＞
・青木清『韓国家族法――伝統と近代の相剋』(信山社、2016年)
・高翔龍『韓国法〔第 3 版〕』(信山社、2016年) 229頁以下
・高翔龍『韓国社会と法』(信山社、2012年) 1 頁以下

Chapter 25

朝鮮の家族と法

大内憲昭

I | 朝鮮の家族法の変遷

1　1948年憲法下の家族法規

　朝鮮の家族法は、解放直後に制定された「北朝鮮の男女平等権に対する法令（1946年7月30日　北朝鮮臨時人民委員会決定第54号）および「北朝鮮の男女平等権に対する法令施行細則」（1946年9月14日　北朝鮮臨時人民委員会決定第78号）にはじまる。

　それ以後、家族法典は制定されず、婚姻・家族に関する単行法規によって規制してきた。一連の家族法令は、1948年の人民民主主義憲法下における反封建反植民地民主主義革命を遂行する目的に適応していた。しかし、1972年の社会主義憲法の制定により、社会主義的家族制度を規定する新たな立法が必要となった。

2　1972年社会主義憲法下の民事規定

　1982年12月7日、中央人民委員会は「民事規定（暫定）」（政令第247号）を制定し、1983年3月19日にはその「施行細則」が中央裁判所指示第2号として出された。「民事規定（暫定）」は、1986年1月30日に、中央人民委員会政令によって「暫定」ではなく、正式に採択されている。

　「民事規定」の構成は、つぎの通りである。

　第1章　一般規定（1条〜9条）

　第2章　婚姻および家族関係（10条〜26条）

第3章　民事取引行為（27条〜61条）

第4章　不法行為による損害補償および不当利得の処理（62条〜72条）

　以上の構成からわかるように、「民事規定」は未だ民法典が制定されていない朝鮮において、実務上の必要から制定されたものであり、家族法に該当する領域が財産関係を規制する法規と併存している。

　朝鮮では、家族法とは「結婚および血縁関係と関連して、または他の家族の子女を養育することと関連して発生する社会関係を規制する法規範の総体」であり、社会の細胞である家庭（1972年憲法63条2項）、「夫と妻、父母と子女、兄弟姉妹をはじめとする肉親的に最も近い人々が集まり生活を共にする成員の属する」家庭を規定するものである、と理解されている。

Ⅱ｜朝鮮民主主義人民共和国家族法

1　家族法の制定と構成

　1990年10月24日、最高人民会議常設会議において「朝鮮民主主義人民共和国家族法」（最高人民会議常設会議決定第5号）が採択され、同年12月1日から施行された同法は、翌年（1991年）の4月に開催された最高人民会議第9期第2回会議において承認された。

　最高人民会議常設会議決定第5号は、その3項において、「朝鮮民主主義人民共和国家族法は、外国において永住権を有し、生活する朝鮮公民には適用しない」と規定しているために、在日朝鮮人は1990年家族法（以下、家族法）の適用除外となる。

　現行法は2009年12月15日、最高人民会議常任委員会政令第520号で改正されている。

　家族法は、「民事規定」の第2章（10条〜26条）に該当する諸規定が、以下のように整理され、体系化された。

第1章　家族の基本（1条〜7条）

第2章　結婚　　　（8条〜14条）

第3章　家庭　　　（15条〜39条）

第4章　後見　　　（40条〜45条）

第5章　相続　　　（46条〜53条）

第6章　制裁　　　（54条）

家族法の第3章には、夫婦、離婚、親子、養子、扶養に関する諸規定が含まれている。

日本や韓国では、民法に「親族編」「相続編」が含まれているが、朝鮮では民法に家族と相続に関する規定はない。中国も同じように、中華人民共和国婚姻法（1980年制定、2001年改正）、中華人民共和国相続法（1985年）が民法（中国の場合は民法通則1986年）と別に単独法規として制定されている。これは社会主義法では財産法と身分法が区別されており、民法は財産法、婚姻法（家族法）および相続法は身分法と考えられている（本Chapterの264頁補注を参照）。

2　家族法の基本原則

(1)　男女平等の原則

男女平等の原則は、憲法（2016年）上の重要な原則であり（65条・77条1項）、家族法の基本原則でもある（18条）。

(2)　母親と子どもに対する特別な国家的保護の原則（憲法77条2項）

母親に対する特別な国家的保護の必要性は、女性の生理的特性と女性の置かれてきた歴史的条件から強調されている。女性が旧い搾取社会から受け継いだ政治、経済、文化的後進性をなくすとともに、女性の自主性を拘束するあらゆる旧い搾取社会の異物を除去するための対策をたてることが、国家に対して求められる。

(3)　一夫一妻制原則

一夫一妻制は、封建儒教的、ブルジョア的女性観点による不健全な背徳的現象を克服し、夫婦が人格的に相互に尊敬し、思想道徳的に互いに助け合う労働者階級的な女性観に基づいた社会主義的な結婚家族制度を形成、強化するための原則とされている。

(4)　個人の利益と国家の利益、家庭の利益と社会の利益を有機的に結合する原則

「社会の基層生活単位」（家族法3条1項）である家庭は、個人的問題にとどまらず、社会的、国家的利益と結びついている。そのために結婚の国家的登録制度を規定し、離婚手続も裁判手続のみとして、国家と革命の利益の見地から離婚問

題を捉えている。

3　婚姻制度

　家族法における婚姻の成立要件は、以下の通りである。

(1)　結婚することに対する当事者本人の自由で自願的な合意

　家族法は、8条で自由結婚の権利を規定している。すなわち婚姻制度は、当事者の自由で自願的な合意を婚姻成立要件の1つとして無条件に要求している。

(2)　法定婚姻年齢

　家族法は、民事規定において法定されていなかった婚姻年齢を「男子18歳、女子17歳」（朝鮮では現在、年齢表示は満年齢である）と明確に規定した（9条1項）。しかし2項では「国家は、青年が祖国と人民のために、社会と集団のために、生き甲斐のあるように働いた後、結婚する社会的気風を奨励する」と規定している。朝鮮における婚姻年齢は、一般的には法定年齢よりも相当に高くなることは推測される。同時に、2項は前述した家族法の基本原則の1つである、個人の利益と国家の利益、家庭の利益と社会の利益の有機的結合の原則が反映されている。

(3)　重婚の禁止

　一夫一妻制原則を貫徹するために、重婚が禁止されている（8条2項）。

(4)　近親婚の禁止

　家族法10条は、「8親等までの血族、4親等までの姻戚または姻戚であった者の間では結婚することができない」と、近親婚禁止の範囲を規定している。
　禁止される範囲は、たとえば日本の場合（直系血族または3親等の傍系血族）と比較してもあるいは同じアジアの社会主義国であり、歴史的には儒教文化圏にある中国（直系血族および3代以内の傍系血族）やベトナム（直系血族おとび3代以内の傍系血族）と比較しても広いといえる。これについては、朝鮮では「長期間にわたって、朝鮮人民の間に形成されてきた伝統的風習と氏族的感情によって近親関係にある人々の間に結婚をしないことが自然なものとなっている」と、解説されている。

　同じ民族的伝統を有する韓国においても、「男系血族の配偶者、夫の血族及び
その他の8親等以内の姻戚である者またはこのような姻戚であった者の間」では
結婚することができない（韓国民法2005年改正809条2項。2005年改正については、
Chapter24・Ⅲ3〔251頁〕を参照）。

(5)　婚姻の身分登録機関への登録

　婚姻は身分登録機関に登録しなければならない（11条）。すなわち法律婚のみ
が認められ、事実婚は認められない。

　婚姻登録をしようとする当事者双方が、結婚登録申請書を身分登録機関である
社会安全機関に直接提出する。それを受理した社会安全機関は、当事者本人と彼
らの公民証によって、結婚の成立要件を充足しているかどうかを審査し、それに
違反していない場合に限って結婚を承認し、結婚登録台帳に登録する。これによ
って、婚姻が法的に成立し、双方の公民証にその事実が記載される。したがって、
婚姻の事実を確認することのできる基本文件は婚姻登録台帳である。婚姻登録に
は証人を必要としないが、結婚式を挙げてから15日以内に登録しないと事実婚と
なってしまう。

　外国で生活する朝鮮公民の婚姻登録は、その国に駐在する共和国領事代表機関
において行う（12条）。

　以上の諸要件のうち、(1)、(2)、(4)に違反した婚姻は、裁判所によって無効
と認定される（13条）。

4　夫婦および親子関係

(1)　夫婦関係

① 　夫婦の人格的関係

　夫婦は、「人間的に一番近い革命的同志」の関係にある（民事規定10条）。「革
命的同志愛」で結びついた夫婦は、社会生活に自由に参加し、職業をその希望と
才能にしたがい選択することができる（家族法17条）。

　また、夫婦は別姓であり（17条）、家庭生活において同一の権利を有している
（18条）。

② 　夫婦の財産的関係

　夫婦の財産的関係としては、所有関係と扶養関係を論じることができるが、家

族法は所有関係については規定していない。一方、扶養関係については、19条で
配偶者の扶養義務を規定している。

　所有関係については、民法は、公民が家庭生活に共同で利用するために得た
財産を家庭財産と呼び、個別財産と区別している（1990年民法61条）。朝鮮にお
いては、個人所有権は法的に保障され（憲法24条、民法58条〜63条参照）、相続も
認められているが、相続の対象となるのは個別財産のみである。

(2)　親子関係

　家族法が規定する親子関係については、つぎの3点だけ指摘しておくことにす
る。

　第1に、婚外子と婚姻内子の権利関係についてである。25条3項は「結婚生活
をしない男女間に出生した子女とその父母との関係は、結婚生活過程で出生した
子女とその父母との関係を同じである」と規定し、両者に同一の権利を認めてい
る。

　第2に、子どもの姓の問題である。26条は、子どもの姓は父姓に従い、それが
不可能な場合には母姓に従うこと、父母の明らかでない子どもの姓については住
民行政機関が定めることを規定している。つまり、「父姓追従」が原則である。
前述の婚姻外子との関連でいえば、認知の有無にかかわらず（家族法自体に認知
に関する規定は存在しない）、婚姻外で生まれた子どもの姓も、「父姓追従の原
則」にしたがうことになろう。婚姻外で生まれた子どもの養育費請求訴訟は認め
られる。また、母姓を称した場合であっても、後に父親が確定されれば、その父
姓にしたがって子どもの姓を変更することができる。父親が姓を変更したときに
は、その子どもの姓も父姓にしたがい変更される。

　第3に、父母の子どもに対する養育、教育義務に関してである。

　家族法は「子女教育が、父母の重要な義務である」（27条1項）と規定し、同
時に父母にその子どもを「知徳体を備えた自主的な人間」（27条2項）に育てる
ことを義務づけている。

　一方、子どもには父母に対する扶養義務が課せられている。家族法28条2項は、
子どもに父母を愛し、尊敬し、労働能力を失った父母の生活に責任を負って世話
をすることを義務づけている。子どもの父母に対する扶養義務は、父母が労働能
力を喪失し、自身の生活を独自に維持していくだけの財産を有していない場合に
生じる。朝鮮において父母の労働能力喪失が問題となるのは、つぎのような2つ

の場合である。1つは障害による労働能力の喪失であり、他の1つは老齢による労働能力の喪失であり、後者が大多数を占めている。朝鮮の社会主義労働法（1999年）は、勤労者が老齢年金を受給できる年齢を男子60歳、女子55歳と規定しているが（74条）、これらの年齢に達した父母は、老齢により労働能力を喪失した者と解されている。この父母に対する子どもの扶養義務はすべての子どもに平等に課せられる。

5　養子

　養子縁組に関しては、朝鮮には古来からの伝統として「異姓不養の原則」というものが存在する。簡単にいえば、姓を異にする場合には養子縁組をすることができず、さらに祭られる祖先と同じ男系血統を継承する男子でなければ養子とすることができないのである。しかし、家族法には「異姓不養の原則」は規定されていない。朝鮮における養子制度の目的が、父母を失う等の理由により父母の養育を受けることのできなくなった子どもに対し、健全な養育と教育のための家庭的環境と条件を整えることにある以上、また家族法30条1項が「他人の未成年子女」を養子とすることができると規定していることは、「異姓不養の原則」は廃止されていると考えることができる。

　同時に、養子となるのは未成年のみであり、男女共に養子となることができる（第30条1項）。養子制度の目的が祖先の祭祀と家系の継承にあるのではない以上、成人に達した者あるいは男子のみを養子とする理由はない。

6　離婚制度

（1）　離婚事由

　家族法21条は、「配偶者が夫婦の愛情と信頼をひどく裏切ったり、その他の事由で夫婦生活を継続することが出来ない場合に、離婚することができる」と規定している。

　家族法に規定された離婚事由に関しては、民事規定のそれと同様に、包括的であり破綻主義的な考え方に思われる。しかし、民事規定施行細則ではつぎの6つの離婚事由が挙げられていた。

　①一方の当事者が重大な罪を犯し長期懲役刑を受けた場合、②一方の当事者が

長期的で慢性的な精神病で完治する可能性がないということが科学的に認定される場合、③一方の当事者が2年以上行方不明となり結婚生活を維持することができないと認定される場合、④一方の当事者が夫婦の信義をひどく裏切り社会的に非難を受ける場合、⑤一方の当事者が結婚生活をおくることのできない身体上の障害または慢性的疾病で相手方配偶者と子孫に悪い影響を及ぼしうると認定される場合、⑥正当な政治的要求から離婚問題が提起される場合、である。

(2)　離婚手続

　家族法は民事規定と同様に、離婚手続についてはなんら規定していない。これは、1976年民事訴訟法が具体的に規定していたためであるが、1994年改正民事訴訟法はでは離婚訴訟に関する多くの規定が削除されている。

(3)　子女の養育

　まず、離婚に際しては当事者の合意により、父母のいずれが子女を養育するのかを決定しなければならない。合意が成立しない場合には、裁判所が決定する（22条1項）。しかし、「止む得ない事由がない限り」3歳未満の子女は、母親が養育する（同条2項）。また子女を養育する側は、養育しない相手方に、子女が労働年齢に達するまでの養育費を請求することができ（23条1項）、その養育費は養育する子女の数に従い、月収の10〜30％の範囲内で裁判所が決定する（同条2項）。

　養育費の支払者は自己の労働能力を喪失した場合あるいは養育者が結婚し、その子女が継父、継母の扶養をうける場合には、養育費の免除を裁判所に請求することができる（24条）。

III｜朝鮮民主主義人民共和国相続法

1　相続法の制定と構成

　2002年3月13日、最高人民会議常任委員会で「朝鮮民主主義人民共和国相続法」が採択された（政令第2882号）。これまで相続に関しては、家族法第5章（8カ条）に規定され、単独の法律としては初めてである。家族法に規定されているのは「相続順位」（46条）、「相続分」（47条）、「相続権の剥奪」（48条）、「代襲相

続」（49条）、「遺言相続」（50条）、「相続財産の範囲」（51条）、「相続期間」（52条）、
「相続紛争の解決」（53条）である。

　相続法の構成は、以下の通りである。

　第1章　相続法の基本（1条〜14条）

　第2章　法定相続（15条〜26条）

　第3章　遺言相続と贈与（27条〜40条）

　第4章　相続の執行（41条〜57条）

2　相続法の特徴

(1)　相続財産

　相続の対象となる財産は個人所有財産であり（2条2項）、以下の財産が規定
されている（13条）。

　　1．労働による分配により形成された財産

　　2．国家または社会の追加的恵沢により形成された財産

　　3．個人副業経営により形成された財産

　　4．住宅、図書、貨幣、貯金、家庭用品、文化用品、生活用品と乗用車等の
　　　運輸機材

　　5．各種財産上の請求権と債務

　　6．その他に他の公民から贈与された財産等、合法的に取得した財産

(2)　法定相続と遺言相続

　相続には法定相続（第2章）と遺言相続（第3章）がある。

　法定相続の順位は、つぎの通りである。

　　1．配偶者、子女、養子女、継子女、胎児、父母、養父母、継父母

　　2．上記の者がいない場合には、孫、祖父母、外祖父母、兄弟姉妹、養兄弟
　　　姉妹、継兄弟姉妹

　　3．1と2がいない場合、4親等内の血族

　「代襲相続」は、法定相続では認められているが（18条）、遺言相続では認めら
れていない（第31条2項）。

（3）　遺言相続

　遺言の形式は、自筆証書遺言、口頭証書遺言、録音遺言、公正証書遺言の4種類がある（37条1号〜4号）。

　遺言相続においては、家族法が「遺言が、遺言人の扶養を受けた公民の利益を侵害した場合は無効である」（50条1項但書）と規定していたが、相続法では削除されている。しかし、遺言の無効認定は、利害関係者または検事の申請によって、裁判機関がおこなう（同条2項）。

　遺言人の資格は行為能力のある公民であり（34条）、16歳以上の職業を持っている者は、自分の収入で準備した財産の範囲内で遺言することができる（34条但書）。

　胎児の相続に関しては、相続法48条で相続財産の配分においては「出生する者」の分を残しておかなければならないと規定し、第49条で胎児の分を残さずに相続を執行した場合には、相続人は相続した財産から出生した者の受け取る財産を返還しなければならない（49条1項）。

【補注】

　2020年5月28日、中華人民共和国の立法機関である全国人民代表大会第13期第3回会議において、「中華人民共和国民法典」が採択された。初めて採択された民法典は、全7編1260条から構成されている。従来の「婚姻法」、「相続法」は民法典の中に「第5編　婚姻家庭」、「第6編　相続」として規定された。民法1260条は、本民法が2021年1月1日から施行され、施行と同時に「中華人民共和国婚姻法」、「中華人民共和国相続法」を廃止する、と規定している。

＜参考文献＞
・崔達坤『北朝鮮の民法・家族法』（日本加除出版株式会社、2001年）。
・大内憲昭「朝鮮民主主義人民共和国家族法・相続法」『朝鮮民主主義人民共和国の法制度と社会体制──朝鮮民主主義人民共和国基本法令集付』（明石書店、2016年）179-210頁。
・리송녀『조선민주주의인민공화국　가족법제도』사회과학출판사、2004년。

Further Lesson 12

儒教社会と「伝統的」親族法制

吉川美華

Ⅰ │ 国制書と家礼における親族規範

　階層と規範が明確にリンクする朝鮮時代において士大夫の親族規範は朱子学の仁と礼に則して維持され、国制書に規定されていたのは一部にすぎなかった。

　朝鮮最後の国制書である大典会通には戸典の戸籍、礼典の緒科、五服、奉祀、給暇、立後、婚嫁や、刑典における公賤、私賤条の相続、縁坐の範囲がしたためられており、当時の親族規範の一部を観察することができる。

　士大夫が門中を存続するために最も重視する立後の条では「嫡・妾倶ニ子無キ者ハ官ニ告ゲ同宗ノ支子ヲ立テ後ト為ス」と、妻妾共に子がいない場合に同宗の支子を後嗣とすることが規定されている。しかし緒科には「罪犯ノ永ク叙用セザル者、臓吏ノ子、再嫁・失行ノ婦女ノ子孫及庶孽ノ子孫ハ文科・生員・進士ノ試ニ赴クヲ許ス勿レ」と、臓吏の子らと同様に妻が再婚者である夫婦から誕生した子（以下改嫁の子）や庶孽の科挙受験を認めないことが規定されている。併せて奉祀の条には「若シ嫡長子後無ケレハ則チ衆子、衆子後無ケレバ即チ妾子奉祀ス。嫡長子只ダ妾子有リ弟ノ子ヲ以テ後ト為スコトヲ願フ者ハ聴ス」とあり、嫡長子に非嫡出子がいても弟の子を嫡長子の養子とすることを認めている。

　士大夫にとって科挙に合格し官僚を輩出できるかどうかは門中の存続や威信を左右する。科挙受験の妨げとなる改嫁の子や非嫡出子は門中の戦力外となる。そのため大部分の士大夫は非嫡出子がいる場合でも、同じ家系から昭穆にあわせた養子縁組がなされた。また、三度の改嫁で恣女案に登録され制裁の対象となる一方で烈女は尊重された。親孝行、忠臣、烈女に対し国家が居住地入口に旌門を建て表彰することは倫理を実践する動機ともなった。

　こうした規範のバックボーンとなるのは儒教、ことに朱子学であり、朱子学の理念や規範は17世紀に士大夫を中心に定着した。朱子学の仁の徳目である父子の

孝・君臣の忠・夫婦の別・兄弟の序・朋友の信は、家礼（冠礼、婚礼、喪礼、祭礼）を通しても引き継がれてきた。朝鮮の家礼は宋代の『朱子家礼』、明代の『家礼儀節』を錬磨した『家礼輯覧』（金長生1547-1631）や礼論（鄭逑1543-1620）を源流にするとされる。相続制度が男女均分相続から男子優待、長男優待へと移行するにつれ同族集団の結合が強化された。また士大夫は族譜の編纂を通して当該時代の門中の威信を示し、契によって相互扶助を担い、約によって郷村社会を支配してきた（宮嶋・後掲書129-194頁）。

II｜礼から法への移行

　仁と礼によって維持されてきた親族規範が法律関係へ変化する契機が1907年の第三次日韓協約の締結による司法権の日本への委譲であり、その方針を明示したのが韓国併合後の1912年に施行された朝鮮民事令であった。朝鮮民事令は1条で朝鮮人の民事に関し、特別法令がない場合には日本民法に依るとする一方で、11条では朝鮮人の親族および相続に関しては朝鮮人の慣習に依るとする旧慣温存政策がとられた。この時に旧慣の核となったのが姓不変、異姓不養、同姓同本禁婚を根幹とする父系血縁の原理であった。それまで門中で維持されていた礼は朝鮮総督府司法部（1919年以降法務部）に旧慣の名のもとに取捨選択され、身分や階層に関係なく民籍法、朝鮮戸籍令にもとづいて登録された。宦官・僧侶間で行われていた異姓養子制度も慣習の名のもとに一切廃止された。逆に非嫡出子の世代承継が慣習の名のもと養子縁組に優先することが規定された。

　1939年、旧慣温存政策は創氏改名に代表される同化政策へと転じたが、この方針転換は韓国建国後の民法起草事業において、それ以前に旧慣と名指された事柄を朝鮮の伝統と認識させる機能を果たし、1960年に施行された民法に韓国の醇風美風として引き継がれた。

<参考文献>

・宮嶋博史『両班』（中央公論社、1995年）
・吉川美華「旧慣温存の臨界──植民地朝鮮における旧慣温存政策と皇民化政策における総督府の『ジレンマ』」アジア文化研究所研究年報49号（2014年）43-64頁
・吉川美華「血統と血脈の相剋──植民地朝鮮における司法判断の諸相」アジア文化研究所研究年報52号（2018年）72-90頁

Chapter 26

死刑の執行停止から紐解く
現代の韓国刑事法

安部祥太

I │ 死刑執行停止20年

　民主化以後、韓国刑事法は大きな変化を続けている。そのなかの１つに、死刑制度がある。韓国は、1997年12月30日を最後に、死刑を執行していない。2007年に「事実上の死刑廃止国」と認定され、2017年12月30日に死刑執行停止20年の節目を迎えた。このChapterでは、死刑執行停止を素材として、「国際化」という視点から韓国刑事法の特徴を示す。

II │ 韓国における死刑制度の概要

1　死刑関連規定

　韓国は、現在も死刑存置国である（刑法41条１号）。死刑は、刑務所内で絞首によって執行される（66条）。執行は、日本と同様に、法務部長官の命令で行われる（刑訴463条）。ただし、法務部長官の判断に加え、大統領の了解を要するのが通例である。そのため、後述の通り、大統領と死刑制度が密接不可分となっている。

　死刑を法定する刑法上の罪のうち、絶対的法定刑として死刑が規定されている罪は、「敵国と合勢して大韓民国に抗敵」する行為を処罰する与敵罪（93条）のみである。その他は、選択的法定刑として死刑が設定されている。刑法以外にも、軍刑法、国家保安法、特定犯罪加重処罰等に関する法律など、20以上の法律・155以上の罪で死刑が法定されている。

2 死刑執行状況

2009年10月に法務部が国政監査に提出した公式統計によると、1948年に韓国政府が樹立してから現在（1997年執行停止時）までの間に死刑が執行された人員は、923名である。もっとも、政府樹立期や朝鮮戦争の混乱期における執行には不明瞭な部分もあり、正確な執行数は明らかでない。

1960年以降の死刑執行状況をみると、第1審死刑判決数も執行数も徐々に減少傾向にあったことがわかる。しかし、民主化達成後の10年間を日本と比較しても、韓国の方が第1審死刑判決および執行数は多かった。このようななかで、1997年を最後に、死刑執行を停止した。もっとも、韓国では、権威主義政権期においても、死刑執行数に減少傾向がみられた。これは、国際社会からの批判を容れたり、反体制派を敢えて処罰しないことで「反体制派の批判も寛恕する支持されるべき政権」であると国内外にアピールする狙いがあったといわれる。

年	政権	第1審 死刑判決数	年間平均 死刑判決数	死刑執行数	年間平均 死刑執行数	年間平均 死刑執行率*
1970-1979	朴正熙政権	286件	28.6件	189件	18.9件	0.5
1980-1987	全斗煥政権	188件	23.5件	70件	8.8件	0.2
1988-1992	盧泰愚政権	129件	25.8件	39件	7.8件	0.2
1993-1997	金泳三政権	108件	21.6件	57件	11.4件	0.3
1998-2002	金大中政権	73件	14.6件	0件	0件	0.0
2003-2005現在	盧武鉉政権	19件	6.3件	0件	0件	0.0

＊年間死刑執行率は、人口100万人あたりの年間平均死刑執行数を示す数値である。
＊表は、デイビッド・T・ジョンソン（田鎖麻衣子訳）『孤立する日本の死刑』（現代人文社、2012年）47頁表1及び48頁表3を基に、筆者が作成した。

死刑を執行された者の罪名は、殺人罪や強盗殺人罪など、生命を侵害する犯罪の比率が圧倒的に高い。他方で、特に民主化直前で国民弾圧が強まった頃（1980～1987年）は、外患罪、国家保安法違反、反共法違反など、いわゆる公安事件が目立つ。

韓国は、死刑制度自体は廃止していない。そのため、死刑判決は現在も存在する。1998年から2017年までに、第1審で死刑宣告を受けた者は116名であった。2000年以後は、死刑宣告人員も減少傾向にあり、2015年から3年間は、死刑判決を受けた者はいない。2018年版犯罪白書によると、2017年末現在、57名の死刑確定者が存在する。韓国は、死刑判決や死刑確定者が存在するものの、その執行が

行われていない状態が20年以上続いているのである。

III｜死刑の性格の変化と背景

1　民主化以前の死刑の性格

　民主化以前の死刑制度は、権威主義政権が統治するための武器であった。国家保安法などの法律と、捜査権限・司法権を用いることで、政権を批判する者を封殺してきたのである。その代表例は、1975年の人民革命党再建委員会事件である。この事件は、中央情報部（KCIA）が、反体制デモを首謀した嫌疑で人革党再建委の構成員8名を検挙したことに始まる。8名は軍法会議にかけられ、大法院で死刑判決を言い渡された（大法院1975年4月8日宣告74도3323判決）。政府は、大法院判決から18時間後に8名の死刑を執行し、遺体を直ちに火葬した。この事件は、韓国では「司法殺人」として知られている。その他、第15代大統領・金大中（김대중）が、大統領就任の約20年前に、民主化運動と関連して死刑判決を言い渡されたことも象徴的な例であろう（大法院1981年1月23日宣告80도2756判決）。民主化以前の死刑は、犯罪行為に対するサンクションよりも、政治的・経済的に承認された体制・秩序安定のための手段として用いられていた。

2　民主化後の死刑の性格

(1)　過去事清算と死刑の執行停止

　民主化後の韓国における重要課題は、過去事の清算であった（Further Lesson 3〔53頁〕）。その過程で、死刑に対する嫌悪や改革要求が高まった。金大中が大統領に就任したり、民主化を主導した各種宗教団体が死刑廃止運動を展開したことも影響している。同時に、1993年世界人権会議を契機とし、2001年に国家人権委員会を設置する等、文化的・経済的な先進国化を目指すなかで、人権保障水準を国際化しようとした。この時期は、民主化以前の国民弾圧の様相が明らかになり、国民の関心・批判が国家に集中し、犯罪者の処罰や死刑に対する関心が希薄化していた時期でもある。このような要因があいまって、金大中政権下の1997年に死刑の執行停止が実現した。

　その後、1999年から複数回にわたって、かつて民主化運動と関連して死刑判決

を受けた経験のある柳寅泰（유인태）議員等を中心に、死刑廃止法案が国会に提
出された。また、国家人権委員会2005年４月６日付「死刑制度についての国家人
権委員会の意見」では、死刑廃止と代替刑の検討が勧告された。法務部も、2006
年２月21日付「変化戦略計画」の中で、「死刑存廃問題および制度改善方案に関
して更に根本的・深層的に研究する」と宣言した。大統領の任期は５年であると
ころ、金大中に続き、人権派弁護士・盧武鉉（노무현）が大統領に就任したため、
韓国が「事実上の死刑廃止国」となることは容易に予想され、死刑廃止への機運
は高まった（国会への死刑廃止法案は、いずれも国会任期満了により廃案となって
いる。しかし、2015年法案は、国会議員299名のうち172名〔57.5％〕の連名発議で
あり、死刑廃止へ向けた動きの前進と評価されている）。

(2)　刑罰としての「死刑」への期待

　他方で、世論は、死刑に対する期待を徐々に高めていった。国民の死刑観が、
「軍事的・政治的死刑」から「法律的・刑罰的死刑」へシフトしたためである。
その背景には、児童や女性を対象とした残虐な連続殺人や性犯罪の続発と、それ
に伴う厳罰化要求がある。

　このことは、世論調査からも看取できる。2012年に韓国ギャラップが実施した
「犯罪と処罰に対する世論調査」では、犯罪者処罰全般と関連し、厳罰化を支持
する者が95％を占めた。死刑制度も、79％が「維持しなければならない」と回答
し、「廃止しなければならない」と回答した者は16％にとどまった。2003年段階
では、死刑維持派が52％、死刑廃止派が40％であったことから、死刑維持派が増
えていることがわかる。他方で、2018年国家人権委員会調査「死刑制度廃止及び
代替刑罰実態調査」では、「死刑宣告や、その執行に慎重を期すべきである」と
いう意見が59.8％と最も高く、死刑廃止派は20.3％（直ちに廃止4.4％、今後廃止
15.9％）であった。死刑制度を積極活用すべきとする回答は、19.9％であった。

(3)　裁判所による死刑制度の「支持」

　司法は、一貫して、死刑制度を合憲としている。大法院は、1983年判決で、死
刑は「実定法に表れる国民的総意」であると判示した（大法院1983年３月８日宣
告82도3248判決）。民主化後の1990年判決も、「秩序維持と公共福利のため」に死
刑を存置しても憲法に反しない旨を述べた（大法院1990年４月24日宣告90도319判
決）。この見解は、1991年判決でも踏襲された（大法院1991年２月26日宣告90도

2906判決)。

　憲法裁判所も、1996年決定で、死刑は「比例原則によって少なくとも同等の価値がある他の生命又はそれに準じる公共の利益を保護するための不可避性が充たされる例外的な場合」に認められるとした。また、死刑を「死に対する人間の本能的恐怖心と犯罪に対する応報要求が互いに噛み合って考案された『必要悪』」と位置づけ、現在もこの機能が果たされているとして、これを正当化した（憲法裁判所1996年11月28日宣告95헌바1決定）。なお、1996年決定には、憲法裁判所の裁判官9名中2名による反対意見が付されていた。

　憲法裁判所は、死刑執行停止後の2010年にも、1996年決定と同趣旨の決定を下した（憲法裁判所2010年2月25日宣告2008헌가23決定）。ただし、3名の裁判官が補足意見を示した。補足意見は、「死刑が、人間の尊厳や責任主義に反する残酷かつ非理性的で刑罰の目的達成に必要な程度を超える過度な刑罰であるという指摘を免れるよう、その適用対象や範囲を最小化することが必要である」と述べた。また、死刑存廃問題は、憲法裁判所ではなく、立法府が解決すべきであるとした。他方で、4名の裁判官は、死刑を違憲とする反対意見を示した。憲法裁判所の裁判官9名中4名が違憲である旨を示したことは、1996年決定と大きく異なる部分であり、司法の変化を窺い知ることができる。

Ⅳ | 死刑執行停止の力学

　死刑執行が再開されない要因として、確実に指摘し得る要素は、過去事の清算、死刑廃止へ舵を切る大統領の誕生、国際化の追求である。

　死刑廃止へ舵を切る大統領の誕生と聴くと、1981年に世論を押し切って死刑を廃止したフランス大統領フランソワ・ミッテランが想起されよう。たしかに、金大中による死刑執行停止は、自身の経験等を踏まえた政治的判断であった。他方で、1997年時点での死刑制度は、「過去の忌まわしき統治の道具」という性格が強かった。そのため、「刑罰としての死刑」に対する政治的廃止を行ったフランスとは、状況が若干異なる。むしろ、重要なことは、盧武鉉政権以後、「刑罰としての死刑」が復権し、世論の支持が高まるなかで、「国際化」をキーワードに執行停止を維持した点にある。

　ここでいう国際化は、盧武鉉政権期までと李明博（이명박）・朴槿惠（박근혜）政権期で性格が異なる。盧武鉉政権期までは、文化的・経済的に先進国化す

ることを目指すなかで、国家人権委員会を創設したり、司法制度改革に着手するなど、「憲法上の価値の実現」や「人権保障水準の国際化」が追求された。

　これに対して、保守政権である李明博政権以後の国際化は、国際社会における立場・地位の変化と、経済的実利の追求などに起因するものである。すなわち、「外圧としての国際化」という要素が強くなる。

　李明博政権誕生直前の2007年12月、国連は、事務総長に就任した潘基文（반기문）のもと、「死刑執行猶予決議案」を採択した（A/RES/62/149）。その直後の2008年９月、韓国は国連人権理事会UPR審査を受け、死刑廃止に向けて努力するよう勧告を受けた（A/HRC/8/52）。同年には、欧州犯罪人引渡条約を締結した。ところで、EU加盟は、死刑廃止が絶対条件である。韓国が死刑執行を再開し得るとすれば、ヨーロッパ諸国は、韓国内で犯罪を行い自国に逃亡した者の引渡しに躊躇する。犯罪事実によっては、引き渡した自国民が韓国で死刑になり得るためである。そのような状況で締約された欧州犯罪人引渡条約は、韓国にとって、死刑執行停止を維持する外圧となった。さらに、2009年に李明博政権が欧州にFTA（自由貿易協定）交渉を申し入れたところ、EU側が死刑廃止の誓約書を求めたことも挙げられる。交渉にあたった外務部は、法務部を懐柔し、欧州評議会事務総長テリー・デービス宛に、死刑執行を行わない旨の誓約書を秘密裡に提出した。この誓約書の存在が、2010年憲法裁判所決定の審理過程で明らかになったのである。欧州犯罪人引渡条約やFTA交渉と関連して死刑の執行停止を国際的に誓約した韓国が、ヨーロッパ諸国以外の者（韓国国民など）に対して死刑を執行すれば、ダブルスタンダードを採ることになり、平等原則に反する。このような「外圧としての国際化」は、外交的・政治的な利益衡量によるものであり、人権保障という観点では後退である。しかし、一面では、人権保障の追求よりも強固に保守政権を拘束する。李明博は、死刑制度に好意的でありながら、ヨーロッパ諸国との経済的関係を考慮して死刑を執行しなかったのである。同じく保守政権である朴槿恵政権も、同様の理由により、死刑執行を再開し得なかった。

　そのようななかで、2017年、人権派弁護士として知られた文在寅（문재인）が大統領に就任した。文在寅は、候補者討論会で死刑廃止を明確に宣言した。世界人権宣言70周年を控えた2017年12月に、国家人権委員会の局長級職員が文在寅に行った特別報告では、死刑制度廃止が主要テーマとされた。それを踏まえて、2018年12月には、国家人権委員会が「大統領が死刑廃止を公式に宣言することを推進する」という声明を出した。また、主務省庁である法務部と実務協議を進め

ていることが明らかにされた。

V｜死刑の執行停止から紐解く現代の韓国刑事法

　人間の生命は、人間の尊厳・存在の大前提であり、自然権的基本権として保障されるべきものである。自然権的基本権の保障と関連する事柄は、国内問題ではない。韓国は、民主化後の「人権保障水準の国際化」、保守政権期の「外圧としての国際化」を経て、再び「人権保障水準の国際化」という文脈で死刑制度を吟味してきた（日本が2018年11月に受けた第3回UPR審査〔A/HRC/37/15〕および日本政府の回答〔A/HRC/37/15/Add.1, 161.99（2018）〕と比較すると、特に示唆的である）。今後、保守政党が政権を握ったとしても、死刑執行停止が維持される見込みは高い。

　現代の韓国刑事法の改革は、目覚ましいものがある。たとえば、法曹一元制、国民参与裁判（Chapter 27〔275頁〕）、2007年刑訴法改正による被疑者取調べ録音・録画や弁護人立会い、身体不拘束原則の導入などである。これらの論点も、民主化や過去事清算の流れのなかで、諸外国の法制を踏まえて導入されたものである。現代の韓国刑事法の諸論点は、自然権的基本権を尊重し、法制度の国際化・憲法化を目指すという観点から眺めることで、ようやく理解することができる。

　ただし、少なくとも死刑制度との関連では、国際化の意味は複雑化している。また、世論は厳罰化傾向をみせている。実際に、議員立法による性犯罪重罰化、性犯罪者の身上公開・位置情報監視制度の導入、国民請願にもとづく刑法上の責任規定（刑法10条2項）の改正（2018年に、心神耗弱者に対する必要的減刑を任意的減刑に改めた）など、国民の権利・自由を制限する方向の改革が国民の支持を得て行われている（Column 7〔205頁〕参照）。

　韓国刑事法は目まぐるしい変化を遂げているものの、過去事清算と国際化という視座を放棄することは当面はないであろう。そのため、これらを意識することが、韓国刑事法の理解を深めるキーワードとなる。ひいては、韓国刑事法の学修を踏まえ、日本の刑事法を考えるうえでも、少なからぬ示唆を与えるであろう。

<参考文献>
・藤原凜「韓国の死刑執行停止に関する研究(1)（2完）」一橋法学14巻3号（2015

年）、一橋法学15巻 1 号（2016年）

・韓寅燮「権威主義の体制下の司法府と刑事裁判」および金鍾書「韓国社会の民主化と国家保安法」大久保史郎＝徐勝編『現代韓国の民主化と法・政治構造の変動』（日本評論社、2003年）所収

・安部祥太『被疑者取調べの憲法的規制』（日本評論社、2019年）

Chapter 27

刑事裁判への国民参加の制度

氏家 仁

I ｜ 国民参与裁判制度の導入

　韓国における刑事司法制度の変化はめまぐるしく、わが国にとって示唆に富む新たな制度の導入も多くみられるが、ここ10数年の大きな変革としては、これまで法律専門家のみによって行われてきた刑事裁判に一般の国民が関与することになった国民参与裁判（以下、「参与裁判」という）制度の導入を挙げることができる。同制度は、2003年から始まった司法制度改革における議題の1つとして「国民の司法参与」が設定されたのち、司法制度改革の過程における議論と国会における審議を経て、「国民の刑事裁判参与に関する法律」が2007年6月1日に公布、2008年1月1日に施行されたことによってスタートしたものである。それゆえ、すでに10年以上の経験が積まれたことになる。

II ｜ 制度の内容と実際の運用

　まず、参与裁判制度の内容について、実際の運用を理解しやすくするために、最新の統計（법원행정처 사법지원실『2008〜2018년 국민참여재판 성과분석』〔2019年〕〔分析期間：2008年1月1日〜2018年12月31日〕）に触れつつ、手続の流れに従って概観することとする（なお、最新の1年間〔2018年〕の統計には、その旨を記すが、前記分析期間〔11年間〕を通した統計には、とくにその旨を記すことはしない）。

1 目的・基本構造

	陪審制 (英米法系)	参審制 (大陸法系)	参与裁判 (韓国)	裁判員裁判 (日本)
評議への 参加者	陪審員	裁判官＋参審員	事実認定：陪審員 (例外：＋裁判官) 量刑：裁判官＋陪審員	裁判官＋裁判員
権限	事実認定	事実認定＋量刑	事実認定＋量刑	事実認定＋量刑
拘束力	あり	裁判官と参審員 が共に評議して 評決	なし（勧告的効力）	裁判官と裁判員が共 に評議して評決
任期	事件ごと	任期制	事件ごと	事件ごと

表1 国民の刑事司法参加制度の原則形態の比較

　参与裁判制度は、「国民の刑事裁判参与に関する法律」（以下、「法」という）にもとづくものであり、さらに詳細な事項は、大法院規則である「国民の刑事裁判参与に関する規則」（以下、「規則」という）で定められている。

　同制度の目的は、「司法の民主的正当性と信頼を高めるため」であり、何人も（外国人を含む）参与裁判を受ける権利を有し、国民は参与裁判に参与する権利と義務がある。

　同制度の基本構造は、表1のとおり、陪審制、参審制のどちらか一方をそのまま導入したものではなく、両者を混合・修正した韓国独自のものである。それは、いかなる制度が韓国に適合するかを断定することが難しいことから、ひとまず、第1段階の参与裁判制度として施行し、実証研究を行ったうえで、韓国の現実に合った最終的な形態を決めることとしたためである。ただ、参与する国民については、なじみ深い「陪審員」という名称を用いることとなった。

　また、（当初の予定としては）2012年に、完成された制度を施行するものとされ、法では、制度の最終形態を決定するための機関として、大法院に国民司法参与委員会を設置するものとしている。ただ、後述するとおり、同委員会は2013年3月に最終形態を決定したものの、立法化するには至っていないため、現行制度はいまだ第1段階のものである。

2 対象事件と意思確認手続

	対象事件	申請		処理							未済
				参与裁判		排除		撤回		合計	
	件数	件数	比率	件数	比率	件数	比率	件数	比率	件数	件数
2008年	4,287	233	5.4	64	29.8	61	28.4	90	41.9	215	18
2009年	5,661	336	5.9	95	30.8	75	24.4	138	44.8	308	46
2010年	6,040	438	7.3	162	39.1	75	18.1	177	42.8	414	70
2011年	5,924	489	8.3	253	51.2	63	12.8	178	36.0	494	65
2012年	20,464	756	3.7	274	40.5	124	18.3	278	41.1	676	145
2013年	19,974	764	3.8	345	43.3	118	14.8	334	41.9	797	112
2014年	21,397	608	2.8	271	44.4	107	17.5	233	38.1	611	109
2015年	19,521	505	2.6	203	38.6	106	20.2	217	41.3	526	88
2016年	20,924	860	4.1	305	38.9	151	19.3	328	41.8	784	164
2017年	19,615	712	3.6	295	37.2	195	24.6	304	38.3	794	82
2018年	19,717	665	3.4	180	28.8	183	29.3	261	41.8	624	123
合計	163,524	6,366	3.9	2,447	39.2	1,258	20.2	2,538	40.7	6,243	1,022

比率：申請の比率（％）＝申請件数÷対象事件数×100、申請以外の比率（％）＝件数÷処理合計件数×100。小数点第 2 位以下四捨五入
出典：법원행정처 사법지원실『2008～2018년 국민참여재판 성과분석』（2019年）をもとに筆者再構成

表 2　参与裁判の実施状況（2008年～2018年）

　参与裁判は、地方法院の第 1 審の刑事事件のうち、合議事件（ 3 人の裁判官で構成される合議体で審判する事件）が対象となる。合議事件には、法定合議事件（法律上、合議体で審判するものとされる事件〔原則として、法定刑が死刑、無期または短期 1 年以上の懲役・禁錮に当たる事件等〕）のほか、裁定合議事件（本来は単独事件であるが、合議体で審判する旨を決定した事件）も含まれる。裁定合議事件も対象となったことから、すべての刑事事件が潜在的に参与裁判の対象となった。当初、罪名を列挙する形式で対象事件を規定していたが、2009年の規則改正で対象犯罪が拡大され、さらに2012年の法改正で現行の規定となった。そのため、表 2 のとおり、2012年を境に対象事件が増加している。なお、参与裁判に関して弁護人がないときには、裁判所は、職権で国選弁護人を付さなければならない。

　参与裁判は、対象事件で起訴された被告人が希望する場合、すなわち申請した場合に限り実施される（申請主義）。それゆえ、意思確認手続として、起訴状とともに参与裁判の案内書と意思確認書を送達し、被告人は 7 日以内にこの意思確

認書を裁判所に提出しなければならない。もし、提出しない場合は、参与裁判を希望しないものとみなされるが、判例は、第1回公判期日前まで申請することができるとする（大法院2009年10月23日宣告2009모1032決定）。規則改正によって、単独事件についても、意思確認手続を経て、裁定合議決定をすることによって、参与裁判の対象事件とする手続が設けられた。

　もっとも、実際の申請率は、表2のとおり、最近でも4％前後にとどまり、対象事件で起訴された被告人のほとんどが、参与裁判を申請していない。

　もし、被告人が参与裁判を申請したにもかかわらず、排除決定せずに通常の公判手続で審理した場合、その公判手続でなされた訴訟行為は無効である（大法院2011年9月8日宣告2011도7106判決）。また、対象事件で起訴されたのに、意思確認手続を経ずに通常の公判手続で審理した場合も、その公判手続でなされた訴訟行為は無効である。ただし、控訴審において、被告人に参与裁判に関する案内と熟考する時間が与えられ、被告人が参与裁判を望まないと述べつつ、第1審の違法を問題としないとする意思を明白に表示する場合には、その違法性は治癒される（大法院2012年4月26日宣告2012도1225判決等。治癒された事例として大法院2012年6月14日宣告2011도15484判決）。

　なお、参与裁判は、地方法院本院（本庁）のみで行われ、支院（支部）に起訴された事件について被告人が参与裁判を申請した場合は、支院において排除決定をしない限り、事件を本院に移送することになる（国民参与裁判手続回付決定）。

3　排除決定と撤回

　被告人が参与裁判を申請したとしても、必ずしも参与裁判で審理されるとは限らない。すなわち、裁判所が排除決定をした場合と被告人が撤回した場合には、通常の公判手続で審理される。まず、裁判所の排除決定は、①陪審員等の生命・身体・財産に対する侵害のおそれがあるため職務を公正に遂行することができないおそれがある場合等、②共犯中の一部の共同被告人が参与裁判を望まないため参与裁判の進行に困難がある場合、③性暴力犯罪の被害者等が参与裁判を望まない場合、④その他、参与裁判で進行することが適切でない場合に、公判準備期日が終結した次の日までにすることができる。表2のとおり、20.2％の事件で排除決定がされている。その多くは④（74.1％）によるものであり、次いで③19.4％、②6.4％、①0.2％の順である（なお、2018年では、①0.5％、②0.5％、③15.3％、④

83.6％）。なお、④の約半数は、被告人側が撤回意思を表示した場合（おそらく、撤回期限後に撤回の意思を表示した場合と思われる）である。

　つぎに、被告人は参与裁判を申請したとしても、たとえば公判準備期日が終結する前までは撤回することができる。表２のとおり、40.7％の事件で撤回されている。

　このように当初は参与裁判を申請しても、半数を超える事件が通常の公判手続で審理される（また、この排除決定や撤回の比率は、地方法院によって大きな差がみられる）。そうすると、参与裁判で審理されるのは対象事件の１〜２％程度（なお、2018年では、0.9％）にすぎない。

　なお、排除決定や撤回のほかにも、被告人の疾病等による長期間の公判手続の停止、拘束期間の満了、性暴力犯罪の被害者の保護等を理由として、裁判所が通常手続回付決定をしたときも、通常の公判手続で審理される。

4　陪審員

　参与裁判の審理および判決は、裁判官３人によって構成される合議体が担当する。陪審員の数は、①法定刑が死刑、無期懲役・禁錮に当たる場合は９人、②そのほかは７人であり、③被告人または弁護人が公判準備手続において公訴事実の主要内容を認めたときは５人とすることができる。ただし、事件の内容によっては、９人を７人に、７人を９人に定めることができる。実際は、７人が最多で（69.1％）、次いで９人で（26.0％）、５人はわずかである（4.8％）（なお、2018年でも、７人〔80.0％〕、９人〔16.1％〕、５人〔3.9％〕の順であり、７人の場合が増加傾向をみせている）。また、５人以内の予備陪審員も選定することができ、解任等により陪審員に欠員が生じたときは陪審員となる。

　陪審員の資格要件は満20歳以上の国民であるが、欠格事由（成年被後見人等）、職業等による除外事由（法曹等）、除斥事由（当該事件の被害者・被告人の親族等）に該当する者は陪審員になることはできず、免除事由（70歳以上の者等）に該当する者は職務を免除することができる。

　陪審員の選定過程は、まず、住民登録情報にもとづき陪審員候補予定者名簿を毎年作成し、これにもとづいて事件ごとに陪審員候補者を無作為に抽出して、選定期日（通常は、第１回公判期日の開始前）を通知する。選定手続において、検事、被告人および弁護人は、候補者が不公平な判断をするおそれがあるときなどには、

忌避を申請することができ、裁判所が不選定決定をするかを判断するが（理由付忌避申請）、検事および弁護人は一定の数の候補者に対して、理由を付さずに忌避を申請することができ、このとき、この候補者は選定されない（無理由付忌避申請）。無理由付忌避申請は、平均4.9人に対して行われている。その後、必要な数の候補者が確定すれば、裁判所は、無作為の方法で陪審員と予備陪審員を選定する。ただ、この時点では、誰が予備陪審員として選定されたかを知らせないことができる。それは自身が予備陪審員であることがわかれば、職務をおろそかにするおそれがあるためである。なお、選定手続に要した時間は、自白の有無、陪審員数、犯罪類型によって大差はなく、平均１時間15分であった。

5　公判手続

　参与裁判事件については、公判準備期日が必ず開かれる。主張と証拠を整理し、審理計画を立てることによって充実した集中審理を可能なものとし、裁判を迅速に終わらせて陪審員・予備陪審員（以下、「陪審員等」という）の負担を軽減させるためである。

　第１回公判期日は、通常、選定手続に引き続いて同じ日に開かれる。参与裁判の法廷構造は右図のとおりである。まず、陪審員等の宣誓から始まり、次いで裁判長が陪審員等に対し、陪審員等の権限・義務、裁判手続、その他円滑な職務遂行のために必要な事項を説明する。その後の公判手続は、人定質問・陳述拒否権の告知→冒頭陳述（検事→被告人・弁護人）→証拠調べ→被告人訊問→弁論手続（検事→被告人・弁護人）の順に行われ、通常の公判手続とほぼ同じである。ただし、陪審員等は、証拠能力に関する審理に関与することはできない。また、陪審員等は、証人や被告人に対して直接訊問することはできず、訊問することを裁判長に書面で要請する。そして、裁判長の許可を得て、陪審員等は筆記をして評議に用いることができる。陪審員等に対する説明、証拠調べ、弁論は、書画カメラやPowerPointを活用するなど、陪審員等が理解しやすいように工夫されている。

　弁論終結後、裁判長は、陪審員に公訴事実の要旨、適用法条、被告人および弁護人の主張の要旨、証拠能力、その他留意すべき事項（刑事訴訟の原則〔無罪推定、証拠裁判主義、自由心証主義〕、陪審員の義務、評議・評決の方法等）について説明し、評議に移る。予備陪審員は評議に加わることはできないため、通常、その時点で裁判長によって誰が予備陪審員であるかが告げられ、評議中は法廷等

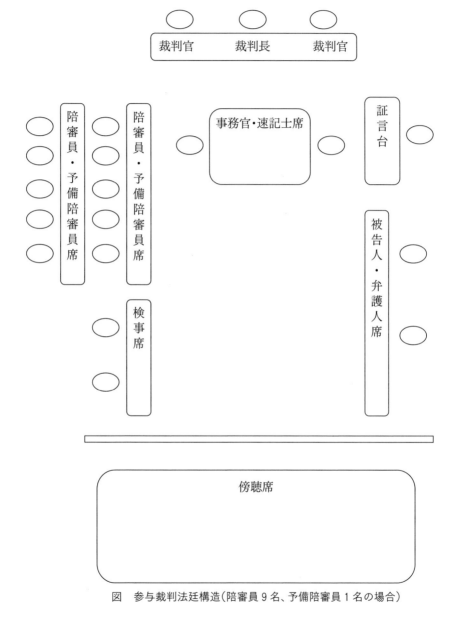

図　参与裁判法廷構造（陪審員9名、予備陪審員1名の場合）

で待機することとなる。

6　評議・評決、量刑討議

　陪審員は、事実認定、法令の適用、量刑に関する意見を提示する権限を有する。まず、事実認定（有罪・無罪）について評議が行われる（一次評議）。裁判官は関与しないが、陪審員の過半数の要請があれば、裁判官の意見を聴くことができる。そして、陪審員全員の意見が一致すればそれに従って評決する。もし、陪審員全員の意見が一致しない場合には、必ず裁判官の意見を聴いたうえで（ただし、評決には加わらない）、多数決によって評決する（二次評議）。

　評決が有罪である場合には、次いで陪審員と裁判官は量刑に関する討議を行う。裁判長が処罰の範囲と量刑の条件等を説明したうえで、陪審員は量刑に関する意見を開陳する。事実認定とは異なり、1つの結論を出すのではなく、たとえば、「懲役3年4名、懲役2年5名」というように意見分布を示すものである。

　なお、評議に要した時間は、自白の有無や犯罪類型によって大差はなく、平均1時間45分であった。

7　判決・上訴

　判決は、裁判所によって言い渡され、同時に評決結果も告知される。判決の言渡しは、弁論が終結した期日に行うことが原則であり（特別な事情があるときは、14日以内）、90.1％の事件は第1回公判期日で言い渡されている。2014年以降、徐々に2日以上開廷する事件が増加したものの、再び減少傾向にある（なお、2018年では、1日で終えた事件は88.3％）。起訴から第1回公判期日までの期間は平均107.4日であり、通常の合議事件の平均136.8日（身柄事件：111.9日、在宅事件：161.8日）に比べ、迅速に処理されている（なお、2018年では、平均128.6日であり、通常の合議事件〔平均146.0日〕に比べ、迅速に処理されているものの、徐々に長期化の傾向をみせている）。

　なお、陪審評決と量刑意見の効力は勧告的なものであり、裁判所を覊束（拘束）しない。それゆえ、裁判所は評決と異なる判決を言い渡すことができるが、そのときはその理由を判決言渡しの際に被告人に説明し、判決書にも記載しなければならない。実際には、評決と判決は93.5％の事件で一致している（なお、

2018年では、97.2％の事件で一致）。なお、2018年では、無罪評決に対し有罪判決が言い渡された事件が4件、反対に有罪評決に対し無罪判決が言い渡された事件が1件あった。また、陪審の量刑意見（の多数意見）と裁判所が言い渡した量刑は、89.2％の事件で近接（差が1年以内など）している（なお、2018年では、84.0％の事件で近接）。

　判決に対しては、通常の事件と同じく、上訴（控訴・上告）が可能であるが、上訴審には陪審員は関与しない。参与裁判における控訴率（80.5％〔うち被告人控訴（58.4％）、検事控訴（48.4％）。双方控訴を含む。以下同じ〕）は、通常の合議事件の控訴率（62.0％〔うち被告人控訴（51.7％）、検事控訴（28.3％）〕）に比べ高くなっている（なお、2018年の控訴率は、74.4％〔うち被告人控訴（48.3％）、検事控訴（48.3％）〕である）。

　なお、判例は、陪審員全員一致の意見で無罪の評決をし、裁判所も無罪判決を言い渡した場合においては、「……証拠の取捨及び事実の認定に関する第1審の判断は、上述した実質的直接審理主義及び公判中心主義の趣旨と精神に照らして、控訴審における新たな証拠調べを通して、それに明白に反対する、充分かつ納得するに足りる顕著な事情が現れない限り、より一層、尊重される必要がある」とする（大法院2010年3月25日宣告2009도14065判決）。

Ⅳ │ 現在の課題

1　国民司法参与委員会の最終形態

　現行制度は第1段階のものであり、実証研究を重ねたうえで最終形態を定めることとされている。そして、この最終形態を定める機関として、2012年7月、大法院に国民司法参与委員会が設置され、8回にわたる会議と1回の公聴会などを経て、2013年3月、最終形態が議決された。

　この最終形態における主な改正点として、①陪審評決の効力、②評決方式、③一部強制主義の導入が挙げられる。まず、①これまで陪審評決には勧告的効力しか認められてなかったが、それに対しては制度の意義や導入の趣旨、活性化という点から疑問が提示されていた。このため、改正案では、一歩進んで「判事は……評決を尊重しなければならない」ものとし、法的拘束力に至らない事実上の羈束力を認めることとした。ただし、評議・評決の手続・内容が憲法、法律、命

令、規則、大法院判例に違反する場合、評決の内容が論理則、経験則に違反する
場合、その他評議・評決の手続・内容が不当であると認めるに足りる事由がある
場合には例外とされる。つぎに、②全員一致に至らなかった場合の評決方法とし
て、これまで多数決によるものとしていたが、陪審評決に事実上の覊束力を認め
たことから、4分の3以上の賛成を要するものとした。もし評決が成立しなかっ
た場合には、審理をやり直さず、評決なく判決するが、陪審員の意見を参考にす
ることはできる。そして、③参与裁判は申請主義を採るため、社会が注目する事
件や国民の健全な常識を反映すべき事件についても、被告人が申請しない限り参
与裁判は開かれないという問題があった。そこで、被告人が希望せずとも「司法
の民主的正当性と透明性を増進させるために必要である場合」には、裁判所は、
職権または検事の申請により参与裁判手続に付することができることとした。こ
のほかにも陪審員の5人形態の廃止、法廷構造の変更等がある。これら以外の点
については、現行制度には大きな問題点が存在しなかったため、最終形態におい
ても、そのまま維持することとされた。

2　政府（法務部）の改正案

　大法院には法案提出権がないため、実際の改正案は政府（法務部）が作成し、
国会に提出した。同改正案は、最終形態を基本としつつも、いくつかの点で新た
な修正を追加した。主な修正点を挙げると、まず、①対象事件については、最終
形態においては変更がなかったが、同改正案では、法定合議事件のうち、他法
（すなわち、法院組織法以外の法）によって合議事件とされるものについては対象
事件から外した。これにより、とくに公職選挙法によって合議事件とされる同法
違反事件の一部が対象から外れることになる。つぎに、②一部強制主義の導入に
ついて、最終形態中の（裁判所の）職権による部分を削除し、裁判所は「検事の
申請により」参与裁判手続に付することができることとした。そして、③排除決
定については、最終形態においては変更がなかったが、同改正案では、検事も排
除決定を申請することができるものとし、また、排除決定の事由として、参与裁
判で審理すると不公平な結果を招くおそれがあり、または高度の法律的判断が必
要となる場合を追加した。

　以上を主な内容とする改正案は、2014年6月、国会に提出されたが、実質的な
審議がなされないまま、2016年5月、第19代国会の任期満了に伴い廃案となり、

それに続く第20代国会（2020年5月任期満了）には、政府は改正案を提出しなかった。

3　課題

　アンケートによれば、陪審員らの多くは職務遂行に対する満足度が高く、肯定的に評価している。ただ一方で、実際の運用をみると、申請率が低調であるうえに排除決定と撤回の比率が高いため、実際に参与裁判が開かれるのは対象事件の1〜2％にすぎない。この申請率低調の原因として、制度の認知度が低かったり、被告人が自身にとって参与裁判が有利となるかを判断することが難しいからであるとされる。依然として、申請率は低調なままであるため、大きく改善されたとはいえないだろう。また、高い排除決定率と撤回率の原因には、実務家（裁判所、検察、弁護人）の消極的な態度も影響しているとされる。これらの比率について地方法院別に大きな差がみられるのはこのことを物語るものであろう。このような現状で、最終形態のように申請主義を残し、裁判所の判断で参与裁判手続に付する一部強制主義を採用したとしても、実施率が上がるか疑問であろう。そのため、対象事件については、原則実施すべきとする意見も提示されている。

　また、陪審評決の効力について、改正案では事実上の覊束力へと一歩進んではいるが、それだけでは制度の活性化や導入の趣旨の点からは不十分であり、原則的に覊束力を認めるべきであるとする意見もある。たしかに、韓国憲法27条1項では「法官」による裁判を受ける権利が保障されているため、陪審評決に法的拘束力を認めると違憲のおそれがあるとの指摘がある。これが、現行法上、陪審評決の効力を勧告的なものとする理由の1つでもあるが、いまもなおこの違憲のおそれが完全に解消されたとはいえないことが、改正案においても事実上の覊束力にとどまった理由の1つとされ、この点の解決も必要となる。

　今後、政府が最終形態としての改正案を改めて国会に提出するとしても、前回の法案提出から6年以上が経過したことから、この間の実証研究等を踏まえて、改めて活発な議論がなされるものと考えられる。前述したとおり、参与裁判制度はわが国の裁判員制度と内容等の面で大きく異なるものであるが、ほぼ同時期にスタートしたものであり、経験を共有し相互に参考にする必要があり、これからの動向に注目すべきであろう。

4　参与裁判の傍聴のすすめ

　訪韓する機会があれば参与裁判の傍聴をすすめたい。審理はもちろん韓国語によって進められるが、多くの事件は1回の期日で判決言渡しまで行われるため、参与裁判の公判手続を一通り目にすることができる。参与裁判の日程（法院名、日時、法廷）は、「大韓民国法院」のサイトで確認することができる〔http://help.scourt.go.kr/nm/minwon/pjudgement/PJudgementList.work〕。わが国の裁判員裁判と比較して、それぞれの特徴をみつけてほしい。

＜参考文献＞
・今井輝幸『韓国の国民参与裁判制度――裁判員裁判に与える示唆』（イウス出版、2010年）
・特集「裁判員裁判と国民参与裁判」刑事法ジャーナル32号（2012年）
・椎橋隆幸編著『日韓の刑事司法上の重要課題』（中央大学出版部、2015年）

Chapter 28

韓国の言論法制

韓永學

はじめに

　言論法（情報法）は、メディア法を含む言論・情報関連法の総称である。韓国では民主化（1987年）以降、言論法が重要な法分野となっている。韓国の言論法制は、主にドイツの影響を大きく受けながら、独自の体系を形成してきた。本Chapterでは、韓国の言論法制の現状と課題について概説する。

I｜憲法と表現の自由

　憲法21条は、表現の自由を保障しつつ（1項）、許可・検閲を禁じている（2項）。ここで表現の自由は、意見表明の自由・伝達の自由、知る権利、プレス・放送の自由、アクセス権（right of access to mass media）、反論権（right of reply）、インターネット上の表現の自由等を包含すると解される。憲法裁判所は表現の自由について、個人の尊厳・価値の維持、幸福追求、国民主権の実現に必要不可欠な「最も重要な基本権」の1つであり、「民主社会の基礎」であると位置づけ、その優越的地位を認めている。

　表現の自由は、個人の表現行為において公権力による干渉・妨害を受けないという主観的公権であると同時に、自由かつ多様な思想・情報の流通と開かれた公的討論により民主政治を実現するという客観的価値秩序の性格を有する。とりわけ、メディアの自由は、前者の側面の防禦権として保護されるのみならず、後者の側面の客観的制度としても保障される。メディアの自由の制度的理解のもと、放送・通信の施設基準と新聞の機能を保障するための法定主義がとられている

（憲法21条3項）ほか、メディア法上反論権を含む一定のアクセス権が保障されており、メディアの公的責任が明文化されている。

　一方、表現の自由は絶対無制限的なものではなく、他の基本権と同様、「国家安全保障・秩序維持又は公共の福祉」のために法律により制限され得る（憲法37条2項前段）。表現の自由の制限が正当化されるためには、制限根拠が明確であり、制限目的が正当であり、かつ、制限手段が目的達成のために必要最小限度でなければならない。また、表現の自由が制限される場合でも、「表現の自由の本質的内容」の侵害は禁じられる（同後段）。憲法はこのような基本権の一般的法律の留保に加え、「他人の名誉若しくは権利、公衆道徳又は社会倫理」を侵害してはならないという言論・出版の自由の限界を規定している（21条4項）。しかし、自己実現と自己統治の価値を体現する表現の自由の重要性に鑑み、言論・出版はその害悪が市民社会の「思想の自由市場」（free marketplace of ideas）によって解消できない場合にかぎり、制限されるべきであろう。

Ⅱ｜メディア法制

　メディア法制は複雑多岐にわたっている。ここでは、プレス、放送、インターネットの3媒体の法制を俯瞰しつつ、近年注目されている報道被害救済法制について取り上げる。

1　プレス法制

　プレス法制には新聞法、地域新聞法、雑誌等定期刊行物法、ニュース通信法等がある。プレス法制の主要内容を概観してみよう。

　第1に、プレスは自由と独立を享受する一方、一定の社会的責任（人間の尊厳・価値および民主的基本秩序の尊重等）と読者の権益保護義務を負う。前者は憲法21条1項、後者は同3、4項の理念がそれぞれ反映されたといえよう。

　第2に、プレスは構造規制として参入規制と所有規制を受ける。①新聞とインターネット新聞、②新聞以外の定期刊行物、③ニュース通信ともに登録官庁（①②は市長・道知事、③は文化体育観光相）への登録義務があり、①のうち日刊紙と③の株式・持分の大企業による所有が制限される（上限50％）。

　第3に、プレスは公的振興制度によりその産業の振興が図られている。文化体

育観光省傘下の言論振興財団、ニュース通信振興会等がプレス産業の支援・育成を担っている。同制度は、欧州主要国の関連制度と同様、プレスに対する国家による自由に関する施策である。

2 放送法制

放送法制には電波法と放送法をはじめとする既存の法律のほか、放送通信委員会法、IPTV事業法に代表される放送・通信融合に対応した法律等がある。放送法制の主要内容を概観してみよう。

第1に、放送（放送番組の電気通信設備による送信）は自由と独立を享受する一方、プレス以上の公的責任と高度かつ幅広い公正性・公益性義務を負う。放送免許制度と放送審議制度の基礎となっているこのような放送の公的責任や公正性・公益性義務は、プレスと比した放送の特殊性を勘案しても過度な規制であると考えられる。

第2に、放送は構造規制として参入規制、所有規制、視聴占有率規制を受ける。放送事業者は放送通信委員会の許可（放送種類により承認・登録を含む）が必要であり、地上波放送等の株式・持分の所有（上限40％）や各種クロスオーナーシップの制限のほか、視聴占有率が制限される（上限30％）。

第3に、公共放送、KBSは重い責任と義務を負う。受信料等を財源とするKBSは、国家基幹放送として公正かつ健全な放送文化を定着させ、国内外放送を効率的に実施する公的責任を担う。

第4に、視聴者の権益保護が重視されている。普遍的視聴権（国民関心行事への視聴権）の保障、KBS等の視聴者参与番組編成（いわゆるパブリック・アクセス制度）、放送番組の自主審議、視聴者評価番組編成等は視聴者の権益保護を目的としている。

第5に、放送・通信の規制監督は独立行政委員会である放送通信委員会が担い（ただし、CATV、IPTV等は科学技術情報通信省の所管）、放送・通信の審議機能は別途設置された放送通信審議委員会が担う。このようなメカニズムにより、放送・通信規制監督の独立性や透明性が従前より高まったといえよう。しかし、放送・通信の規制監督権限を放送通信委員会に完全一元化するとともに、放送事業者の自己検閲を生みかねない放送通信審議委員会による放送審議制度を放送編成の自由との調和を図る観点から見直す必要があろう。

3　インターネット法制

インターネット法制には①インターネットサービスの基盤造成に関する法制、②インターネット情報保護・利用者保護に関する法制、③インターネット産業振興に関する法制等がある。ここでは、②を中心にインターネット法制の主要内容を概観してみよう。

第1に、個人情報の保護を重視している。ISPは個人情報を収集・利用する場合、本人の同意を得る必要があり、特定の機微な個人情報（思想信条やプライバシーが明らかに侵害される恐れのある個人情報等）は収集が禁じられており、住民登録番号（マイナンバー）の収集・利用も制限される。

第2に、インターネット利用者の保護措置を講じている。具体的には、ISPによる青少年保護措置（青少年有害媒体物の表示、青少年保護責任者の指定等）、インターネット上で名誉毀損・プライバシー侵害等の被害者の権利保障（侵害情報削除や反駁掲載要請、提訴のための侵害者情報提供請求）等がある。

第3に、インターネットにおける表現規制はやや厳しい。これまで①「不穏通信」禁止制度、②「公益を害する目的の虚偽通信」禁止制度、③掲示板利用者の本人確認制度（インターネット実名制）は憲法裁判所の違憲決定により撤廃されたが、インターネット上の表現の自由はまだ十分とはいえない。「不法情報」流通禁止制度や「青少年有害情報」流通規制制度は両情報の概念の抽象性・包括性のため、明確性の原則や過剰禁止の原則に抵触しかねず、インターネット実名制も一部残存している（選挙運動期間中に適用）。

一方、主にインターネットに端を発するフェイクニュース（fake news）の対策が議論されているが、言論統制につながる法制化を警戒しなければならない。

4　報道被害救済法制

報道被害救済法制には既存の刑法、民法、情報通信網法等における関連規定に加え、2005年に新たに制定された報道被害救済法がある。まず、既存法は、名誉毀損に刑事罰と損害賠償等の刑事・民事両面の救済制度、プライバシー侵害に主に民事的救済制度を用意している。留意すべきは、一般名誉毀損罪に比べ、人を誹謗する目的による報道機関・インターネット名誉毀損罪が重罰される。もちろん、名誉毀損的表現であっても、公益性と真実性の要件を満たせば免責される。

つぎに、報道被害救済法は実効性ある報道被害救済制度の確立を目的に制定され、人格権の保護に重きを置いている。第1に、報道被害救済は迅速救済が原則であり、メディアは社内に報道被害の予防・救済に当たる苦情処理人を置かなければならない。第2に、報道被害者は損害賠償のほか、侵害停止・予防、反論・訂正・追後報道等を請求することができる。第3に、報道被害をめぐる韓国固有の裁判外紛争解決機関（ADR）、言論仲裁委員会が従前の反論報道等に加え、損害賠償をめぐる紛争の調停・仲裁も行う。同委員会はプレス・放送のみならず、インターネット上の報道被害にも対応する。

Ⅲ｜表現の自由の制限

表現の自由は個人的法益や国家的・社会的法益と対立する場合、制限され得る。憲法裁判所や大法院（最高裁）は両者の対立調整において一定程度表現の自由の拡張を図ってきたが、必ずしも十分とはいえない。では、主な表現規制の現状と課題について触れる。

1　個人的法益

（1）　名誉権

名誉権は、表現の自由と最も対立する人格権で、両者の対立調整が問題となる。名誉毀損の免責法理は、判例により免責要件として真実性に代わる真実相当性の確立、事実と意見の区分による公正な論評（fair comment）の法理の導入等、一定程度進展している。しかし、依然として表現の自由より名誉の保護の方に比較衡量の比重が置かれる傾向がある。両者の実質的な調和に向け、たとえば、公人に対する名誉毀損的表現の場合、表現者が虚偽であると知りながら表現したか、または虚偽か否かを無謀に無視して表現したことを、公人側が立証しなければ名誉毀損を認めない、いわゆる現実的悪意（actual malice）の法理の導入は検討に値する。

一方、名誉毀損罪は、権力者・公人が自身に対する批判を抑圧するために濫用する等、表現の自由に過度な萎縮効果を及ぼす。そのため、国連は名誉毀損罪の廃止を勧告している。民事名誉毀損法が適切に機能している以上、表現の自由を抑制する名誉毀損罪を廃止する必要があり、それは国際的潮流でもある。

(2)　プライバシー権

　表現の自由がプライバシー権と対立する場合、名誉権と同様、プライバシー権が優先される傾向がある。表現の自由の優越的地位を勘案した両者の実質的な調和の視座から、プライバシー侵害の違法性阻却の基準を再構築する必要があろう。また、報道の自由や知る権利より当事者のプライバシー保護を重視する諸制度（被疑事実公表禁止、被疑者の身上情報の非公開原則等）の改革も求められる。

　一方、近年、プライバシーの積極的な権利として自己情報コントロール権が認められており、最近はその一類型としてインターネット上のプライバシー侵害情報の削除を求めることができる忘れられる権利（right to be forgotten）が注視されている。既存のインターネット上のプライバシー等の侵害情報削除要請制度（情報通信網法）のほか、新たにインターネット自己掲示物接近排除要請権ガイドライン（放送通信委員会）が整備されたが、表現の自由や知る権利との調整が不可欠であることは論をまたない。

2　国家的・社会的法益

(1)　国家安全保障

　南北対峙の特殊な政治的状況等を背景に、憲法上大統領に国家緊急権が付与されており、国家保安法、国家情報院法、軍事機密保護法を含む広範な国家安全保障法制が構築されている。このような法令は表現の自由の観点から看過できない重大な問題をはらんでいる。まず、国家安全保障を理由に膨大な国家機密の保全体制が確立され、政府による情報統制が容認されている。国家安全保障と情報アクセス権に関する国際原則（ツワネ原則）に照らし、国家機密の要件の厳格化、民主的統制の確保等が求められる。

　つぎに、国家安全保障法制の中核を成す国家保安法は、国家安全保障を名目に表現の自由、学問の自由、良心の自由等を過度に制限する、違憲の疑いの濃厚な法律である。最も違憲論争の的となっている「賛揚・鼓舞等罪」によれば、利敵（北朝鮮を利する）表現物の所持・取得等、明白かつ現在の危険がない表現行為も処罰されかねない。国連人権規約委員会や国内人権委員会の勧告に従い、国際人権基準に合致させるための同法の改廃が求められよう。

(2)　性道徳維持・青少年保護

　性道徳の維持のために、刑法上の「性風俗に関する罪」のほか、多数のメディア法制や青少年保護法制等にもとづき性表現規制が行われている。判例上、最も争われる性表現規制は猥褻表現規制である。裁判所は猥褻概念について抽象的に定義づけており、猥褻表現規制に対して一貫して合憲と判断してきた。性道徳の維持と表現の自由との均衡を図るべく、猥褻概念の判断基準の具体化と猥褻表現規制に対する厳格な違憲審査が求められる。

　青少年保護法制における表現規制には、①青少年有害媒体物の流通を規制する青少年有害媒体物制度、②青少年有害媒体物と決定されなかった媒体物に対して青少年有害の程度等を考慮して利用可能年齢を区分する等級分類制度（rating system)、③児童・青少年の性保護を目的として包括的な規制をかける児童・青少年性保護制度、④青少年の深夜時間帯のインターネットゲームを制限するシャットダウン制度等がある。①②は青少年保護委員会と媒体別の審議機関による審議や等級分類が検閲にもなりかねず、③はとりわけ「児童・青少年利用猥褻物の制作・配布等罪」が児童・青少年利用猥褻物の定義の限定性を欠き、過剰規制のおそれがあり、④は青少年の自己決定権を過度に制限する側面がある。

(3)　選挙の公正

　近年、インターネット選挙運動解禁に代表されるように、選挙における政治的表現の自由の拡大がみられる。しかし、公職選挙法は選挙の公正を確保するために、依然として①公正報道義務、②当選・落選運動規制、③選挙運動期間中インターネット実名制、④選挙報道審議制度、⑤戸別訪問の制限、⑥世論調査結果の公表禁止等の多数の表現規制を課している。選挙の公正と表現の自由との調和を図る観点から、各規制の適否が吟味されるべきである。とくに、④は選挙報道の公正に関する包括的・抽象的な審議基準を明確化しつつ、各審議機関（選挙記事審議委員会、選挙放送審議委員会、インターネット選挙報道審議委員会）の言論仲裁委員会への統合と制裁措置の適正化が求められる。

(4)　裁判の公正

　裁判の公正の確保や事件関係人の保護のための表現規制には、①裁判記録へのアクセス制限、②法廷内取材制限、③被疑事実公表禁止、④取材源に関する証言・資料押収等がある。すなわち、「公共の福祉」のような抽象的な概念に依拠

して裁判記録の公開を広く制限し、法廷を撮影する行為等を原則禁止（例外許容）し、捜査機関に被疑者の被疑事実の起訴前の公表を禁じる一方、取材源に関する証言や取材成果物の捜索・押収を事実上容認している。以上のような規制は取材・報道の自由や知る権利を不当に制約しかねないため、適切に見直す必要がある。とくに、③は犯罪情報の公共性に鑑み、廃止すべきであり、④は報道機関の特権（取材源秘匿権）を法制化し、原則禁止すべきである。

Ⅳ｜メディアの自主規制

　メディアが報道の自由を守りつつ、その社会的責任と公共的使命を全うするには、自己規律規範である倫理にもとづく自主規制が欠かせない。

　メディアに対する規制は、前述したような多数の法令による法的規制が中心になっており、自主規制は必ずしも十分に定着・機能していない。たとえば、報道被害への対応は最も自主規制によることが求められるのに、新聞倫理委員会のような自主規制機関よりは裁判所や言論仲裁委員会が主導している。また、メディア各社の苦情処理人の設置、放送事業者の放送番組に関する自主審議機関の設置と事前審議のように、政府から強要された倫理（enforced ethics）制度も少なくない。

　そこでまず、プレス界はプレス倫理に基づく自由で責任あるプレスを目指すべく、無力な新聞倫理委員会を廃止し、代わりに欧州等で定着しているプレス評議会（press council）のような有効な自主規制機関を創設する必要があろう。つぎに、放送界も同様の自主規制機関を創設し、放送の政治的独立性と自律性を確保すべきである。最後に、インターネットの場合、インターネット自律政策機構（KISO）等の自主規制機関により一定の自主規制が行われているが、自主規制の実質化と利用者の情報リテラシーの向上が重要課題である。

＜参考文献＞
・韓永學『韓国の言論法』（日本評論社、2010年）

Chapter 29

韓国における消費社会の変遷と
消費者私法

崔光日

　韓国では、1960年代後半以降の急速な経済発展（漢江の奇跡）により、大量生産・大量流通・大量消費の時代に入り、欠陥製品による消費者被害が深刻な社会問題となったため、その救済のために製造物責任法*の制定を求める社会的気運が高まり、製造物責任立法の国際的流れ**の影響も受けて、2000年に製造物責任法が制定された。製造物責任法は制定後、2013年と2017年に 2 回改正が行われた。

*従来の不法行為法は過失責任を原則とするため、欠陥製品の被害者が損害賠償を請求するには、製造業者の過失を証明しなければならないが、その過失の証明が被害者救済の障害となっていた。製造物責任は、過失に替えて欠陥を責任要件とするため、被害者の救済に有利であるとされる。
**無過失製造物責任法理は、1960年代にアメリカにおいて判例により確立され、1985年の製造物責任に関するEC指令により西欧諸国において立法化されたが、その後欧米以外の国においても立法が進み、日本では1994年に製造物責任法が制定された。

　同じく大量生産・大量流通・大量消費の時代の到来に伴い、取引において約款の利用が一般的になり、不公正な約款による消費者被害を救済するため、1986年に「約款規制に関する法律」（約款規制法）が制定された。約款規制法は、制定されてから2018年まで16回改正されている。
　製造物責任法と約款規制法は、韓国の消費者私法の 2 つの最も重要な法律であるが、紙幅の制約のため以下においては、製造物責任法だけを取り上げて、2017年の改正を中心にその現状と特徴を説明する*。

*韓国の約款規制法については、高翔龍『韓国法〔第 3 版〕』（信山社、2016年）303頁以

下、尹龍澤＝姜京根編『現代の韓国法――その理論と動態』（有信堂、2004年）131頁以下を参照されたい。

I 製造物責任法制定の経緯

　上記のように韓国では経済の発展により、大量生産・大量流通・大量消費の時代に入り、欠陥製品被害が多発するようになったが、欠陥製品の被害者である一般消費者が複雑な工程により製造され、また複雑な経路を経て流通される製品について、その製造業者などの責任を追及するには、従来の責任法理（過失責任）によってはもはや困難になったため、無過失責任の法理を取り入れた製造物責任法の制定が求められるようになった。

　日本と同じように韓国では、1970年代から製造物責任法の立法に関する議論が始まり、1982年に製造物責任法案が国会に提出されたが、立法にまでは至らなかった。その後、学界と消費者団体などによる継続的研究と立法化の努力により、紆余曲折を経て、製造物責任法案が1999年末の国会で議決され（2000年1月公布）、2002年より施行された。

　製造物責任法は2013年と2017年に2回改正されたが、2013年の改正は、法律のなかの漢字用語をハングル（한글）に変え、一部難解な用語と文章をわかりやすい表現に直しただけで、内容の実質的な改正はなかった。2017年の改正では、製造物責任の責任要件（欠陥および欠陥と損害との因果関係）の証明責任を被害者から加害者に転換し、懲罰的損害賠償を認めるなど、被害者の救済に有利な規定が取り入れられた。

II 製造物責任法の主な内容

1 製造物責任法の適用範囲

　製造物責任法*は、欠陥製品の被害者が損害賠償を請求する際に根拠となる責任ルールを過失責任から無過失責任に変更し、被害者の救済に有利であるため、被害者救済からいうと製造物責任法の適用範囲を広く認める方が望ましいが、製造物責任を負う側（産業界）との利害調整（責任の公正な分担）のため、諸国の製造物責任法（EC指令、日本の製造物責任法など）はその適用範囲（責任主体と

製造物）に一定の制限を設けるのが一般的である（一般不法行為法はこのような制限がない）。

＊１条「目的」、２条「定義」（製造物、製造業者、欠陥）、３条「製造物責任」、３条の２「欠陥等の推定」、４条「免責事由」、５条「連帯責任」、６条「免責特約の制限」、７条「消滅時効等」、８条「民法の適用」と附則（施行日、適用例）から構成されている。

(1)　責任主体

　現代社会において、製造物は製造してから複雑な流通経路を経て消費者が使用するのが一般的であるため、その製造物の欠陥により被害が生じた場合、製造業者以外の者にも製造物責任法が適用されるかが問題となるが、韓国の製造物責任法においては、製造業者以外の者も一定の範囲で製造物責任を負うことになっている。

①　製造業者

　製造物責任を負うのはまず製造業者であるが、その製造業者には、完成品の製造業者だけではなく、部品または原材料の製造業者も含まれる（２条３号가、４条１項４号）。輸入品の場合は、被害者は輸入業者に対して製造物責任を追及することができる（２条３号가）。

②　販売業者

　販売業者は原則として製造物責任主体ではなく、例外的な場合にのみ製造業者と同じ無過失責任を負う。被害者が製造業者を知ることができない場合に、販売業者（または賃貸業者）が製造物の製造業者または供給者を被害者に告知しなかったときは、製造業者と同じ無過失責任を負わなければならない（３条３項）。

③　表示製造業者

　現代社会において商品の多くは、OEMやPB方式生産のように実際の製造業者ではない者の商号・商標などの表示を付して流通されているが、自分の商号・商標などを他人の製品に使用させる者（表示製造業者）は、その製品によって利益を得ており、各国の製造物責任法は、このような表示製造業者にも実際の製造者同様に無過失責任を拡張している。

　韓国の製造物責任法は、製造物にその氏名、商号、商標その他の識別可能な記号などを用いて、自ら製造業者と表示した者または製造業者と誤認させる表示をした者は、製造業者としての責任を負うとする（２条３号나）。

(2) 製造物

　製造物責任法の対象となる製造物の範囲について、立法上特に問題となるのは、未加工の農水畜産物と不動産の取り扱いであるが、韓国製造物責任法は、その適用対象を製造または加工された動産に制限し、未加工の農水畜産物と不動産は除外している（2条1号）。

　製造物を製造・加工された動産に限定するのは、製造物責任法による保護を最も必要としている領域が、大量生産・大量消費を前提として製造され、流通される工業的な製品の欠陥に起因する被害であることを意味するのであって、製造物責任法がこのような領域にのみ妥当であることを意味するものではない。現代における農水畜産物は多くの場合、かつてのように純自然の力により生産されるのではなく、人間の行為（農薬、化学肥料、配合飼料などを使っての栽培、養殖、飼育、さらには遺伝子操作など）に大きく影響されている。このように生産される物はもはや従来の伝統的な自然産物とは違い、本質的には工業製品と変わらないため、それらを他の動産と区別して、製造物責任法の対象から除外するのは妥当とはいえない。

　韓国の製造物責任法に強い影響を与えた製造物責任に関するEC指令（1985年）は、当初未加工の農水畜産物を適用対象から外したが、その後（1999年）改正され、自然産物を含むすべての動産に製造物責任法を適用するようになっている。韓国では、製造物の範囲を製造・加工された動産に限定しながら、これにより排除するのは「採集しただけの純自然産物」だけであり、遺伝子組み換え農産物、農薬・飼料などを使用した農産物などは製造物とする立法提案*があったが、2017年の改正には採用されなかった

＊韓国では近年製造物法の改正が議論され、2012年に法務部（法務省）の決定により製造物責任法改正委員会が発足し、同委員会による製造物責任法改正試案が同年12月に提出され、純自然産物以外の農産物をも製造物責任の対象とすることが提案された。

2　懲罰的損害賠償

　韓国民法は被害者の損害の填補（実際の損害を限度に賠償）を原則としており、製造物責任については基本的には民法の損害賠償に関する規定が適用される（8条）。そのため、製造物責任法の制定当時は懲罰的損害賠償が認められなかったが、2017年の改正により製造業者は、製造物の欠陥の存在を知りながら必要な措

置をとらなかったために、生命または身体の重大な損害が生じた場合は、被害者
に対してその生じた損害の３倍を超えない範囲内で損害賠償責任を負うようにな
った（３条２項）。

　懲罰的損害賠償の額については、裁判所が①製造業者の故意の程度、②生じた
損害の程度、③当該製造物の流通から得た製造業者の経済的利益、③当該欠陥製
造物のため製造業者に課された刑事処罰または行政処分の程度、④当該製造物を
供給した期間と供給の規模、⑤製造業者の財産状況、⑥被害救済のために行った
製造業者の努力の程度を考量して決める（３条３項）。

　懲罰的損害賠償を導入する理由は、従来裁判所が認める損害賠償額が社会一般
の常識に照らして適正な水準に達していないため、被害者の救済が不十分であり、
少額多数の消費者被害を生じさせる悪意の加害行為の場合は、その不法行為によ
る製造業者の利益が莫大であるのに対して、個別消費者の被害が少額であるため、
製造業者の悪意の不法行為が継続するなど、道徳の緩みが生じており、製造業者
の悪意の不法行為を懲罰して、類似する行為に対する抑制力を強化し、被害者に
対する実質的補償を可能にすることにある（法務部による製造物責任法改正理由
説明）。

　日本では、製造物責任法の制定過程で懲罰的損害賠償の導入を求める要請があ
ったが、懲罰的損害賠償は、被害者に生じた損害を填補するという損害賠償制度
の本来の目的とは異なる制度であるため、その導入は適当ではないとして採用さ
れなかった。

3　欠陥と因果関係の推定──証明責任の軽減

　製造物責任は不法行為の１つであり、被害者が損害賠償を請求するには不法行
為の一般原則により、責任の成立要件については被害者がその存在を証明しなけ
ればならない。

　一般不法行為により損害賠償を請求する場合、被害者は欠陥の存在に対する製
造業者の過失を証明しなければならないが、製造物責任法は、過失を要件とせず
（無過失責任）、過失に替えて欠陥を要件としている（欠陥責任）ため、過失の証
明は不要となる。一般的には、被害者にとっては製造業者の過失を証明するより、
製造物の欠陥（韓国の製造物責任法〔２条２号〕は、欠陥を製造上の欠陥、設計上
の欠陥と表示上の欠陥の３つに分けている）を証明するほうが容易であり、製造

物責任法による被害者の証明責任は一般不法行為り軽減されると評価される。

　しかし、過失の証明より容易とはいえ、多くの場合被害者にとって欠陥の証明は容易ではなく、欠陥と損害との因果関係の証明も困難である。欠陥および因果関係の証明に必要な情報が製造業者側に偏在し、被害者は製造物に関する知識が欠如しているため、証明責任をあまり厳格に求めると、被害者は責任要件を証明することができず、責任要件を過失から欠陥に替える製造物責任法の意義は大きく減殺されてしまう。そのため、製造物責任法の適用においては、被害者の証明責任を軽減するための立法上または実務上の工夫が求められる。

　製造物責任において被害者の証明責任を軽減する有効な方法は、立法により責任要件の証明責任を被害者から加害者（製造業者）に転換することである。すなわち、原則として責任要件（欠陥および欠陥と損害との因果関係）の証明責任を被害者に課しながら、被害者が法律の定める一定の事実を証明すれば、製造物の欠陥および因果関係の存在を直接証明するにいたらなくても、欠陥および因果関係の存在を推定し、製造業者の責任を認めるのである。

　改正前の韓国の製造物責任法は証明責任に関する規定がなく、証明責任については一般不法行為と同じように原則として被害者が負うことになっていたが、2017年の改正により責任要件の証明責任が被害者から製造業者に転換されている。改正後の製造物責任法は、被害者が以下の事実を証明した場合は、当該製造物の欠陥が製造物を供給した時に既に存在し、その製造物の欠陥により損害が生じたものと推定する（３条の２。法律上の推定という）。①製造物を正常に使用した状態で損害が生じたこと、②損害が製造業者の実質的な支配領域に属する原因により生じたこと、③損害は当該製造物の欠陥がないと通常は生じないこと。

　韓国では、製造物責任法の改正前に大法院（最高裁判所）が、製造物を正常に使用した状態で事故が発生した場合は、その製造物に欠陥があり、その欠陥により事故が発生したものと推定（事実上の推定）して、消費者の証明責任を緩和することが、損害の公平・適正な負担を原則とする損害賠償制度の趣旨に適合すると判示している。製造物責任法の改正は、このような大法院の判例の趣旨を取り入れている（法務部による製造物責任法改正理由説明）。

4　免責事由

　製造物責任は、製造業者の過失を要件としない「無過失責任」であるが、製造

物に起因するすべての損害について製造業者に責任を負わせる「絶対責任」ではない。無過失製造物責任を採用する国においては、製造物に欠陥があっても当該製造物の製造業者に一定の事由がある場合は、賠償の責任を免じられるのが一般的である。

　韓国の製造物責任法は、製造業者が次の事実の一を証明すると損害賠償責任を負わないとする（4条）。①製造業者が当該製造物を供給しなかったこと、②製造業者が当該製造物を供給する当時の科学・技術の水準によっては、欠陥の存在を発見できなかったこと、③製造物の欠陥は、製造業者が当該製造物を供給する当時の法令の定める基準を遵守したことにより生じたこと、④原材料または部品の場合は、その原材料または部品を使用した製造物の製造業者の設計または製造に関する指示により欠陥が生じたこと。

　これらの免責事由の中で立法において特に問題となるのは、②の「開発危険の抗弁」である。開発危険の抗弁とは、たとえある製造物の欠陥によって被害が生じても、その欠陥が製造物を流通に投入するときの科学・技術の水準によっては認識できないもの（開発危険）と判断されると、製造業者はその損害について責任を負わないということである。開発危険の抗弁を認めると製造業者の責任は免除されるが、製造業者の損害賠償に代わる被害者救済の特別制度がないと被害者は救済されないため、韓国では立法過程において、開発危険の抗弁に反対する意見があったが、産業界側の要望を受け入れて開発危険の抗弁が認められた。法律制定後も反対意見が根強く、製造物責任法の改正議論においては開発危険の抗弁の削除を求める提案があったが、それは採用されなかった。

Ⅲ　改正後の製造物責任法の特徴とその評価

　韓国の製造物責任法は、日本の製造物責任法と同じように製造物責任に関するEC指令の強い影響を受けているため、改正前は日本法（制定後改正が無い）とほとんど同じであったが、2017年の改正により、被害者救済の大きな障害である製造物の欠陥および欠陥と損害との因果関係の証明責任が被害者から加害者側に転換され、懲罰的損害賠償が認められ、従来より被害者の救済（消費者保護）に有利になったと評価できる。

　製造物責任法は消費者保護を主な目的とする法律であり、一般不法行為法より消費者被害の救済に有利であるが、その一方、産業界にとってはより厳しい責任

法理であるため、その立法過程および改正においては常に消費者側と産業界側の利害の対立があり、2017年の改正はその利害調整の結果でもある。そのため、改正において求められていた製造物の範囲の拡大、開発危険の抗弁の削除、製造業者に対する情報提出命令制度の新設などが採用されないなど、消費者保護（強化）の観点からはまだ課題が残されている。

＜参考文献＞
・高翔龍『韓国法〔第3版〕』（信山社、2016年）
・尹龍澤＝姜京根編『現代の韓国法──その理論と動態』（有信堂、2004年）

Chapter 30

韓国社会の変容と
不法行為法の展開

高鉄雄

I｜韓国社会と不法行為法

　韓国民法は、不法行為責任の一般条項を、「故意または過失による違法行為によって他人に損害を加えた者は、その損害を賠償する責任がある」と規定する（750条）。日本民法709条（故意又は過失によって他人の権利又は法律上保護される利益を侵害した者は、これによって生じた損害を賠償する責任を負う）と比較すると、文言上「権利侵害」の代わりに「違法性」を要件としている点で異なる。監督者・使用者・注文者・動物占有者等の特殊不法行為に関する条文は概ね似ている。日本と同じく韓国の不法行為法も条文の数が少ないために（全部で17ヶ条）、実際上の問題に当たっている裁判実務が主導している面がある。韓国の司法年鑑（2019年度）によると、第１審民事本案事件の受理が250,510件（少額事件を除く）であるのに対して、損害賠償事件（細項目として自動車事故、産業災害、医療過誤、環境、知的財産権、建設・建築、その他）の受理が31,680件として、全体の12.7%の割合を占めている（572頁）。

　不法行為法は、社会ないし時代の移り変わりとともに発展している。韓国民法が施行された1960年以降は、産業化・都市化によって公害訴訟が多く提起され、過失・因果関係に関する被害者の立証負担が緩和された。韓国社会が民主化された1990年代以降は、製造物責任法の導入、医療訴訟等の専門家の民事責任、公正な競争秩序の遵守、投資危険等に関する説明義務、違法行為の予防・抑止など、議論が多様化した。以下では、不法行為法の領域における現代型訴訟としてとりわけ重要な交通事故、医療過誤、製造物責任、環境侵害、人格権侵害、失火責任にテーマを絞って韓国の議論を紹介する。また、最近韓国社会でも語られること

の多い制裁的損害賠償にも若干触れる。これらの不法行為法の展開から韓国社会の現代的変容の一端を垣間見ることにしたい。

II 不法行為法の展開の諸相

1 交通事故

　自動車事故に関しては、民法以外に、「自動車損害賠償保障法」が1963年から施行されており、特別法として優先的に適用される。自動車損害賠償保障法3条は、自動車運行者の責任について、「自己のために自動車を運行する者はその運行によって他人を死亡させたり、負傷させたりする場合には、その損害を賠償する責任を負う」と規定しており、韓国民法750条の「過失」要件を緩和して被害者の保護を図っている。つまり、被害者は、運行者の自動車運行によって損害を被った点だけを主張・立証すればよく、運行者が免責されないかぎり、運行者の損害賠償責任が認められる。運行者は自動車損害賠償保障法3条但書の免責事由以外にも、民法上の正当防衛・緊急避難を主張し、それが認められる場合には免責されうる。

　判例においては、運行者・共同運行者・運行者性、運行と損害の間の因果関係、運転および運転補助者に関する他人性、好意同乗、免責事由、合意の性質と効力、効力の制限問題、損害賠償請求権の消滅時効等が、問題となっている（『注釈民法　債権各則(7)〔第4版〕』〔韓国司法行政学会、2016年〕333頁以下［金春蝴執筆]）。

　なお、韓国で最近販売されている自動車には、車体の前・後方にほとんどドライブレコーダーが装着されており、古い車でも装着する場合が増えている。なぜなら、カメラ装着の場合、保険会社が車の保険料を割引しているからである。また、カメラを利用することによって、交通事故裁判の際、従来立証が難しかった事実関係の証明資料として提出することができ、被害者の立証負担も軽減されている。

2 医療過誤

　医療過誤訴訟は、患者が医者の医療行為を理由として、医者を相手に訴訟を起こすものである。そのため、患者が医者の医療行為に関する「故意又は過失」・

「違法性」・「因果関係」を立証しなければならず、専門性・裁量性・密室性の観点からそれは極めて難しい。過失は、①医療行為当時の時点と状況において、②臨床医学の水準に照らして、③平均的な医療人を基準に判断する（『注釈民法債権各則(7)〔第4版〕』〔韓国司法行政学会、2016年〕523頁〔金天秀執筆〕）。この点、判例は、「被害者側で一連の医療行為過程において行われた一般人の常識に基づいた医療上の過失ある行為を立証し、その結果との間に一連の医療行為外に他の原因が介在され得ない点」などから、「医療上過失と結果の間の因果関係を推定し損害賠償責任を負わせ」ると述べ、過失の立証責任を軽減している（大法院1995年2月10日宣告93다52402判決）。因果関係については、学説上、事実上推定理論、表現証明理論、蓋然性理論などが主張されていたが、判例は診療過失の存在を前提に因果関係の証明を容易にさせる判旨を提示した。近年、医者の説明義務違反によって患者の自己決定権が侵害され、精神的損害が認められた事例も注目される（大法院1994年4月15日宣告93다60953判決、大法院2013年4月26日宣告2011다29666判決）。

3　製造物責任

　製造物責任（Chapter29・Ⅰ〔296頁〕参照）については、特別法として「製造物責任法」が2000年に成立し、2002年7月1日から施行されている。製造物責任法上の責任要件である「欠陥」は、製造物の客観的な状態を示す概念であって、不法行為法の過失責任主義における加害者の過失を代替するものである。判例上、「欠陥」とは、現在の技術水準と経済性などに照らし、製造物の構造、品質、性能などから期待可能な範囲内の安全性を備えていないものと定義される（大法院2003年9月5日宣告2002다17333判決）。欠陥の種類は、製造上の欠陥・設計上の欠陥・表示上の欠陥が挙げられる（製造物責任法2条）。製造物責任法の2017年改正によって「欠陥等の推定」に関する規定が新たに挿入され（3条の2）、被害者の立証責任を軽減させた。損害賠償の範囲に関しては、欠陥による通常損害を基本としながらも、製造物責任者が欠陥の存在を知っていた場合には特別損害も認められる。

4 環境侵害

　環境侵害は、潜伏性・継続性・広域性などの特徴があるので、当事者間の規律である民法だけでなく、諸法律の協働が重要である。さまざまな特別法が民法を補足しているが、以下では、代表的な法律をいくつか取り上げる。1970年代から1980年代にかけての高度経済成長を通じて環境が大きく損なわれたため、「大気環境保全法」（1991年施行）、「自然環境保護法」（1992年施行）、「土壌環境保全法」（1996年施行）など、1990年代に立法化されたものが多い。これらの特別法では、環境汚染主体に無過失責任を課し（土壌環境保全法10条の３）、両罰規定を置く（大気環境保全法95条、自然環境保護法65条、土壌環境保全法31条）ことで、汚染主体に責任を加重している。2014年12月には、「環境汚染被害救済法」が制定され、事業者の無過失責任が規定された（６条１項）。そこでは、因果関係が法律上推定され、通常の損害に代わって「一連の損害」概念が導入され、被害者の立証責任を軽減させた。また、金銭賠償以外にも「原状回復」を追加し、被害者などの「情報請求権」も新たに規定している（『注釈民法　債権各則(8)〔第４版〕』〔韓国司法行政学会、2016年〕35頁［趙弘植執筆]）。判例では、「被告の肥料工場に施設上の瑕疵があり、従業員の作業技術未熟で多量の有害ガスを噴出させて原告に損害を被らせたならば、被告は不法行為責任を免れ得ない」とし、事業者の損害発生に関する防止義務違反を「過失」として判断した事例（大法院1973年５月22日宣告71다2016判決）や、因果関係の立証責任を軽減させた事例（大法院1974年12月10日宣告72다1774判決）等がある。

5 人格権侵害

　人格権は前述の韓国民法750条によって保護されている。また、韓国憲法も、10条「すべての国民は人間としての尊厳と価値を有しており、幸福を追求する権利を有している」、17条「すべての国民は私生活上の秘密と自由を侵害されない」として、人格権を規律している。1980年代以降、言論による名誉毀損事件が著しく増えて、民法上の違法性判断に関する法理が発展した。人格権侵害に対する救済手段として、損害賠償請求権以外に、事前的救済手段として「禁止請求権（日本の差止請求権に該当）」も認められている。名誉毀損の場合、裁判所は損害賠償とともに救済手段として「名誉回復に適当な処分」を命ずることもできる。

ただし、日本とは異なり、謝罪広告は、謝罪する者の良心の自由を侵害するので「違憲」とされたため、命ずることができない（憲法裁判所1991年4月1日宣告89憲마160決定）。

2004年に国会に提出された民法改正試案には、民法1条の2として「人の人格権は保護される」との条文を挿入することも掲げられたが、会期満了によって廃案となった。しかし、その試みがまったく無意味だったわけではなく、その直後の2005年に「言論仲裁及び被害救済などに関する法律（略称、言論仲裁法）」が制定され、その5条1項で人格権を「生命、自由、身体、健康、名誉、私生活の秘密と自由、肖像、生命、音声、会話、著作物及び私的文書、その他人格的価値等に関する権利」と明文化した。また言論仲裁法5条の2第1項では、死者の人格権を保護する規定も挿入された（2011年改正）。

近時の判例においては、人格権の保護法益として多く論じられてきた生命・身体・私生活・名誉のみならず、個人情報（大法院1998年7月24日宣告96다42789判決）・宗教（大法院2010年4月22日宣告2008다38288判決）・男女平等（大法院2011年1月27日宣告2009다19864判決）等に関する問題も人格的法益の観点から論じられている。

6　失火責任

韓国では日本と同じく「失火責任に関する法律」（1961年4月28日法律、以下「失火責任法」という）があり、「民法750条の規定は、失火の場合、重大な過失があるときに限り、これを適用する」と規定され、無過失ないし軽過失の場合には、失火者は損害賠償責任を問われない。しかし、近時、憲法裁判所において、失火責任法が憲法に不合致するという判断がなされた。失火責任法は、失火者の過酷な負担から救済するという立法目的から失火者の保護だけを重視し、失火被害者の保護を疎かにするものであるがために、著しく不合理かつ不公正であり、失火被害者の財産権を侵害することで憲法に反すると判断された（憲法裁判所2007年8月30日2004헌가25決定）。この判決を受けて、失火責任法は、失火者に重大な過失がない場合、その損害賠償額の軽減を請求できるとの改正がなされた（2009年5月8日施行）。

Ⅲ 不法行為法に関する最近の制度論

1 制裁的損害賠償について

　「漢江の奇跡」とも呼ばれる1970年以降の急激な経済成長は社会に機動性・効率性重視の雰囲気をもたらした。「빨리 빨리（速く・速く）」というキャッチ・フレーズはこの現象を象徴的に示している。その反動として近年、適正手続・公正さを求める声が高まっており、民事法領域にも一定の影響を与えている。権力関係において立場上の力の差がある場合に立場上の公正さを求める方法として、制裁・抑止の観点が強調されつつある。たとえば、公正な下請負取引秩序を確立するために1985年に施行された「下請負取引公正化に関する法律」は、一定の違反行為をした元事業者に損害の３倍まで賠償させることを可能にした（35条３項）。また、2016年１月１日から施行された「個人情報保護法」は、個人情報流出の被害救済のために、３倍賠償制度を導入した（39条３項、４項）。

　制裁的損害賠償に関する議論は、近時、国民の生命・身体への安全に対する意識の高まりから影響を受けている。加湿器殺菌剤による妊婦ないし嬰児死亡事件（2011年）が代表的である。2011年４月にソウルのある病院で妊婦７人が原因不詳の肺疾患で入院し、そのうち４人が死亡した事件が報道された。2006年以降、断続的に嬰児たちが急性肺疾患等で死亡した現象があったこともあり、国家機関の疾病管理本部はこの事件を契機に疫学調査を行った。その結果、加湿器殺菌剤が原因として推定されるとの見解が出されたために、被害者や遺族らが加湿器殺菌剤の製造会社を刑事告訴した。妊婦や嬰児などの社会的弱者が犠牲になったにもかかわらず、交通死亡事故における慰謝料算定基準に基づき慰謝料が算定され（１億ウォン以下、約1000万円以下）、損害賠償額が低く見積もられたと批判された。また、セウォル号事件（2014年）も国民の生命や安全に関する危機意識を高めた（本書Column 8〔311頁〕参照）。

　制裁的損害賠償に関する制度の導入について、民法学からは反対の意見が多数である。その論拠としては、① 民刑事法を峻別する韓国の法体系に沿わない点、② 刑事法が保障する各種安全措置なしに懲罰が課され、二重処罰のおそれがある点、③ 原告に偶発的な所得を提供し、濫訴のおそれがある点、④ 懲罰的賠償額は予測不可能で、過度な額によって、加害者が破産に追い込まれることも多いと予想される点などが挙げられる。また導入否定論者からは、制裁的損害賠償の

導入の代わりに、慰謝料制度の改善、集団訴訟および団体訴訟制度の導入ならびにその機能の再考、訴訟費用保全のための制度新設などによって、現行不法行為制度の枠内でも問題解決をすることができると主張されている。

2 慰謝料の類型化とその増額

制裁的損害賠償に関する議論と連動して、近時、慰謝料に関する問題も同時に提示された。慰謝料が諸外国と比べて著しく低いため、国家経済規模にふさわしい慰謝料額の現実化・適正化への要求がなされた。2016年7月に裁判官たちが主導して開かれた「全国民事裁判官フォーラム」において、不法行為類型にしたがった適正な慰謝料算定方案がテーマとして掲げられ、議論が行われた。これにもとづき、2017年1月に確定された「不法行為類型別適正な慰謝料算定方案」によって裁判実務が修正されることとなった。新たな慰謝料の基準金額としては、交通事故（1億ウォン、約1000万円）、大型災難事故（2億ウォン、約2000万円）、営利的不法行為（3億ウォン、約3000万円）、名誉毀損（5000万ウォン〜1億ウォン、約500万〜1000万円）であり、さらに類型別に加重金額を定めることもできる（1億ウォン〜6億ウォン、約1000〜6000万円）。

Ⅳ これからの韓国不法行為法

以上の通り、不法行為法の展開は常に社会の進化ないし変化に密接に関わっている。韓国社会は20世紀後半以降、世界で類を見ない経済成長を通じて国民生活の豊かさ・社会の発展など多くの成果を上げた反面、それによって失われたもの（たとえば、効率至上主義、自然環境の悪化、経済力の格差、個人主義・孤独化などから人間関係の豊かさの喪失）への関心が急激に高まっている。また、情報通信技術の発達によって、マスコミやインターネット等において生じる人権（人格権）侵害も急速に増えている。これらの状況に対応するために、不法行為法にも益々大きな期待が集まっている。制裁的損害賠償や慰謝料に関する近時の議論は、社会における諸事件についての国民的関心にもとづいている。この問題は、「損害の『塡補』・『保全』から、損害の『予防』と『回復』へ」という近時の不法行為法のパラダイム転換問題にも深く関わっており、多方面からさまざまな要因を取り上げて深く検討すべきである。韓国社会が効率性重視の社会から適正手続、

公正さを重視する社会へと変貌しつつあるなか、不法行為法が今後いかなる方向に進んでいくのか注目していきたい。なお、本稿では取り上げることができなかったが、国家による不法行為に関する諸問題（消滅時効や基本権侵害等）も近時の不法行為法判例として重要であることを付け加えておく。

＜参考文献＞
・大村敦志＝権澈『日韓比較民法序説』（有斐閣、2010年）
・高翔龍『韓国社会と法』（信山社、2012年）
・岡克彦『「家族」という韓国の装置』（三省堂、2017年）

Column 8

セウォル号特別法をめぐる争点

　2014年4月16日に起きたセウォル号事件は、近時の韓国社会において最も衝撃的な惨事として人々の記憶に刻まれた。多くの高校生たちが船のなかに閉じ込められているにもかかわらず、船長を含む責任ある大人たちが救命ボートに逃げ込む姿は多くのマスコミを賑わせた。一部は救出したものの、転覆した船のなかに多く残っていた高校生たちをなぜ助けることができなかったのかという点につき、救命を担当する海洋警察、それを管轄する海洋水産部、ひいては大統領の責任まで問われた。船の転覆過程がリアルタイムで放送され、それをみた多くの国民たちは無力感を覚え、精神的ショックを受けた。ある精神科医は、セウォル号事件をリアルタイムでみた人たちの傷痕について、1950年に勃発した朝鮮戦争（韓国では「韓国戦争」という）が残した心理的外傷に匹敵すると指摘する（『ハンギョレ21』1009号〔2014年5月5日号〕50頁）。

　船長などが刑事起訴された判決文（光州地方法院2014年11月11日宣告2014고합180、2014고합384判決）によると、事故の主な原因として、① セウォル号の不法で大規模な増・改築、② 非常時に備えるために安全管理規定どおりの訓練をすべきであったにもかかわらず、実施しなかった点、③ 船舶安全管理システムの不完全さが挙げられる。国会は「4・16セウォル号惨事真相究明及び安全社会建設などのための特別法」（2014.11.19制定、セウォル号真相究明法）を制定し、引き続き「セウォル号船体調査委員会の設置及び運営に関する特別法」（2017.3.21制定、セウォル号船体調査委法）、「4・16セウォル号惨事被害救済及び支援などのための特別法」（2017.7.26制定、セウォル号被害支援法）を制定した。迅速な被害者救済および支援のために制定された後者の法律につき、被害者から憲法裁判所に憲法訴訟が提起された。セウォル号被害支援法にもとづいて賠償金等の支給を求める申請人は同法律の施行令に定められている別紙書式を使って提出することになっているが、そこには賠償金等の受けた際に一切の異議の提起を禁止するという条項が入っているため、申請人たちは自らの裁判請求権等を侵害されているとして憲法裁判所に判断を求めた。憲法裁判所は審理の結果、申請人たちの一般的行動の自由を侵害するとしてこの条項につき、違憲決定を下した（憲法裁判

所2017年 6 月29日2015헌마654決定）。

　立法等の努力にもかかわらず、真相究明と関係者の責任等が明確にならなかったため、遺族たちは国と海運会社を相手として民事上の賠償請求訴訟を起こし、共同不法行為責任が一部認められた（ソウル中央地方法院2018年 7 月19日宣告2015가합560627等判決、控訴中）。いまもなおセウォル号事件は進行中の問題なのである。

（高鉄雄）

Chapter 31

韓国農業の現代的課題

琴泰煥
（中川敏宏訳）

Ⅰ | 序

　韓国の農業は、1960年代の産業化の時期まで、伝統的な家族農の形態を維持していた。産業化と経済発展は、大規模な離農を生じさせ、農業労働力の減少、農村世帯と都市世帯との所得の不均衡の問題を発生させた。1970年代に至り、米自給を達成したものの、1970年代末、開放化に直面すると、競争力強化のための構造改善が当面の課題として台頭した。続いて、2000年代に入ると、健康的で安全な食品の生産が強調され、持続可能な農業の問題が提起された。このような農業の変遷過程で、農村は疎外され、農村人口は高齢化し、農村の衰退問題が深刻化した。本稿では、韓国農業の現代的課題としての、構造改善、持続可能性、農村の活性化を中心に検討することとする。

Ⅱ | 構造改善

1　意義

　構造改善とは、競争力を図るための効率化をいう。農業構造は、産業全体の中で農業が占める比重、その構成員に関する人的構造、農地所有等を含む物的構造、技術・機械化・所得等を含む経営構造、需給や価格に関する流通構造等に大別することができるであろう。ここで、人的構造と物的構造に重点を置いて概観することとする。

2　人的構造

(1)　概要

　韓国農業の人的構造は、1950年代の家族を労働力とする家族農、産業化以後の離農による農業労働力の減少、農業団体の登場をもって特徴づけることができる。このような過程で農業人口の啓発・訓練が不可欠であり、機械化、専業農、農民後継者の発展を図り、農業経営主体として、個人のほか、組合や会社等の団体を誕生させることになった。

(2)　農地改革法上の家族農

　1949年から1995年まで施行された農地改革法は、農地を農家に分配し、同居家族が農業を自営する家族農を前提とする（同法4条、6条）。そのため、後に他の法律により緩和されはしたが、農地の所有も家族経営するのに適当な3町歩以内に制限され、賃貸借も禁止される（同法6条、17条）。

(3)　1990年農漁村発展特別措置法

　1990年に至り、農漁村発展特別措置法は、専業農および農民後継者制度を設け、農地所有主体を個人から団体である農業組合法人にまで拡大した。

(4)　1996年農地法

　1996年農地法は、農地改革法、農地の保全及び利用に関する法律、農地賃貸借管理法、農漁村発展特別措置法、農地改革事業整理に関する特別措置法、地力増進法等の農地に関する規定を体系的に整備し、統合する必要から制定されたものである。農地法は、農地に関する関連法を統合して体系化した最初の法としての意義を有する、1996年農地法は、農業会社法人としての合名会社、合資会社、有限会社を認め、これらの農地所有を認めた（2条3号）。

(5)　2002年10月の農地法改正

　2000年の農業・農村基本法施行令は、株式会社形態の農業会社法人の成立可能性を認め、20002年10月の農地法改正により、株式会社形態の農業法人も農地を所有することができるようになった（2条3号）。

(6) 農業人口の高齢化

産業化以降、農業人口は徐々に減少し、2018年現在、世帯数は1,020,838世帯、農業従事者数は2,314,982名であり、総人口の約4.5％を占めている。従事人口も徐々に高齢化が進んでおり、2018年の段階で、60歳以上の比重は70％に達している（下記の表を参照）。

表　経営主年齢（単位は世帯）

年度	計	40歳未満	40〜49歳	50〜59歳	60〜69歳	70歳以上	65歳以上
2016	1,068,274	11,296	68,443	229,067	338,651	420,817	592,670
2017	1,042,017	9,273	59,437	207,528	329,325	436,453	606,642
2018	1,020,838	7,624	49,988	186,469	324,101	425,655	615,788

（出典：統計庁・2018年農林漁業総調査）

3　物的構造

(1) 概要

ここでの物的構造とは、農業の基盤としての農地制度を指す。韓国の農地制度は、自作農を維持し、「耕者有其田」の原則〔Land to the tiller〕を実現する問題、効率的な利用、農地の賃貸借、大規模化・集積化という問題点を内在している。

(2) 自作農の維持

韓国農業における自作農の設置と維持は、1949年農地改革法から始まり、その後も、その精神は現在まで引き継がれている。その手段は、農地改革法の施設所在地関連証明・農地売買証明、農地法の農地取得資格証明である。農地を買い受けようとする者は、このような証明がなければならない。

1996年農地法を概観してみると、農地を取得するために、通作距離〔農地と居住地との直線距離〕、所有限度、実居住要件が無くなったが、農業経営計画書を作成し農地取得資格証明の発布を受けることになり、農業経営計画書には、労働力および農業機械・装備・施設の確保の方案等を含めなければならない（8条2項）。

農地法は、農業経営計画書を審査し、農地取得資格証明の発布を要求するが、農業経営計画書には、労働力や営農装備等の確保の方案のみを要求し、現実的な確保を要求していない。行政庁は、書類での確認が可能な面積等を除いては、申

請者が記載する営農計画書の内容通りに行われるものであると推定するほかない。農地法施行規則が「申請者の年齢・職業又は居住地等の営農条件」（7条3項6号）、「申請者の営農意志」（7条3項7号）を総合的に考慮するようにしているが、農地改革法当時の所在地官署の証明時に要求される居住地要件や通作距離要件（1990年12月4日、農地賃貸借管理法施行規則）が廃止されたのにもかかわらず、居住地や営農意志をどのように判断すべきか明確な基準もない。このように審査の実質的要件の不存在により、農地取得資格証明制度は有名無実なものであるといいうる。

　農地法は、農地が農地として利用されていない際、行政庁が農地を強制的に売却させる農地処分命令制度をもって、農地取得資格証明の弱点を補完している（農地法10-12条）。

(3) 農地の賃貸借

　農地法は、営農をする者のみが農地を取得できるようにし、自己の農業経営に利用する者のみが農地を所有することができるようにし、自己の農業経営に利用しない、つまり賃貸借は原則として禁止され、例外的にのみ許容する。当初1980年憲法で明文化されていたが、これは、封建的小作制度を消滅させた状態で、農業の大規模化、農地の流動化、農地の効率的利用という社会的必要を受け入れたものとみることができる。現在の農地法は、韓国農漁村公社の農地銀行事業を通じた場合を除き、極めて限定的に賃貸借を認めているにすぎない（農地法23条）。

　ところで、農業の現実は、農地賃貸借の多くの部分が農地法に違反した不法賃貸借であって、そのような意味で、農地法は実効性を喪失している。2016年の賃借農地の比率は50％であるが、2016年に農村経済研究院が3つの代表的な地域の賃貸借事例を調査した結果によると、農地法で許容される賃貸借は、調査対象の農地の42％にすぎない。すなわち、不法賃貸借が58％となるということを意味する。

(4) 農地の大規模化・集積化

　2000年1月の農業基盤公社及び農地管理基金法による農業基盤公社（現在の韓国農漁村公社）農地売買及び農地賃貸借事業（18条）は、大規模化事業のみでは限界が感じられるため、専業農や後継者に農地を集中的に利用させる集積化の概念を導入した。この事業は、後に農地銀行事業にその名を変えた。

Ⅲ 持続可能な農業

1 親環境食品〔環境保全型食品〕

(1) 概要

　韓国において、本格的に持続可能な農業、親環境農業〔環境保全型農業〕が議論されたのは、1997年環境農業育成法が制定された頃からである。本法は、農業の環境保全機能を増大させ、農業による環境汚染を削減し、環境農業を実践する農業人を育成することにより、持続可能で環境親和的な農業を追求することを目的とする。本法は、環境農産物を一般環境農産物・有機農産物・転換期有機農産物・無農薬農産物・低農薬農産物に分類しているが、2013年から施行された親環境農漁業育成及び有機食品等の管理・支援に関する法律は、親環境食品を有機農産物と無農薬農産物に分けている。

(2) 問題点

　親環境食品の種類は、親環境食品の支援・育成の便宜、消費者の信頼を保護し誤解を防ぐ権利から定められなければならないが、現在の分類は、親環境食品、有機食品、無農薬食品との関係を消費者らがすぐにわかることができず、混同を生じさせる可能性がある。韓国も、有機食品認証制度があるので、外国との同等性の認定に問題があるわけではないが、認証基準の大部分が有機食品に関するものであり、親環境食品の本流は有機食品にある点を考慮すると、親環境食品は直ちに有機食品であるという公式が成立するのがよいであろう。

2 公益型直接支払制度〔公益型補助金制度〕

(1) 概要

　2020年5月から、農業・農村公益機能増進直接支払制度運営に関する法律が施行された。本法が施行される前は、開放化に備えた農業所得の保全、競争力強化やWTO・FTAとの調和等のため、農業所得の保全に関する法律、世界貿易機構協定の履行に関する特別法11条2項による農産物の生産者のための直接支払制度施行規定が施行された。

(2) 2020年5月以前の補助金

　農業所得の保全に関する法律は、従前の農業保護のための秋穀買い上げ制、とくに二重穀価制を廃止し、それに代わる米農家に対する固定直接支払金と変動直接支払金を定めた。農産物の生産者のための直接支払い制度施行規則は、経営移譲直接支払い制度、親環境農業触接支払い制度、親環境安全畜産物直接支払い制度、条件不利地域直接支払い制度、環境保全直接支払い制度、畑農業直接支払い制度等を規定している。しかし、補助金の大部分は、米農業に対する直接支払金であった。また、自由貿易協定が増えるとともに、自由貿易協定締結による農漁業人等の支援に関する特別法が施行され、被害保全、廃業支援等が行われた。

(3) 2020年5月以降の補助金

　農業・農村公益機能増進直接支払い制度運営に関する法律は、農業の公益的機能を強化するため、直接支払いを基本型と選択型に分けて、基本型は、水田農家と畑農家を対象にし、中・小規模農業人に対する所得再分配機能を強化し、米偏重と米生産連携の問題解消のため、米直接支払いと畑直接支払いを統合し、すべての作物を対象に統一金額を支払うように定めた。また、農業・農村の公益増進のため、生態・環境関連の遵守義務を強化している。選択型の公益直接支払い制度には、親環境農業直接支払い制度、親環境安全畜産物直接支払い制度、環境保全直接支払い制度等がある。

　韓国は、2019年10月25日、世界貿易機構（WTO）における開発途上国の地位を放棄すると発表した。これにより、韓国はドーハ・ラウンド補助金協定で不利な地位を占めるであろう。

IV　農村の活性化

　農村人口の減少は産業化により加速化し、現在もその傾向は続いている。現在、都市から遠く離れた農村は、空洞化しており、2017年段階で、全国1400余の邑面のうち、10の邑面で新生児がいないという。このため、農地銀行事業のうち、売買や賃貸が青年農・帰農者に優先する。帰農漁・帰村の活性化及び支援に関する法律は、帰農者を支援する。農村は、医療・教育等の福祉に問題があるので、政府は、福祉農村を築くための努力をしている。韓国農漁村公社および農地関連基金法が定める農地年金も、そのような努力の一環である。

V | 結論

　韓国の農業・農村は、産業化以降、疎外される運命をたどった。また、開放化により、農業・農家・農村が直接的な被害を被っている。韓国は、その渦中で、それなりに、構造改善を図り、持続可能な農村を築くため努力してきた。しかし、その成果は、それほど大きいとはいい得ない。それは、農業に対する認識や投資の不足、農業・農村にはっきりとしたビジョンなく政府の時々の政策に依存してきたことに起因すると思われる。農業の新成長産業への変身、生命産業としての認識や投資を高めることが切実である。

［特別寄稿］
日本の農業・農地政策との比較

髙橋寿一

　韓国は、以前から土地政策・土地法制では画期的な政策・法律を採用してきた。たとえば、1980年代後半以降の土地バブル時代に地価の高騰を抑えるためにいわゆる「土地公概念三法」（宅地所有上限に関する法律、開発利益還収に関する法律、土地超過利得税法）を制定し、日本の土地法研究者の羨望の的となった。また、農地保全においても1970年代以降当時の都市開発に伴う農地の潰廃を阻止すべく、「絶対農地・相対農地制度」という画期的な農地保全法制（農地保全及び利用に関する法律）を策定した。Chapter 31（琴泰煥）は、これらに対して、韓国の農業内部の政策・法制度の戦後の展開動向を論じたものである。以下、日本の農業・農地政策と比較から、若干のコメントを付したい。

　第1に、日本の場合は、戦前の寄生地主制のもとで展開された地主・小作関係（賃貸借関係）が、戦後の農地改革の中で完全に否定され、多数の自作農が創出され、農業経営の主体として家族を単位とする経営体が指定された。そして、農地改革を受けた農地法では、地主制の復活を阻止し、自作農を維持するために、（イ）農地の所有権および賃借権、地上権、永小作権、使用借権等の取得を原則として農業者に限定し（3条2項5号）、（ロ）農地に関する権利移動を公的コントロール（原則として都道府県知事の許可）のもとにおいた（3条1項）。これによって、農地に関する上記の権利を取得する際には、農業者であることのほかに、

取得者の農業経営の状況や通作距離等が許可付与の基準とされた。この法構造は、基本的には今日に至るまで続いている。韓国でも戦後以来1996年の農地法においても、類似の法政策をとってきたものと思われる（Chapter 31・Ⅱ 2・3）。

　第2に、しかし、日本の場合は、上記の自作農を中心とする農地の所有・利用秩序は高度成長期に大きく変容した。韓国の「開放化」の圧力は日本においても同様であって、海外からの安価な農産物の輸入に対抗するために、農民層分解を促進し農地を流動化させることによって、大規模かつ効率的な農業経営（＝自立経営）の育成が目指された。規模拡大の手法は、当初は売買におかれていたため、大規模化する農業経営は自作農経営が想定されていた。しかし、労働力は非農業部門に流出したが離農は進行せず農業者は兼業農家として農村に滞留し、また、高度成長に伴う地価上昇が農地にまで波及したことなどによって、売買による規模拡大は遅々として進まなかった。そこで政府は、賃貸借によって農地を流動化し、農業経営は必ずしも自作農にこだわらないものとした。かかる流れは、1970年の農地法改正をその嚆矢として、今日でも強力に進められている。これに対して、韓国は、同じく「開放化」の圧力にさらされ農業経営の規模拡大を迫られつつも、そこでの農業経営の主体は、農地法上あくまでも自作農であることを原則とし続けた。これが、日本でも著名な「耕者有其田」原則である。そこでは、農地の賃貸借が原則として禁止され、「韓国農漁村公社の農地銀行事業を通じた場合を除き、極めて限定的に賃貸借を認めているにすぎない」（Chapter 31・Ⅱ 3(3)）。

　第3に、日本の場合、1970年の農地法改正で〈賃貸借による農地の流動化〉路線が追求され始めて以降、1980年の農用地利用増進法の制定や、1993年の農業経営基盤強化促進法、2009年の農地法改正、さらには2014年の農地中間管理機構法などを通じて、地域における農業経営の中核となる担い手（認定農業者、農業生産法人〔現農地所有適格法人〕）に農用地を集積して行くことが目標とされたが、その結果はどうか。上記の2014年の法律において、政府は、2023年までに担い手への農地の集積率（自作地も含む）を農地総面積の80％に引き上げることを目標とし、そのためには年間14万haの農地を担い手に集積することが目指されたが、2016年に9,000ha、2017年は17,000haしか集積できておらず、集積の効果は当初の想定を大きく下回っている。賃貸借に付された農地の比率も、公式な統計はないが、多分まだ農地総面積の40％前後であろうと思われる。これに対して、韓国では、2016年時点では賃借地率が50％にも達しているそうである（Chapter 31・

Ⅱ3(3))。この数値は、構造政策や賃貸借による農地の流動化が順調に進んだド
イツの場合の55.8%（ただし、2016年の旧西ドイツ諸州の平均値）と比較しても、
遜色ない数値である。韓国は法制度上借地に対して例外的な位置づけしか与えて
こなかったが、実態においては、農業経営の太宗はもはや純粋な自作農ではなく、
借地によって規模を拡大した自作農である可能性もあるわけで、農業経営の規模
別分布やそれらの借地割合を知りたいところである。また、法を潜脱する賃貸借
が多いという点につき、そこで形成された賃貸借の内容やそのような賃貸借関係
についての政策当局の対応についても興味のあるところである。ちなみに、日本
でも1970年代までは実態上「ヤミ小作」（農地法上の許可を受けない賃貸借）が広
範に存在していたが、その後の上記の制度展開でかなりの部分が制度上に載って
きており、隠れた賃貸借関係は今日では例外的な存在になりつつある。

　このほか、Chapter 31では、環境保全型農業への支援措置や農地の公益的側面
に着目した直接支払い制度など、韓国の近年の展開状況についても触れられてい
る（Ⅲ・Ⅳ）。これらの制度は、農業が有する環境保全機能や中小規模農家であ
っても農村・農地を維持する主体として有する機能を評価し、これらに対して公
的支援を行うものであって、農業・農地政策上重要な意義を有するものである。
日本でも一定の制度展開がみられ、この領域での法制度の国際比較も興味深い。

Further Lesson 13

韓国の協同組合法の特徴と最近の動向

多木誠一郎

I　協同組合と法

　協同組合（cooperative）と聞いてもピント来ない読者もいるのではなかろうか。しかし農協（JA）・生協（コープ）・漁協（JF）なら身近で利用したり、みたりしたことがあるという読者がほとんどあろう。これら3つの経済団体はそれぞれ農業協同組合・消費生活協同組合・漁業協同組合という協同組合である。

　韓国にも同じように農協（農業協同組合）、生協（消費者生活協同組合）、漁協（漁業協同組合）がある。根拠法（設立・組織・運営・管理について定める法）は、それぞれ農業協同組合法・消費者生活協同組合法・漁業協同組合法である。わが国においても名称は少し異なるが、同じ状況である。代表的な経済団体である株式会社の根拠法が、目的である事業や構成員である株主の属性に関わりなく1つ（わが国では会社法、韓国では商法）であるのと異なる。世界的にみると、協同組合の種類にかかわらず単一の統一協同組合法であるほうが主流である。協同組合の種類ごと、言い換えると協同組合の目的である事業や組合員の属性ごとに各種協同組合法が並立・分立している点が、日韓の協同組合法制に共通する特徴といえる。

II　農業協同組合法

　韓国には、協同組合法に属すると捉えられている、事業・組合員の属性別の法律が農業協同組合法をはじめ8つある。これらが規整する各種協同組合のうち最大勢力が、農業協同組合法が規整する農業協同組合である点はわが国におけるのと同じである。

　日韓の農業協同組合については、アジアモンスーン地域における小規模家族経

営による稲作農業に適合的な制度設計がなされている。そこでは協同の基礎には
──経済発展に伴って弱まったとはいえ──伝統的な農村共同体がある。組合員
の生活と生業である農業が明確に区別されていないことに対応して農業協同組合
の主流は、生活関連から農業関連まで種々の事業を兼営する、とりわけ信用事業
も行う総合農協である。

　最近における経済のグローバル化は、保護政策による恩恵を伝統的に受けてき
た日韓の農業・農業協同組合にも大きな改革を迫っている。もちろん政治的思惑
によるところも大きいが、その根底にはとりわけ欧米との自由貿易協定の締結を
進める過程での外交圧力があるのは否めない。韓国では2009年から農業協同組合
法の大改正が始まり、そこで積み残された事項についても2011年に、直近では
2017年に継続して改正がなされている。一連の改正のなかで、農業協同組合が行
える事業の1つとして法定されていた共済事業（2011年法改正前57条1項4号）
が削除され、同事業は新設された2つの株式会社（農協損害保険・農協生命保
険）に承継された（同改正後134条の5）。各農業協同組合は共済事業の主体とし
ての地位を完全に明け渡し、同株式会社の金融機関保険代理店になった。このよ
うな内容の法改正は、同様の自由貿易協定を最近締結してきたわが国でも、同協
定の後続措置として近い将来起こりうることである。韓国の農業協同組合法の研
究が実務上も有益であることの例証である。

Ⅲ｜協同組合基本法

　分立協同組合法制である日韓両国では、個別の各種協同組合法で定められた事
業・組合員の属性に合致しない協同組合は設立できないという問題点を指摘でき
る。法人格のない、いわゆる任意団体として活動せざるを得ず、法律関係の処理
が煩雑になる。

　韓国ではこのような状況に終止符を打つ立法が2011年になされた。9つ目の協
同組合法として協同組合基本法が制定された。同法は既存の8つの協同組合法と
は異なり、一般的・汎用的協同組合法であり、あらゆるタイプの協同組合の設立
を可能にするものである。最も基本的な法形態である〔一般〕協同組合は、①金
融・保険業以外の事業であれば、あらゆる事業を行うことができ（45条1項・3
項）、②組合員資格は各協同組合の事情に応じて定款で自由に定めることが可能
である（16条1項3号）。たとえば新たなタイプの協同組合として世界的に注目

を集めている労働者協同組合（ワーカーズ・コープ）を設立できるようになった。これにより社会問題化している雇用の創出も期待されている。

　日韓両国とも個別の各種協同組合法では、株式会社に対してはみられない行政庁の監督権限が明定されている（たとえば日本では農協93条以下、韓国では農協162条以下）。監督権限は、発展途上国で国家建設という目的のために国家が協同組合を手段として用いようとする場合に法定されていることも多いが、先進国では一般にはない。これに対して〔一般〕協同組合は、設立から解散・清算に至るあらゆる段階で国家による監督の頸木から脱している。

　一般的・汎用的協同組合法を有しないわが国の協同組合法制の今後を考えていくうえで、韓国の協同組合基本法は示唆的である。

＜参考文献＞

・多木誠一郎「韓国農業協同組合法についての覚書」神戸市外国語大学外国学研究第80号（2011年）19頁
・多木誠一郎「韓国協同組合法基本法について」出口正義ほか編『企業法の現在』（信山社、2014年）123頁

あ と が き

朝鮮半島情勢の変化と
南北の法体制

　2018年2月に開催された韓国・平昌（평창）冬季オリンピックを契機に北朝鮮情勢は新たな展開をみせた。当初、2017年頃は北側が核実験や弾道ミサイルの発射演習を敢行し続けたことにより、朝鮮半島で有事が勃発しそうな緊張感が高まっていた。ところが、オリンピック（北の選手団の参加、アイスホッケーによる南北合同チームの結成など）の開催を通じて南と北は一転して融和ムードに包まれた。2018年4月には南北首脳会談が行われ、北朝鮮の非核化が会談の焦点になり、米朝首脳会談の実施および今なお休戦状態にある朝鮮半島において朝鮮戦争（1950年6月〜）の終結を両国が目指すことを主な内容とする「板門店宣言」が採択された。これが基点となって、同年6月にシンガポールで史上初の米朝首脳会談への実現につながった。この一連の動きは、スポーツの祭典がまさに政治利用されたかたちとなった。

　とはいえ、2019年2月にベトナムのハノイで2回目の米朝会談が行われたものの、会談は決裂した。同年6月にも米朝の両首脳が朝鮮半島の板門店（판문점）で面会というパフォーマンスを演じるも具体的な解決案が示されないままに止まった。その後、韓国の文在寅（문재인）政権は、さまざまな打開策を講じるも北側はそれに応じる気配をみせない。2019年後半からは米国を挑発するかのように北のミサイル発射実験が再び始まった。最悪の事態は避けられたものの、北朝鮮の非核化問題はまたもや膠着状態に陥っている。

　いままで北朝鮮に対するイメージは、えてして批判的であったり、マイナス面が過度に強調されてきたりしたことは否めない。法学の分野においても北朝鮮法を偏見や憶測で捉えがちであった。しかし、本書では、北朝鮮法の研究者による地道な研究成果の一端が紹介されている。そこには、北朝鮮法のより客観的な実相が明らかにされているとともに、いまだに解明されていない豊富な論点に満ち

ている。

　とりわけ、同じ半島の法体制を構成している韓国法との比較や同様の政治システムたる社会主義をとる隣国の中国法との比較を行うと、北朝鮮法は興味深い問題点が浮かび上がってくる。最も気になることの1つは、北朝鮮が社会主義体制を標榜しつつも、この理念からは直ちに導き出せない「世襲制」で体制が維持されていることである。この国家が発足して以来、親子三代（金日成→金正日→金正恩）にわたって同一の男系血統により最高指導者の座が継承されてきた。この事象は、民主主義を中核とする近代国民国家の一形態である社会主義の原理からは明らかに矛盾しそうな前近代的な政治手法にもかかわらず、世襲による体制の正統性が北朝鮮ではどのようにして法的に担保されているのかが政治学だけでなく、法学の観点からも問題となる。とても謎めいた政治体制である。

　その一方で、2011年12月に金正恩（김정은）体制が発足してから経済改革を推し進めつつ「朝鮮労働党」の組織を再編する動きもある。その間、この国の基本法である憲法は数度にわたって改正されるなど、体制変革のもとで法システムがどのような構造で存在し、かつ、どのようにそのシステムが機能しているのか、そのメカニズムを解明する必要性が高まっている。日本では、北朝鮮の地域研究は主に政治学や経済学の分野で進められている傾向が強い。単にこれらの分野だけでなく、法システムの視点からも北朝鮮の体制を分析することで、この体制における新たな特徴や問題性が析出される可能性がある。

　それ以上に北朝鮮の法律を研究するより本質的な意義は、北朝鮮法を通して「朝鮮半島」における法とはそもそも何かを改めて省察することができるところにある。1945年に太平洋戦争の終結後、この半島では日本による植民地支配から解放されて以降も米ソ冷戦構造の影響で1つの民族でありながらも2つの国家に分裂してしまった。いわゆる「分断国家体制」が形成されることにより、異質な2つの法体制が出現した。すなわち、南の資本主義の法体制と北の社会主義の法体制が同一の民族空間で互いに対峙するかたちで併存し始めた。2つの法体制が維持されてすでに70年以上の時間が経過しようとする。今回の南北首脳会談を含めた一連の朝鮮半島情勢の新たな展開は、「対立」関係にあった両国の法体制が「共存」関係へと転換していく契機になりうる可能性を秘めている。その模索はすでに1991年の社会主義国家たるソ連の崩壊から始まっていた。ソ連とは異なり、政治体制として社会主義を温存させつつ、その一方で経済原理として資本主義の導入に一定の成果を収めた隣国・中国の存在は、北朝鮮の法体制に多大な影響を

与えた。とはいえ、ソ連崩壊後、北朝鮮はロシアおよび中国という大国のはざまに立って資本主義と社会主義の相矛盾する隘路に長く陥っていった。この点は、経済的に貧困に追い込まれ、さらに政治的にも国際社会から孤立した状態が長期にわたって持続した要因でもあった。

それゆえ、これまでその隘路から抜け出す試みが続けられてきた。核兵器を保有して軍事国家化を推し進める動きはその典型例であった。今回、新たな転機は、社会主義と資本主義の共存に成功を収めた中国を後ろ盾にしつつ、南北関係の改善とともに、米朝関係の急接近である。こうした動きを契機として、今まで頑なに閉ざされてきた北の社会主義法体制は、これから外面的には韓国の資本主義法体制といかなる関係性を構築するのかが問題となる。と同時に、内面的には資本主義原理をどのように自国の法体制のなかに取り込んでいくのかが今後の課題となりうる。こうした論点は、朝鮮半島のもう1つの当事者たる韓国法にも多大な見直しを迫る問題群でもある。

これまで北朝鮮に対する無知も手伝って、この国にそもそも「法」が存在するのかとか、韓国法よりも「遅れている」といった単線的な発展史観から北の法現象を捉える傾向が強かった。むしろ、これからは、上述したように北朝鮮法と韓国法との比較を通して朝鮮半島における「法」のあり様を解明することの意義は大きい。

韓国の法学界では、以前から北朝鮮法の研究が進められている。今後は、何らかのかたちで韓国での研究成果をも踏まえつつ、同研究を進展させる必要があろう。日本における北朝鮮法の研究は、ごく少数の研究者で担われてきた。これからは後進の若い研究者のなかからこの国の法学研究を志す人が現れることを何よりも期待する。それとともに、韓国法研究者も、朝鮮半島のもう一方の対象地域である北朝鮮法を視野に含め、かつ、「北」との比較を通して韓国の法現象を捉えていくことが今後さらに強く求められていくように思われる。これからの南北における法律の比較研究の動向に注目していきたい。

2020年春、名古屋の大学研究室にて

編者を代表して　岡　克彦

事項索引

裁判例索引

人名索引

《編著者》

尹　龍澤　創価大学法科大学院教授

青木　清　南山大学法学部教授

大内憲昭　関東学院大学国際文化学部教授

岡　克彦　名古屋大学大学院法学研究科教授

國分典子　法政大学法学部教授

中川敏宏　専修大学法学部教授

三村光弘　環日本海経済研究所調査研究部主任研究員

コリアの法と社会

2020年6月30日　第1版第1刷発行

編著者——尹　龍澤・青木　清・大内憲昭・岡　克彦・國分典子・中川敏宏・三村光弘
発行所——株式会社　日本評論社
　　　　　〒170-8474 東京都豊島区南大塚 3-12-4
　　　　　電話 03-3987-8621（販売：FAX—8590）
　　　　　　　 03-3987-8592（編集）
　　　　　https://www.nippyo.co.jp/　振替　00100-3-16
印刷所——株式会社平文社
製本所——井上製本所
装　丁——図工ファイブ

検印省略　　©2020　IN Ryutaku, AOKI Kiyoshi, OUCHI Noriaki, OKA Katsuhiko,
　　　　　　　　　　KOKUBUN Noriko, NAKAGAWA Toshihiro, MIMURA Mitsuhiro
ISBN978-4-535-52270-1　　　　　　　　　　　　　　　　　　　　　Printed in Japan

日本評論社の法律学習基本図書

※表示価格は本体価格です。別途消費税がかかります

日本評論社
https://www.nippyo.co.jp/